FINANCIAL FREEDOM

财富自由之路

李笑来 著

電子工業出版社
Publishing House of Electronics Industry
北京•BEIJING

内 容 简 介

你升级过自己的“操作系统”吗？我们每个人都有自己的“操作系统”，一个不断升级的“操作系统”不仅能给我们带来体验上的快感，还能帮我们更好地优化自己的方向，在正确的方向上做出正确的决定并身体力行地去实践。

本书帮助你认清自己的“操作系统”，用作者的亲身经历教你如何升级自己的“操作系统”，并运用它实现自我成长，走上财富自由之路。

图书在版编目（CIP）数据

财富自由之路 / 李笑来著 . －北京：电子工业出版社，2017.10

ISBN 978-7-121-32008-8

Ⅰ . ①财…　Ⅱ . ①李…　Ⅲ . ①个人－修养－通俗读物　Ⅳ . ① B825-49

中国版本图书馆 CIP 数据核字（2017）第 144214 号

策划编辑：刘　皎

责任编辑：潘　昕

印　　刷：北京盛通印刷股份有限公司

装　　订：北京盛通印刷股份有限公司

出版发行：电子工业出版社

北京市海淀区万寿路 173 信箱　邮编 100036

开　　本：880×1230　1/32　　印张：10.5　　字数：321 千字

版　　次：2017 年 10 月第 1 版

印　　次：2018 年 4 月第 5 次印刷

定　　价：69.00 元

凡所购买电子工业出版社图书有缺损问题，请向购买书店调换。若书店售缺，请与本社发行部联系，联系及邮购电话：（010）88254888，88258888。

质量投诉请发邮件至 zlts@phei.com.cn，盗版侵权举报请发邮件至 dbqq@phei.com.cn。

本书咨询联系方式：（010）51260888-819，faq@phei.com.cn。

自序

2009年，《把时间当作朋友》由电子工业出版社出版。几年下来，读者评价一直很高，豆瓣评分保持在8.6分以上。然而，有个细节一直让我纠结——偶尔会看到有读者提问：副标题“运用心智获得解放”中的“心智”指的究竟是什么？

起初我也没太当回事儿，觉得“只要你接着把书读完就能明白”，可当我想把“心智究竟是什么”解释清楚的时候，才发现这并不容易。我挣扎了很久，却没有做到、做好。隔了3年，我再次做了修订，在《把时间当作朋友（第3版）》中，我专门加了一节，标题是“何谓心智”，的确有些进步，但依然非常不满意。

在这个过程中，我更多地将注意力放到了别的地方，比如赚更多的钱，比如买更多的比特币，比如让自己的生活质量更高一些……我的生活发生了巨变。虽然我依然保持着“每天至少写3000字”的习惯，但很少将它们公开发表（原因之一是当时我觉得自己正在琢磨的很多事情不再适合公开发表），甚至产生过“关于讲道理的书，我这辈子可能都不会再写了”的想法。

转眼到了2015年上半年——距离我最初在博客上连载《把时间当作朋友》

（2007 年）已经过去了“一辈子”（按我自己的说法，“七年就是一辈子”）。

2014 年年底 2015 年年初，我开始对身边的朋友说，微信很可能过不了多久就会成为“事实上的整个互联网”，如果再听到有人说“微信创业”，很可能需要严肃对待了，而不是像一些人“在写文章的时候愤怒地说”的那样：“噢，你开个微信订阅号就叫创业了？开！玩！笑！”可说实话，我的游说不仅收效甚微，而且要面对“微信的红利期已经过去了”的所谓“判断”。到了 2015 年 8 月，我干脆自己开了个微信订阅号（本来只是想做个示范，不曾想后来因此一口气搞了好几个公司，这是后话），不由自主地重新开启了“公开写作”模式。

到了 2015 年 11 月，我开始写《七年就是一辈子》，在其中的一篇文章里，我提到了这么一个事实：

> 计算机的硬件和软件都是可以升级的，其实人也一样。“硬件”的的确确是可以升级的——通过锻炼让自己更为强壮，不就是“硬件升级”吗？更为重要的是，人的“软件”也可以升级——我们每学习一项重大技能，不都相当于“升级”了一次“操作系统”吗？我们不断换更高级的计算机（甚至只能收集），不断升级它们的操作系统，为什么竟然疏于升级我们自己的“操作系统”呢？

写完这篇文章的那个下午，我突然如释重负——我终于找到了一个能够通俗地解释“心智”的表述（竟然转眼过去了七年多）：

> **所谓“心智”，形象点讲，就是我们每个人脑子里的那个可以不断升级的操作系统。**

到了 2016 年 7 月，我之前答应罗振宇的事情终于要落实了——我在“得到”上开了个专栏，取名《通往财富自由之路》。我相信，在这个时代，每个人都有机会，都有至少一次机会获得财富自由，虽然说到、想到、做到不是一回事，虽然永远只有少数人能真正做到，但我相信，在这个时代，最终做到的人的比例要比过去高出很多——很简单也很清楚的逻辑。

而且，我相信凡事都是有方法论的。如果我能让一些人的操作系统（即，过去我只能笼统讲述的“心智”）升级升级再升级，那么他们的能力、能量、效率都会发生巨大的变化。再进一步，更有能力、更有能量、更有效率的人，是不是有更大的概率赚到更多的钱，或者能更快地获得财富自由呢？我觉得是有可能的。我自己就是这样一路走过来的，所以，我不仅是相信，更是**笃信**（即，百分之百地执拗地相信），要不然我也走不到今天。

写专栏是个“痛并快乐着”的过程。

所谓“痛”，在于要做到长期持续更新，但这并不是像想象中那么容易的事情。2017 年 4 月，我患上了急性角膜炎，病程接近 3 周，其间只能蒙着眼睛，当然就无法操作键盘去创作了。长期使用键盘的我在拿着录音笔的情况下是完全“倒”不出任何东西的——貌似大脑尚未习得边说边想的技能一样，瞬间变成了“弱智”。然而，专栏的更新却没有停止。为什么呢？因为我是个有方法论的人，在起步的时候就知道很可能会出现意外，所以从一开始就“制造了很多库存”，于是，即便我“瞎”了，我还是可以按时“交作业”。

所谓“快乐”，在于我看到有很多人发生了变化。我有个长期的理想——改变世界——这从来都被当成一个玩笑。有时候同事们聚会我没去，大伙儿就问我老婆：“你家李老师呢？”我老婆就笑嘻嘻地转述我的原话：“改变世界去了呗……”大家哈哈大笑。可事实上，我并不觉得自己是在开玩笑，我有自己的“改变世界”的方法。既然这世界是由人组成的，如果我有办法改变一个又一个的人，那么我就是在一点又一点地改变世界。多年来，我实实在在地改变了很多人，而这世界却貌似没有什么变化，其实，这只不过是因为世界太大但我太渺小而已，并不意味着我没有用处，不是吗？

我的专栏订阅人数很多，甚至是 2016 年全国所有收费专栏中订阅人数最多的。如果是全中国最多，弄不好还真是全世界最多——中国的人口就是全世界最多。所以，若按照我的定义，这世界就因为我的存在而改变了不少，至于改变了多少，我也不知道。但，请允许我胡乱“自嗨”一下，也请原谅我一下——想想看，在这样的时候有谁会不高兴呢？而且，肯定是相当高兴啊！

从博客时代开始，我就有一个好习惯：不删除任何留言，哪怕是差评、恶评。经验告诉我，即便是差评甚至恶评，都会给我提供很多反思的机会，而这事实上是相当宝贵的。我把《通往财富自由之路》这个专栏里的所有评论都放了出来——放在我自己做的一个网站里面，这个网站调用了“得到”App的只读API[1]。迄今为止，专栏留言超过百万，差评率低于万分之一——一共也没有几条差评。我每天固定要花1小时去读这些留言。这1小时，绝对是多巴胺分泌水平大涨的1小时，比做任何事都开心。这1小时会确定地告诉我，我所做的事不仅是有意义的，而且是有很大意义的，有很多人真的因此发生了巨大的变化——有什么能比这个事实更让一个作者感到幸福呢？

现在，我重新组织了《七年就是一辈子》和《通往财富自由之路》的内容，写成这本书，意在帮助更多的人升级自己的“操作系统”，即，拥有更具能量的“心智”，走在“通往财富自由之路”上（“财富自由”就是你的“操作系统”在这本书里要升级的概念）。终有一天，希望你能意识到时间真的是你的朋友，你不仅发生了变化，还完成了升级——希望你看得到，那个未来的你，已经成为最好的你！

祝你好运！

李笑来

2017年 夏 于北京

---

[1] http://caifu.xinshengdaxue.com。

前言

你是否**笃信**你**能**变成更好的你?

注意——不是“觉得”，不是“希望”，甚至不是“相信”，而是“笃信”（即，120% 地相信）；不是“也许能”，而是干脆清楚的“能”。若你不是“笃信”，只是“希望”，只是“觉得”，那后面的“能”就只能变成“也许能”，或者变成干脆清楚的“不能”了。若你不笃信“你能变成更好的你”，那你也没必要读下去了，你甚至不该买这本书——还不如去星巴克买杯饮料喝掉然后上趟厕所呢。

> 为什么是 120% 地相信？是为了说得形象一点——我是说，你要相信到这样的地步：即便有人打击你，打击掉 20%，你依然 100% 地相信！

你必须对两件事深信不疑：

> ▷ **用正确的方法做正确的事情，你一定会变得更好！**
>
> ▷ **若长期持续用正确的方法做正确的事情，你的未来一定会很伟大！**

“用正确的方法做正确的事情”是我在《把时间当作朋友》里为“管理时间其实是个伪命题，因为我们事实上无法管理时间，时间根本不会因为谁的意志而有所变化”这个事实给出的解决方案。

你知道你为什么要对自己的美好未来深信不疑吗？我甚至常常向身边的人一遍一遍地灌输“你必须盲目笃信”的观念——对你认定的这件事的笃信要盲目到谁都不能动摇的地步……因为啊，因为**这件事除了你自己之外没有人会相信！**

我听到了，也许你也听到了，有个声音在某处大喊：“鸡汤！鸡汤！这就是鸡汤！”

我出生于1972年，一路成长，其间读过很多很多“鸡汤”，也受益良多。对，我并不讨厌“鸡汤”，即便在某个时间段会多少有些警惕——在《把时间当作朋友（第2版）》里就专门有一章，标题是“小心所谓‘成功学’”……

从理论上讲，那些在今天被人们称为“鸡汤”的东西，本质上只不过是心理学研究成果的“通俗版”，真的没什么不好。首先，科学是靠不断否定自己而发展进步的，所以有些“理论”不正确或者被推翻其实很正常；其次，很多有问题的“通俗版”其实是“通俗演绎版”，在被过度演绎之后产生了一些谬误及原本没有的扭曲；最后，即便是正确传递的“通俗版”，受众在理解与应用的过程中也会有很多不恰当或者不彻底的情况，所以，哪怕是一些原本有用的东西，最终也变成没用甚至有害的东西了。因此，若因为一些“过度演绎版”的谬误而彻底否定心理学研究成果，可就大错特错了，就好像那个类比所说的一样——“泼脏水把孩子也泼出去了”。

那么，有没有“毒鸡汤”呢？有啊！可是，“毒”不在“鸡汤”里，要么是别人放进去的，要么是自己放进去的，跟“鸡汤”本身没有关系。更何况，大多数人不懂得如何把自己的知识应用到其他领域中去。我们都学过生理学——“以毒攻毒”不就是常见的策略吗？“种痘”不就是用一次病毒注射打造终生的免疫能力吗？可见，有时候吸收一点“毒物”甚至有可能终生受益呢。

又，为什么“懂了那么多道理却依然过不好这一生”？

这种现象貌似普遍存在，但我们不能因为这种现象的存在而否定“道理”的价值。例如，学生们一样天天去上学，坐在一样的教室里，读一样的课本，听一样的老师讲课，结果不仅学习成绩天差地别，还有相当数量的人根本就学不好甚至学不会——这有什么可奇怪的吗？有没有简单的解释呢？解释真的很简单——大多数学生不好好做作业啊！绝大多数成绩好的学生怎么会完成不了作业呢？

“知识传递”本身不是教育，它只不过是教育这个庞大的系统工程中的第一个环节而已。若“传递”本身就能完成教育，那就用不着办学校，只要有出版社就够了，但事实并非如此。让教育真正起作用，主要靠的是知识吸收者（学生，或者干脆点，你自己），而不是知识传递者。这就好像为了增肌而吃东西一样，吃得太少可能会因为血糖不足而晕倒，吃得太多会导致消化不良，吃得不够多就不可能继续增肌……可问题在于，若不进行大量的运动，不去跑步，不去推杠铃、做深蹲，不去做各种各样令人难以忍受的动作，那吃什么都没有用，不是吗？

所以，为什么有那么多人“懂了那么多道理却依然过不好这一生”呢？因为他们“不运动”啊！他们不去运用那些道理，所以就没有机会在运用中调整自己及自己对那些道理的理解和感悟。他们事实上并没有完成那些道理的“内化”，那些道理对他们来说只不过是中小学课本上印着的字而已，早就还给别人了！或者，说得再干脆一点，他们顶多是“识字”，根本谈不上“有文化”。

但是，为什么还有很多人，的的确确“挣扎”过，却和那些从未“挣扎”过的人下场一样呢？解释依然很简单——“挣扎”得不够。任何道理都和我们平日里使用的任何“工具”一样，要在大量使用之后才能进入“熟练”阶段，而后才能“运用自如”。所谓“挣扎”，无非是把自己起初并不熟悉的“工具”（即，那些道理），通过反复运用、反复琢磨、反复调整，变成自己能够熟练运用的工具。你一定见过那些工具运用不熟练的人，他们看上去很笨拙，做每个动作都像在挣扎——若那人受不了自己的笨拙，中途放弃了，那“工具”也就瞬间沦为废物了。

所以，说来说去，怪谁呢？怪自己。

从这个角度望过去，如果在未来的某一天，你并没有变成更好的你，或者说，你并没有变成到那时应该最好的你，怪谁呢？怪自己。怪不得别人。

当然，也怪不得那些道理和那些心理学研究成果——或者说“鸡汤”。若“鸡汤”的定义是“心理学研究成果的‘通俗版’”，那我的确非常乐意笑嘻嘻地承认：“我就是‘鸡汤’的作者啊！”

我笃信“进步”这件事是有“方法论”的——在任何领域的任何进步都有方法论。哪怕是一把螺丝刀，在不同的地方使用的时候，手握的位置和姿势都会影响工作效率。如果这么简单的事都可能有方法论，如果所谓“进步”只不过是“把事情做得更好”的话，那么什么样的进步没有方法论呢？再进一步，所有“很大的进步”不都是由类似“螺丝刀的手握方式改进”这种细微的进步积累而成的吗？目前我看不出还有其他重要因素存在。

不仅一切事情都有方法论，甚至连方法论也有方法论。事实上，这本书在某种意义上就是“‘草根’逆袭方法论”——谁在起初不是所谓“草根”呢？当然，我不太愿意使用“逆袭”这个词，我宁愿使用“所有普通人的成长方法论”这样朴素的陈述。这里的一个关键词是“成长”。对，是“成长”，而不是“成功”。成功只是一个里程碑，难道成功之后就不再成长了吗？后面可还有很长的路呢！

请所有读者保持耐心，我虽然自称“鸡汤”作者，但读到这里的你早就应该明白，我所说的“鸡汤”和别人所说的“鸡汤”可能根本不是一回事。这本书的内容，肯定不是他们所说的那种“鸡汤”。这本书是讨论方法论的。无论什么事，都有方法做得更好，就算是“炖鸡汤”，也有人炖得不够美味，有人却炖得格外香，同时还很滋补。

生活也好，人生也罢，都一样，总是有方法活得更好。

Let's go！

目录

1. 你知道自己的未来是什么样子的吗？

虽然我们在学生时代多次写过标题是《我的理想》的作文，虽然我们在长大过程中总是向一些我们心仪的人认真描述自己的未来，但绝大多数人事实上对自己的未来并没有一个清晰直观的认识。没办法，“未来”这个东西在我们的基本感知能力之外，反正五官是不够用的，我们不可能直接“看到未来”、“听到未来”、“摸到未来”、“闻到未来”或者“尝到未来”。

未来这个东西，所有人对它的感知都依赖另外一个器官：**大脑**。不过，绝大多数人并没有意识到，大脑事实上和五官一样，是有感知能力的，而且，大脑的感知能力绝对是可开启、可开发、可挖掘、可发展的。细想想就能知道，所谓“**第六感**”，事实上就是指这个器官（大脑）的感知能力。

> 在这本书里，你会不断看到我在“**重新定义**”我们大脑中的各种**概念**。“第六感”就是这样一个会被我重新定义的概念——它并不神秘，它只是我们的另外一个器官的感知能力而已。对这一点，后面会有更深入的解释。

有没有什么方法，可以让你看到，而且是清晰地看到你的未来呢？别说，还真有。

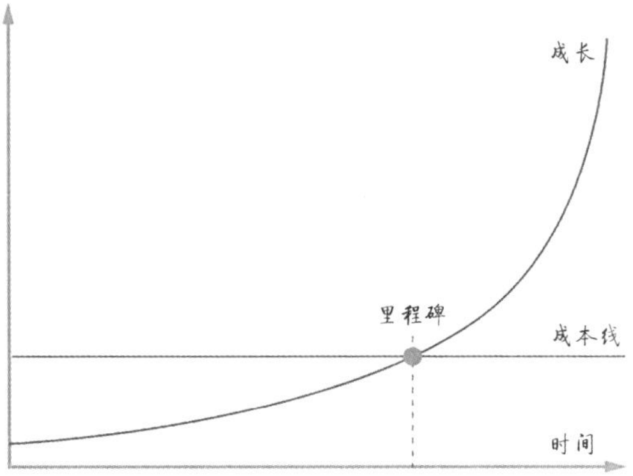

你的未来

那条曲线就是你的未来——只要你愿意，并且付诸行动，最终就能活出那个形状的曲线。

每个人都有机会，至少有一次机会，可以活出那样一条曲线。可最终，人们各自活成了各自的样子。有些人的曲线上扬了一段时间就回落了，以致终生从未超过那条成本线——无论什么都有成本，生活有成本，习得技能有成本，获得尊重有成本，就连做坏蛋都有成本。成长这个东西，只有突破了成本线才开始真正有意义，在那之前都是在挣扎……即便是在突破成本线之后，也要继续成长。很多人在到达那个“里程碑”之后，人生曲线没过多久就开始回落，再次回到成本线以下，这种现象极为普遍。

许多年前，当我还在读大学的时候（就是 20 多年以前）就为自己画了这幅图。那条细细的横线对我来说是一个巨大的提示，它就在那里清楚地告诉我，我所遇到的一切逆境，所感受到的一切委屈，以及正在经历的一切不开心，其实都是我尚处在成本线之下所致。

但不知道为什么，我就是非常盲目地笃信自己不仅早晚会突破那条成本线，而且一定能活出那样一条曲线——不知道最终刻度是多少的曲线。在我 32 岁那年，在我的第一本书《TOEFL 核心词汇 21 天突破》出版整整一年的时候，我终于不再为生活所累。而且，除了金钱，我也在各方面感觉自己终于突破了成本线。当时的我回头看 10 多年前的那幅图，真没想到那个里程碑“来”得如此之快。

写到这里，突然想起在我小时候发生的一件事。20 世纪 80 年代末，“万元户”这个概念已经火热好些年了，而我当时只是个高中生。有一天，同学们凑在一起闲扯，说起将来要赚多少钱，大家纷纷说了一个自己以为“最狂野”的数字——其实不过是几万或者几十万，但在那个时候已经是“天文数字”了。轮到我的时候，我不知天高地厚地说：“怎么也得 1000 万吧！”大家纷纷做呕吐状。许多年过去，我早就赚到了 1000 万。可是，这么多年，这么大的通货膨胀率，怎么可能是当年的一个中学生可以想象的呢？

我一度以为自己是个很“狂妄”的人，直到有一天我读到孙正义的故事。孙正义在创办软银（Soft Bank）之后，招了三个员工，给他们开会。他站在纸箱上，对员工们说：“今天，软银成立了，它将是世界上最伟大的公司……以后，我就是世界首富，你们就分别是第二、第三、第四！”员工们吓坏了，当场就有两个员工辞职——当然，那两个辞职的员工在许多年后只有后悔的份儿了。

孙正义的故事告诉我，我还是个很“脚踏实地”的人。可是，许多年后，当我反思时，另外一个念头让我惴惴不安：我今天的成就远远不及孙正义，有没有可能是因为当年处在起点时就远不及他“狂妄”？——虽说这“狂妄”我不一定做得到。可是，换一种朴素的说法，“想到才能做到”——没想到，又如何确定能做到？后来做到了，之前却没想到，那就是运气成分居多，不是吗？

最近 10 多年，我一直鼓励身边的人，尤其是年轻人。我告诉他们，“要对自己的美好未来盲目相信”，甚至要“120% 地相信”——哪怕被别人泼冷水，打击掉 20%，依然是“100% 地相信”。不仅如此，一旦发现只剩下 100% 了，还要主动想办法把这个数值重新培养至 120%。

我甚至鼓励他们把已经赚到的钱全都花掉（当然，不能借钱去花）。逻辑其实很简单：如果你笃信自己的未来是那样一条曲线，那么在成本线被突破之前那段长长的时间里，你能赚到的钱实际上全都是“小钱”，小到“不值得节省”的地步——就算要省，也省不出多少……虽然这并不符合传统的教育观念，但我不仅认同，而且长期以来就是这么做的。在我身边这么做的人也有不少，大家熟悉的罗永浩就是其中之一。我们的理由都一样：根本不相信自己将来赚不到钱。

对，就是那条曲线，那条曲线就是你必须笃信的那个属于你的未来。人生很少有必须盲目对待的事情，这倒是其中一件。

2. 你知道那条曲线究竟是什么吗？

爱因斯坦说过这样一句话：

> Compound interest is the eighth wonder of the world. He who understands it, earns it ... he who doesn't ... pays it.
>
> （复利是“世界第八大奇迹”。知之者赚，不知之者被赚。）

对绝大多数人来说，复利只不过是高中数学课本里的一个概念而已，做几道应用题之后就与自己的生活全无关系了。别说复利，事实上，连利息都不见得是每个人都真正完全理解的概念。

利息，毋容置疑，在今天这个世界里是个极为简单的概念，也恰恰因为如此，它是个极好的例子，可以用来说明：

> 无论多么简单的概念，都是人类耗费许多年（甚至几千年）才逐步弄明白，并通过反复遗忘、反复教育、反复更迭才彻底弄明白的。

人们普遍且自然而然地接受利息的存在（或者说“单利计算”）其实不过是近百年的事情。在中国人的印象里，“**利滚利**”这种缺德事儿是黄世仁那种混蛋为了霸占喜儿才干得出来的……

试想一下，如果在几千年前，某个人在春天的时候向邻居借了一点种子，到了秋天要归还种子的时候，是不是会自然而然地多还一些粮食？

抑或，某个人从别人那里借了一只母鸡，等母鸡下蛋并孵出小鸡之后，是不是要多还几只小鸡？借鸡生蛋之后，把鸡还回去，把蛋全部留下来——估计会挨打吧。

可是，在借钱的时候，人们却不愿意支付利息。为什么呢？根本原因只不过是笨蛋们的特点从古至今都是一样的：

> **事情哪怕只复杂一层，就完全无法理解，更别提复杂一层以上了。**

笨蛋去找朋友，想要借一只鸡，可是朋友也只有一只鸡，而且家里的娃天天等着鸡下蛋吃。朋友想到自己还有十个贝壳，可以在市场上换到一只母鸡，于是出于好心把贝壳借给了笨蛋。笨蛋在市场上用十个贝壳换回了一只母鸡，鸡生蛋、蛋生鸡……过了一段时间，笨蛋想起当初的事，就抱着一只生出来的母鸡去市场上换了十个贝壳，拿回去还给朋友。朋友说："嗯？你应该给我至少二十个贝壳吧？"笨蛋愤怒了："你怎么可以这么无耻？！你借给我的明明是十个贝壳！那些贝壳如果不借给我，放在那里也是放着，难道它们会自动变成二十个？那些鸡可是我辛辛苦苦养出来的，你什么都没干就想多要十个贝壳？！你太坏了……"

笨蛋之所以总是理直气壮，是因为他们思考不全面，却总以为自己思考全面。笨蛋忘了，朋友其实可以自己拿十个贝壳去市场上换一只鸡，同样可以鸡生蛋、蛋生鸡，用生下来的鸡换回更多的贝壳。虽然贝壳看起来是"死"的，放在那里也不会"自动"生出新的贝壳，但这并不意味着那些贝壳如果不被笨蛋借走就一定永远只是放在那里。

别笑，别以为自己不是笨蛋——我们每个人都有可能是，或者必然曾经是。

从整体来看，即便到了今天，绝大多数人对利息也没有正确的认识。迄今为止，地球上只有一个民族的人好像从古至今都对利息有着透彻的了解，那就是犹太人——爱因斯坦就是犹太人。

从历史上看，犹太人长期被迫害、若干次遭受种族清洗的最根本原因就是他们放高利贷，招人恨——说穿了，是招笨蛋们恨。而笨蛋群体几乎无所不包——科学家、哲学家、道学家、政客、强盗和平民百姓。

地球上的每一个宗教，至今都有严格的教义来禁止收取利息，就连精通利息理论的犹太人也不一定认为收取利息的行为是光明正大的。他们的教义规定，“不得向同族人收取任何利息，只允许向外族人收取利息”，这也导致外界的笨蛋们一致认为聪明的犹太人是“昧着良心赚钱的民族”。人们将放高利贷的人称为“Loan Shark”，就是广东话里的“大耳窿”（我猜是“dare loan”的音译），反正一听就知道不是好东西，而“利滚利”听起来就更邪恶了。

即便到了今天，虽然现代金融学的基础就是承认并接受利息的存在，也无处不在地应用着复利原理，可是全世界的银行在吸储的时候大都只支付单利，而不是复利——这是银行在故意占便宜。白占便宜是很不厚道的，于是，银行想尽办法教育大众“放高利贷是不好的”（这话还真是部分正确的），老百姓也基本上都相信了，有意无意地把复利和高利贷当成一回事。而所有的政府也都是一样的，出于控制经济的需求，要严格控制利息，这恰好帮了银行的忙。因此，老百姓普遍无法清楚地理解利息也就不足为奇了——要命的是，还真没有几个人认为自己连利息是什么都不懂……

可是，利滚利就是一个正常的概念：复利。一笔存款，若可以获取复利，那么它的增长曲线大抵是这样的：

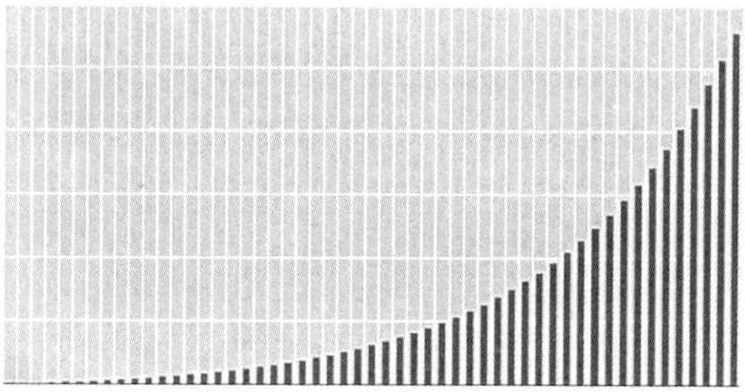

复利增长曲线

于是，一笔借款，若按复利计算，拖欠得越久，就越有可能“永生永世”无法偿还。所以，从这个角度来看，借钱还不上是由愚蠢和无能造成的，怪不得别人。话虽难听，但话糙理不糙。有钱却赚不到钱的原因也是一样的——只能这么理解。

从另外一个角度来看，继承资产的好处（大多数人无法享受的好处）是让人有可能在很早的时候就理解利息的原理和复利的神奇力量。我几乎从未直接从金钱上获得过复利的神奇力量的支持——为什么呢？因为我没有任何可继承的资产。不仅如此，在 35 岁之前，我的资产还总是反复清零。

不过，**万幸且公平的是，在智力上、知识上、经验上，复利效应对每个人来说都是存在的——这是多么令人喜出望外的事实啊！**只要是能积累的东西，大都会产生复利效应。如果没有资产可继承，那就持续积累知识吧。

我们的运气真的很好。我们恰恰活在一个知识变现很容易（而且越来越容易）、变现金额越来越高的时代——对，知识的习得与积累必然是有复利效应的，这一点也毋庸置疑。

最后，你会发现，一切有意义的成长过程都符合那个形状的曲线（参见第 1 节）。金融学里其实也有一模一样的曲线，叫作"复利曲线"。起初看不出太大的斜率，但一旦过了某个时间点，曲线就会极速上扬。对那个看起来斜率突然发生变化的"点"，还有个专门的通俗词汇，叫作"拐点"。如果你想学习投资，那么在成功之后，你的资产变化情况也符合这条曲线——有拐点的、突破了成本线的、后端极速上扬的"复利曲线"。

2015 年，在全世界有过一场"人工智能是否对人类造成了威胁"的讨论，有几幅图非常震撼，其中之一是人们普遍认为自己所处的历史与现状图：

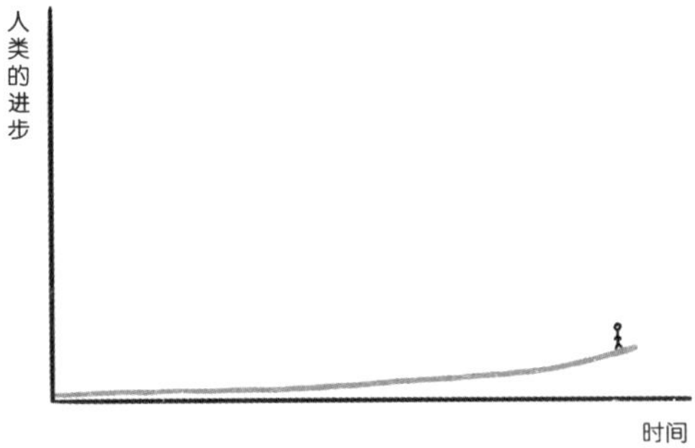

人们普遍认为自己所处的历史与现状

可是，人们所处的真实的历史与现状图是这样的：

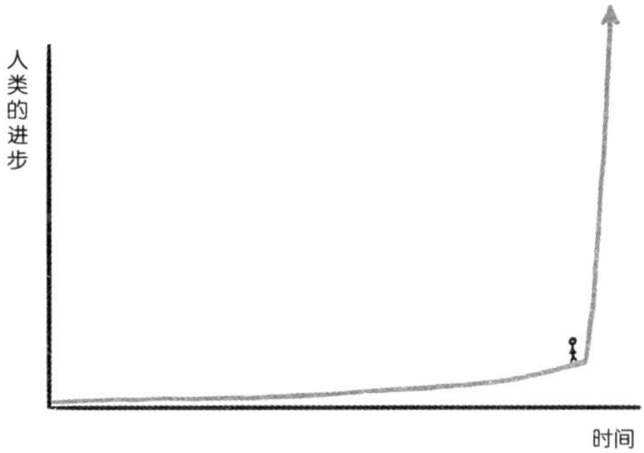

真实的历史与现状

也就是说，我们现在身处“拐点”，后面的发展速度可能是之前的人类完全没有办法根据历史想象出来的。实际上，这就是“复利曲线”！在过去的几千年里，人类在各个领域都有不少的进展，现在就要将它们组合起来，“利滚利”发挥“复利效应”了！

我们看看在过去的 100 年里道琼斯指数的增长曲线。可见，股市增长曲线依然是复利曲线的形状。

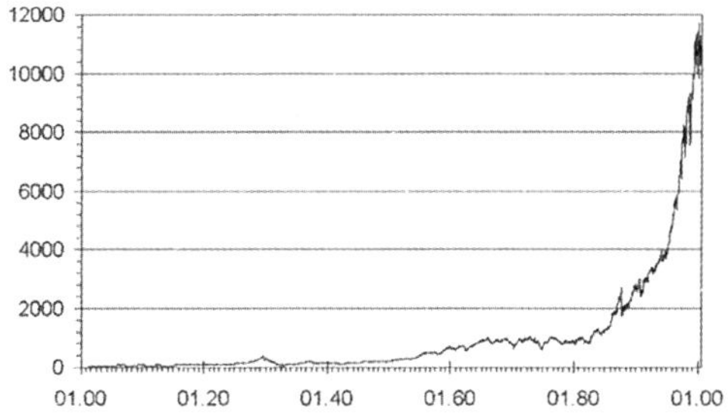

道琼斯指数（1900 年－2000 年）

再看看世界人口增长曲线——竟然还是一样的！

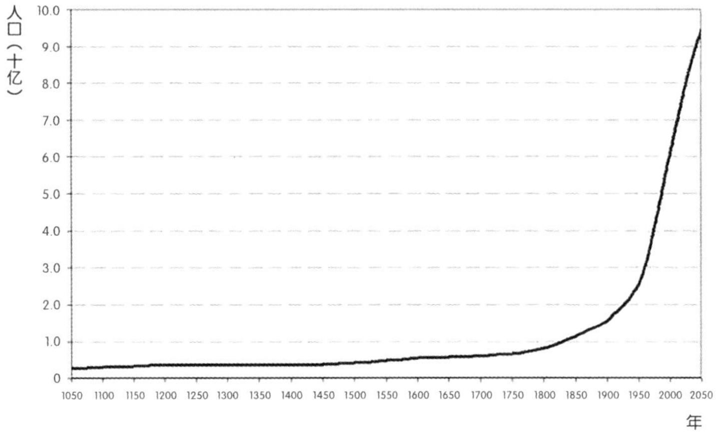

世界人口增长（1050 年 – 2050 年）

你的未来，也和复利曲线一模一样——再看一遍吧！

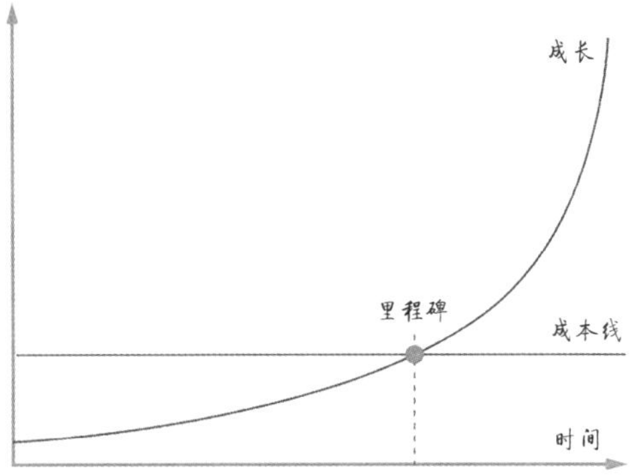

你的未来

仔细观察一下每个人的成长过程就能明白，从出生开始，所有人都不断习得各种技能，不断积累，只不过很多人在 20 岁以后就停止了学习，所以没有机会在自己的未来体会到复利效应。然而，少数人在 20 岁以后仍不断学习，不断进步，他们不仅是终生学习者，甚至像你在读完这本书后会变成的那样，还是“**终生成长者**”——只有成长了，才说明把“学到”的东西“做到”了。

只是学有什么用？早晚有一天，他们会跨过那个拐点（或称“里程碑”），然后“扬长而去”。这是复利效应的威力，适用于任何终生成长者，跟长相没关系，跟基因没关系，跟家族遗产也没关系。从这一点来看，复利效应貌似是我们能找到的最公平的效应。

所以，复利曲线事实上很可能真的是对这个**发展中的世界**及其中存在的**发展中的个体**的最有效的描述。

还没完。

有个词叫“自信”。**人最好能有自信，但应该是对自己的未来有自信**。绝大多数人并不明白，无论是现在的自己还是过去的自己，无论是自信、自负还是自卑，其实都是没有意义的，要“现实”才对——错了就是错了，蠢了就是蠢了，该自信的时候自信，该自卑的时候自卑，胡乱自信或者胡乱自卑都是不对的。把自己变得更好才能弥补过往的那些错误，才能承担当初的那些愚蠢造成的后果。

为什么有些人格外自信呢？不是因为他们在“装蛋”，也不是因为他们过分自负，而是因为他们一直在搜寻属于自己的“复利式增长曲线”——并且可能已经找到了——所以他们才会那么淡定，所以他们才会那么从容，所以他们才会在种种所谓“逆境”中依然善于保持乐观（其实，如果能真正理解他们，你就会知道，他们不一定觉得苦，他们不是在强作欢颜）。他们笃信自己的未来，**让他们真正自信的是那个看起来还需要经过漫长等待但其实很快就会到来的瞬间**。

我在第 1 节中说到，要对自己的美好未来“盲目自信”，在这一节中其实给出了最理智的事实依据。

3. 究竟什么是“财富自由”？

有些目标（例如，眼前这闪着光芒的“财富自由”），我们明明感觉自己为之使出了浑身的气力，但这么多年过去，为什么我们却没有以自己期望的速度向它靠近？

在年轻的时候，我们大都经历过“非常清楚自己不想要什么”的过程。例如，在刚刚走上社会的时候，我们只知道自己不想被束缚，不想低人一等，但不知道自己应该要什么，甚至不知道自己想要什么。于是，绝大多数年轻人在描述自己的理想时，翻来覆去只有一句话：“我要变得很牛！”至于怎样才算是“牛”，再问下去，他们一定会卡壳。

这种尴尬反映出：绝大多数人在追求某个东西的时候，可能连那个东西的定义都不清楚。

回头想想，你之所以无法离那些你非常想要也正在为之努力奋斗的事物更近，是因为你还像“无头苍蝇”似的，是因为你连自己想要的究竟是什么都不知道。可我想告诉你的是，这只不过是**“嫩”的一种表现：只知道自己不想要什么，却不知道自己想要什么。**

语言学家告诉我们：如果我们的大脑对一件事情没有概念，那么我们的大脑就倾向于不去想那件事情；如果一个民族的语言里缺少某个概念，那么这个民族就倾向于从未思考过那个概念。没错，语言对人类就是有如此强大的反向塑造能力（关于广泛存在的反向塑造能力，我们会在之后详细说明）。例如，绝大多数欧美国家的人不可能知道自己的身体表现出某些症状是因为“上火了”。因为在他们的世界里没有“上火”这个概念，所以他们不仅不知道，而且完全想不到自己会“上火”（我们也顶多用他们已知的“发炎”这个概念去解释这种现象）。

如果大脑里的某个概念不准确，或者没有准确、正确的定义，那么我们必然没办法准确、正确地继续思考，由此产生的连锁反应是：因为定义不准确，所以思考范围模糊，选择依据缺失，行动方式错误……进而影响整个生活。

我们来看另外一个简单的例子：“分享”这个概念究竟是指什么？

大多数人没有认真思考过这个问题，以为所谓“分享”就是把好东西拿出来和大家一起享受。只有少数人认真思考过，明白这个定义是有问题的——好东西必须是你的，你把它拿出来和大家一起享受，才是真正的分享；而很多人是把别人的好东西拿过去和大家一起享受，那不叫分享，那是“慷他人之慨”，不是吗？

从这个角度来看，你就能理解为什么有些人在盗版的时候还那么理直气壮了。说穿了，就是他们的脑子不清楚，或者说脑子糊涂，被自己脑子里的错误定义误导了。他们甚至不是坏人，因为如果他们想明白了，其实是不可能也不好意思理直气壮地这么做的。

还有很多人，花钱听课，在课程结束后马上把笔记“分享”出去——越完整越好。这是“分享”吗？不是。盗版者收获的是金钱，而这些“慷他人之慨”的“分享”者收获的是赞扬——那句“谢谢”原本可是属于创作者的呀！

虽然你在一生中会无数次经历不知道某个概念或者误解很多东西的正确定义的情况，但是你依然有更多的机会被人教会或者自己教会自己那个最终的正确定义。想明白这个问题你就会发现，如果你真的“想要”财富自由，那么你需要理解财富自由，就像海洋理解河流一样。直到你将这个概念理解得如吃饭、睡觉一样透彻之后，你才拥有了加速向它靠近的前提。

财富自由（Financial Freedom）是一个在很多人心尖儿上发光的词，我也曾琢磨了很多年，却一直没有得到一个清晰、准确、正确的定义。我看了维基百科的定义：

> 财富自由是指你无须为生活开销而努力为钱工作的状态。简单地说，你的资产产生的被动收入必须至少等于或超过你的日常开支，这是我们大多数人最渴望达到的状态。如果进入这种状态，我们就可以称之为“退休”或其他名称。

我认为，这个定义勉强做到了清晰，但还远远不够，因为我完全看不出这个定义的指导意义在哪里，反复读过之后，也不知道下一步该做什么——这可不行。

直到有一天，我找到了影响行动的关键因素：我们要的自由，其本质不是财富，财富只是工具；**我们要的自由，本质上是时间自主权**。所以，我重新提炼了财富自由的定义：

> **所谓“个人财富自由”，是指某个人再也不用为了满足生活必需而出售自己的时间了。**

这个定义简洁、准确、正确，而且具有指导意义。

进一步的思考质量就自然而然地高了起来：

> **财富自由根本不是终点站，那只是一座里程碑，在那之后还有很长的路要走。**

再回头看看第1节中的那幅图吧。当你的成长线终于穿越成本线时，你事实上已经成功了，可那肯定不是终点，而是另外一个起点，后面还有很长且更加有趣的路要走。在那之后，你受的束缚更少，你拥有的能力更强，你做事情的效用更高……

关注成长，而不是关注成功。为什么呢？因为当成功发生的时候，它已经成为过去——这一点很重要，很重要！

我的运气好，很早就明白了这个道理。在14岁的时候，我站在台上，手里捧着“东三省青少年宫计算机竞赛第一名”的奖杯，看着下面鼓掌的人群，脑子里闪过一个念头：

> 如果今天是我这辈子最辉煌的一天，那我就傻了……

说实话，我真不知道这个念头是从哪里冒出来的，但它却挥之不去。传说有种境界很高的活法：每天都像明天就要死去了一样活着。可我对这种说法完全无感。我有另外一个态度，这些年都没有变过：

> 把每天都当作自己人生的第一天，无论好坏，过去的就是过去了。

很多事情，好像明摆着就在那里，但不走到一定地步是不会认真思考它们的。在穿越成本线之后，我才明白那真的只不过是起点（过去只是猜测“那应该是个新起点”）。只有走过去才有机会看清楚：“个人财富自由”真的只是第一步而已，后面还有很多步呢！下一步是“家族财富积累”，后面还有“财富管理”，再后面还有“家族传承”——你要考虑的不仅是如何把财富传承下去，更重要的是如何把方方面面的能力传承下去。

所以，我不仅花了很长时间去研究“家族传承”的方法论，还联合了很多牛人来做这方面的咨询与培训，与更多穿越了成本线的人和家庭共同交流，共同成长。

路真的很长，我走了很远。走得越远，我就越要慨叹：我要是能早些知道这条路究竟有多长就更好了……

4. 起步时最重要的是什么？

人们经常说，“速成不可能”。我也坚定地相信这个论断。可经过多年的观察，我发现大多数人竟然因为肤浅地理解这句话而“受害”了……如果这个现象真的存在，你能想明白其中的原因吗？

“速成”，顾名思义，大抵是指“迅速成功”——这当然不可能！因为绝大多数成绩（暂且不说那个更大的概念：“成功”）都需要时间来孕育，而时间可不会因为某个人的意志而改变其流逝的速度，对不对？

虽然“迅速成功”绝对不可能，但**快速入门**绝对是有可能的——这很容易理解吧？

而且，很多人可能没有认真想过：

> **快速入门**不仅绝对有可能，而且**绝对必要**！

这也许算得上是我这一生交到的最大的好运。不知道为什么，我从一开始就对学习这件事感兴趣，而且乐此不疲许多年，从来没有厌烦过——不需要别人来教育，不需要别人来灌输。我甚至有种幻觉，感觉自己天生就是终生学习者。

于是，我一直在研究学习这件事，连我的第一个微信订阅号的名称都是

“学习学习再学习”。我的座右铭（motto）也放在网上很多年了：

> 终生只有一个职业：学生。

再进一步，我甚至觉得教育之所以在历史上屡战屡败（屡败屡战也是事实），就是因为它一直以来缺少一个重要的底层架构：“元教育”（Meta-Education）。这是我杜撰的一个词，它来自“元认知”的架构。如果“元认知”是“关于认知的认知，关于思考的思考”，那么“元教育”就是“关于教育的教育，关于学习的学习”。**元认知**用来思考自己的思考是否正确、合理；**元教育**用来实践、检验自己的教育是否有效。

在学习任何一个学科的知识时，都有一个很重要的概念（这又是我杜撰的概念，当然，换一种说法，这不是“杜撰”，而是“真正的原创”）：

> **最少必要知识**

我甚至专门为它杜撰了一个英文缩写：

> MAKE（Minimal Actionable Knowledge and Experience）

当需要获得某项技能的时候，一定要想办法在最短的时间里弄清楚都有哪些**最少必要知识**（MAKE），然后迅速掌握它们。在那一瞬间，任何人都完成了“快速入门”——屡试不爽。

举个例子。我相信绝大多数人都觉得自己没有艺术天份——貌似事实就是如此。看看绝大多数人做的 PPT 就知道了——那个难看啊！我相信，每个人都起码应该学习一点点的设计原理，这在任何地方都用得上。不一定要成为专家，哪怕只是掌握一点点的常识，都可以迅速做到“胜过绝大多数人”。

那么，设计的最少必要知识是什么呢？其实，只要记住两个词就可以了：

> ▷ **简洁**
>
> ▷ **留白**

这两个词足够打败绝大多数人。所谓“简洁”，有很简单的实施方案：在任何一个视觉框架之中，都要尽量减少元素的数量（如形状、线条样式、颜色的数量等），将它们控制在 3 个左右。例如，最多使用 3 种形状、3 种线条样式、3 种颜色、3 种字体。所谓“留白”就更简单了：一定要留出 61.8%（其实这是黄金分割的数值）的空间；或者反过来，最多占用 61.8% 的空间。

以上的例子，你两三分钟就能读完，就算我当面讲给你听，连说带比划，甚至给出一些具体示例，也不过需要五六分钟。可若你严格遵守这两个小原则，就会发现：你已经超过 90% 的人了。

这样的例子实在太多。

我也曾拿开车作为例子。开私家车的最少必要知识是什么呢？一个字就够了："慢"。相信我，这个字能避免绝大多数车祸。虽然很多人喜欢炫技，认为那些开车慢的人"太肉"，但不争的事实是，这个字不仅够用、能救命，还能少害很多命。

我专门写过一本书：《人人都能用英语》（这本书没有发行纸质版，内容全部公开在 zhibimo.com 上）。掌握一门外语的最少必要知识都有哪些呢？

> ▹ 认识字母
>
> ▹ 认识音标
>
> ▹ 会查词典
>
> ▹ 懂基本语法
>
> ▹ 会查语法书
>
> ▹ 会用 Google 搜索引擎

如果掌握了这些知识（其实，在初中毕业之后，我们就已经掌握了这些知识），你就已经"入门"了，接下来只剩所谓"执行"——一个字：

> **用！**

不得不慨叹："英语"真是一个绝佳的、经典的"大面积社会化学习失败"案例。我们从小就开始"学"英语，小学 6 年、初中 3 年、高中 3 年、大学本科 4 年，一晃 16 年过去，尽管天天"**学**"，但就是**坚持不用**！若认真地问："你们为啥光学不用呢？好奇怪！"他们的回答一准儿是相同的："没有环境！"哈！这太荒唐了，就好像没有厕所就不小便了一样——这个类比可能有些不雅，但非常精准。

我在"一块听听"（微信服务号）上为一个英语培训机构办了个叫《**天天用英语**》的栏目，现在有上万人每天至少读 1 篇"新鲜热乎"的当日美国主流媒体文章，查单词、查语法书、做笔记、听讲解、复习、深入理解……

有了最少必要知识之后，就要把英语用起来——掌握一门外语用来干什么呢？**天天用来获取一手信息还不够吗？**

在理解了“最少必要知识”（MAKE）这个概念之后，再去审视任何逆向习得的技能，你就会发现，长期以来挡住你的只有一件事：

> 你居然以为自己一上来就能做得很好！

这是绝对不可能的！谁能一上来就做得很好呢？就好像走路一样——人类天生就有“走路”的基因，所以，只要不存在相关的生理问题，用不着什么学步车，一个人早晚都能学会走路。刚出生的婴儿只不过需要一定的时间，等腿部健壮到能富余地支撑自己的体重并保持平衡，自然就能走路了。然后呢？起步过程中会蹒跚、跌撞，慢慢就正常了——正常到此后在一生之中如果不出太大意外都可以“无意识地行走”。

学习能力也好，执行力也罢，核心只有一个：

> 在刚开始的时候，平静地接受自己的笨拙。

接受自己的笨拙，理解自己的笨拙，放慢速度尝试，观察哪里可以改进，反复练习，观察哪里可以进一步改进，进一步反复练习……这是学习一切技能的必需过程——关键在于：

> ▷ **尽快开始这个过程**
> ▷ **尽快度过这个过程**

现在已经没有人怀疑我的文字能力了，可在十几年前我刚开始写作的时候呢？且不说那时有没有人怀疑我的文字能力，连我自己都知道自己不怎么样。

2005 年我搭建好自己的独立博客网站之后发表的第一篇文章，绝对是“励志典范”。看看那时我写的东西的吧——用 1 个字形容：“差”；用 3 个字形容：“特别差”……即便如此，在那个时候，我也已经确立了自己的一些基础价值观，例如“鼓励所有人”。

问题在于：写得不好就不写了吗？写得不好就不发表了吗？

还有一个小的博弈局被很多人理解反了。很多人认为，“我的文章写得不好就放出去”或者“我的英文发音不标准就讲出去”会让自己“受伤”，可事实上——“受伤”的又不是“自己”！

练习托福听力的小窍门（一）

Thursday, December 29th, 2005

先说一个常识性的认知：一个人的发音和他的听力往往并不直接联系。韩国人往往v/b不分；f/p不分的。这跟他们的母语环境有关。我自己是朝鲜族，生在中国。因为从小在双语的环境中长大，所以就没有这个问题。有一次我跟一个关系不错的韩国朋友说，video这个词应该读/vidiʒu/而不是/**b**idiʒu/，“他说我读的就是/**b**idiʒu/啊？没错！”——我绝望了。后来逗他玩儿，我也把这个单词读成/**b**idiʒu/。结果他竟然跳起来说，“哈，你读错了！那个词应该读成/**b**idiʒu/！”另外一个例子是印度人。印度人能把几乎英语中的每一个辅音读得“不标准”，可是却完全不影响他们的听力。再比如，在我们国家，各个地方的人都有自己的口音，却完全不影响他们听懂标准地道的普通话版的“新闻联播”。对于这些事实的观察都告诉我们一个常识：一个人的发音和他的听力往往并不直接联系。所以，千万不要以为自己的发音不好，听力就不可能练好。

Posted in TOEFL iBT, 老托福听力Part C | 1 Comment »

我在十几年前写的博客

这样的例子非常难得。因为这样的例子不仅属于“讲清楚”那一类，更重要的是，这是“我在**做到**之后拿出来的经历”——是为“铁证”。

讲到这里，可以重提我对“执行力”的一个定义了（其实我对“执行力”有很多个定义）：

> 判断一个人的执行力强大与否，就看他在做得不够好的时候是否能持续去做……

绝大多数执行力差的人，特点是一模一样的：但凡觉得自己做的事情不值得显摆，或者有可能被别人鄙视，就马上不做了——进步对他们来说根本不重要，维持所谓“形象”（面子）才是他们真正的刚需……而一旦遇到可以用来显摆自己的东西，他们就会一生只关注那一个东西——非常“专注”。于是，进步对他们来说天然就是不可能的。

投资也一样。在开始的时候一定是笨拙的，只不过那笨拙是在大脑里发生的，而当不好的结果出现时，“丢人”更不可接受——不仅丢人，连钱都跟着丢了……但是，做得不好就不做了吗？不持续做，不反复做，哪儿有机会改进、修正、总结、进步呢？

当年，我的美股账户是新东方的同事帮我开的——一点都不夸张，我能熟练操作账户是在 6 个月之后了——岂止笨拙，简直是相当愚蠢。那又怎样？在那之后不久，我就开始写脚本来操作账户了。

后来，我做天使投资，第一年颗粒无收——这是真的。那又怎样？我这种人是不可能得出“也许我不适合干这事儿吧”的结论的，我从来都相信自己一定会有进步，只不过需要时间而已。时间可是我的朋友（哥们儿）啊！我怕什么呢？

> “也许我不适合干这事儿吧”绝对是一切失败者的墓志铭，甚至可以干脆改成“也许我不适合来到这个世界吧”（有的时候，刻薄一点会让自己更清醒）。

做生意也一样。很多人都有开店的梦想——虽然这在我们的分类里只不过是比较初级的创业。开店的结果是：1/3 的概率赚钱；1/3 的概率维持；1/3 的概率赔钱。这貌似不是智商能够决定的结果，因为只要是人，总有想得不周到甚至想错的时候。第一次开店失败了，那就不再开了吗？第一次开店很辛苦，没赚到多少钱，那就不再开了吗？很多人（或者说，绝大多数人）真的会马上得到一个结论：“唉，我可能不适合干这个……”然后呢？然后他们的人生也就那样了。

如果我身边的朋友想开店，我都会鼓励他们。原因很简单：我觉得这是做生意的一种常见的起步途径（事实上，在我眼里，连上班都是在做生意，因为上班就是在出售自己的时间）。我顶多会给他们一个最具价值的建议：

> 你要给自己输两次的机会（也就是说，要拼掉那两个 1/3）。

不要押上自己的全部身家去开店，也不要借钱去开店（不仅押上了全部身家，还加上了杠杆）。虽然有人通过这样的方式获得了成功，但在大多数情况下，这么做会使自己失去良好的心态。以后你会越来越明白，一切都发生在大脑之中，所谓“心态”，不过是大脑正常运转的状态而已。如果大脑无法正常运转，会有什么好事儿自动发生吗？不可能——发生的全是灾难。

若不开始行动，一切都是虚无。所以，要尽快开始：要尽快开始那个过程；要尽快度过那个过程。那么，应该如何尽快度过呢？

在掌握最少必要知识之后马上开始行动，然后就要专注于**改进**了。

除此之外，没有“别的东西”存在，尤其是别人的看法。要关注事实，不要关注别人的看法。既然你知道自己的看法常常是不准确的，是需要不断修正的，那你为什么要在意别人的看法呢？他们的看法和你的看法一样，往往并不准确——多么简单明了的事实啊！

有一个像魔法一样的现象：

> 当你专注的时候，时间会飞速流逝……

所以，“专注”事实上是“尽快度过那个（笨拙的）过程”的核心方法。

讲到这个深度，我们甚至应该重新审视“速成”了。即便“速成”普遍不可能，但人和人之间的差异还是很大的：有的人学了很久都没“入门”；有的人在掌握了最少必要知识之后，不仅迅速入门，还迅速展开行动（相当于“相对于大多数人更为迅速地到达了成功的里程碑”）。这有什么可奇怪的吗？

5. 你认真考虑过自己的商业模式吗?

大多数人都认为“商业模式”这个概念和自己没有太大关系，因为印象中“商业模式”是企业才有的东西。人们普遍认为:

> ▷ 企业靠商业模式赚钱。
>
> ▷ 个人靠能力和运气赚钱。

甚至，很多人在创业的时候，对自己创办的企业所仰仗的商业模式也未曾深入思考过。他们常常觉得，在开始的时候“谁都不可能想得那么清楚”（这话有一点点道理），“其实都是先赚到钱再反过来总结模式”（事实上，并不是“都”），于是，他们“理直气壮”地抱着“先做起来再说”的想法。可事实上，如果创业者对自己创办的企业的商业模式思考得不够深入，赚上一点钱倒也不是难事，但真正“做起来”的概率就非常低了——他们根本没有“再说”的机会。

一个企业若能长期持续地赚钱，那么其背后的商业模式其实从一开始就是存在的，只不过在少数情况下，需要企业在发展过程中“发现”自己的商业模式罢了。就像 Google 那样——在开始的时候，Google 本身也好，Google 的创始人也罢，并没有想到要按照现在的方式赚钱——拥有地球上数量最多的“广告牌”（互联网上的每个词都是 Google 的广告牌）且能够智能分配广告内容。Google“发现”了这样的商业模式，并走到了今天。然而，一旦Google“发现”自己的商业模式如此之后就会明白，这个商业模式不是由它创造的，而是一直存在的，很多企业都在运用，只不过在 Google 的用户基数上运用这个商业模式效果很惊人，用 Google 的技术把这个商业模式智能化的效果更惊人而已。

所以，商业模式有点像时间，“它的存在”与“它是否被运用”毫无关系——你用与不用，它就在那里。而对商业模式的选择，不管是有意识还是无意识，那个最终被选中的商业模式都会在无形之中影响企业的利润和发展，就像我们在形容市场规律时经常说的那样，可以说它是“一只无形的手”。正因如此，一个企业若不认真研究自己的商业模式，就必然会吃亏，甚至吃大亏。

同样的道理：不管一个人是否能清醒地意识到自己的商业模式是什么，他都会被自己正在运用的商业模式所左右，受影响的不仅是收入，还有当前的生活与未来的理想。很多人甚至不知道“个人商业模式”这个概念的存在，他们凭自己的感觉生存，懵懵懂懂地被某个商业模式暗中左右，从未想过自己竟然还可以选择。于是，走到最后，那只无形的手就成了所谓“命运”，而他们能想到的不过是“好也罢，坏也罢，一切天注定”。

可你不一样。立志走在财富自由之路上的你，不仅要研究自己的商业模式，有意识地选择自己的商业模式，还要有意识地改良自己的商业模式，让那只“无形的手”成为你的朋友，而不是敌人。我常常慨叹：“对那只无形的手，你若不研究、不配合它，它就‘玩儿你没商量’……”

事实上，在之前我们定义“财富自由”的时候，已经确立了一个事实：

> 所有的人都在出售自己的时间。

因为，若你不再需要通过出售自己的时间去满足自己的生活所需，那你就已经实现财富自由了。换言之，在实现财富自由之前，所有的人都在出售自己的时间。

在看清这个本质之后，我们就可以用下面这个通俗易懂的句子来定义“个人商业模式”了：

所谓“个人商业模式”，就是一个人出售自己时间的方式。

千万不要以为人们都在使用同样的方式出售自己的时间，也不要以为教师和牙医所运用的不是同一种商业模式，更不要以为不同的商业模式之间没有好坏之分。

让我们仔细看看个人商业模式的基本分类：

- 第一种个人商业模式：一份时间出售 1 次。
- 第二种个人商业模式：同一份时间出售很多次。
- 第三种个人商业模式：购买他人的时间再卖出去。

在这个世界上有很多打零工的人，他们就是那种“零售”自己的时间的人——不仅是“零售”，而且“可售存量有限”（一天 24 小时，还不是全部可供销售，卖不出去的部分也不会形成“库存”，而是直接消失，不复存在）。这是“一份时间出售 1 次”这种个人商业模式的一个较差的分类。

有固定工作的人，相当于把自己的时间“批发”出去了。很多人过着朝九晚五的生活，把一年之中 115 个法定节假日以外日子里的每天 8 小时一口气打包卖出去了。显然，其结果比上面那种方式好一点。不过你可能已经想到了：他们的时间售价往往有一个很低的上限。

然而，不管是零售还是批发，都是“一份时间出售 1 次”。

有些人可以把自己的同一份时间出售很多次，其中最典型的就是作者。他们耗费一定的时间和精力创作一部作品，印成书籍，然后就有可能将“同一份时间出售很多次”了。以我自己为例，我就是用这种个人商业模式在 32 岁前后突破了成本线，迈过了“财富自由”的里程碑。2003 年，我出版了《TOEFL 核心词汇 21 天突破》。一年后，我开始真正拥有“睡后收入”（即，睡着以后也会产生的收入）。

创业和投资，事实上就属于“购买他人的时间再卖出去”的个人商业模式。你自己创业，做老板，招聘一些人为你做事（本质上就是购买了那些人的时间），利用你购买的这些资源创造点什么（产品也好，服务也罢），再把它卖出去。而投资人购买的本质上也是时间——创业者的时间（也可以说是“更有能力的人的时间”）的一部分——再想办法将其卖出去。从这个角度来看，我们也可以理解为什么“投资人首先看重创业者的素质，然后才是创业者所选择的方向”了。

笼统地看，对个体而言，所谓“进步”，就是逐步学会并使用各种个人商业模式，然后想办法优化每一种属于自己的商业模式。全面地看，任何人都起码能熟练地（或者，“起码自以为能熟练地”）使用第一种个人商业模式，而后两种个人商业模式是少数人在习得之后才能熟练运用的。但是，总有一些人能够熟练地运用这 3 种个人商业模式中的任何一种，甚至能够熟练地组合运用它们。

6. 如何优化第一种个人商业模式？

在最初的时候，大家都一样，基本上只能靠出售自己的时间获取金钱（主要用来支付生活必需的费用）。于是，大家都自然而然地运用第一种个人商业模式，即，“一份时间出售 1 次”——在最初的时候，“能卖出去”（零售）就很不错了，“能批量卖出去”（批发）就太好了！人们之所以普遍更看重“稳定的工作”，就是因为这种思想在起作用。

抽象地看，优化第一种个人商业模式的方法倒也很直观：

> ▷ 想办法提高单位时间售价。
>
> ▷ 想办法提高时间销售数量。

最普遍的提高单位时间售价的方法是**接受更高程度的教育**。有些人选择读完研究生再去找工作，基本理由是一样的：虽然不是绝对，可从普遍的情况来看，拿着研究生文凭去找工作，就是比拿着本科文凭去找工作的单位时间售价更高。

与此同时，选择的价值会自然而然地展现。从整个社会的角度来看，某个职业的社会需求越强，其从业人员整体上能够获得的单位时间售价就越高（例如医生和律师）。与此同时，那些最终能使个体的单位时间售价越高的专业，学费就越贵，获得认证的难度就越高——这样的例子很多，例如新东方厨师学校的学费就比新东方英语培训学校的学费高出好几个量级。

> 请注意：新东方厨师学校与在纳斯达克上市的新东方教育集团没有任何关联。新东方厨师学校可以说是真正的“不上市的独角兽”。

在这个阶段，很多人作出了最终会被证明为“不明智”的选择，把自己的“努力”和“付出”与自己的单位时间售价直接挂钩，于是，他们不由自主地采用如下两种方式简单粗暴地提高自己的单位时间售价：

> ▷ 磨洋工
>
> ▷ 喊高价

收 8 小时的钱，干 2 小时的活，就等于把自己的单位时间售价变成了原来的 4 倍。跳槽，利用“信息不对称”（反正新老板没办法 100% 了解自己过往的成绩）获得更高的薪水，跳上三五次，薪水翻番的情况也很多。但从长期来看，这样做不仅是不明智的，其结果也是很明确的：你见到多少人通过磨洋工或者频繁跳槽获得财富自由了？一个都没有。

为什么竟然“一个都没有”呢？我们需要花点心思看透其背后的原理，否则，我们可能会莫名其妙地吃亏。

既然“时间买卖”存在，就相当于这世上有个隐形的“时间交易市场”。你需要彻底弄明白并记住的是：

> 在这个隐形的时间交易市场里，每时每刻的“成交价”，其实是时间出售者的“估值”，而非时间出售者的真正“价值”。

把股市里最基础的概念——成交价、估值、价值都平行地搬过来，对应着去理解，一下子就能明白：

> ▷ 成交价是时时刻刻**变化**的。
>
> ▷ 成交价是买家对卖家的**估值**。
>
> ▷ **估值不等于价值**，它们之间总会有一些差异，或**高估**，或**低估**。
>
> ▷ **从长期来看，估值不会离价值太远**。
>
> ▷ **精明的买家看重价值**，并善于在低价时买入。
>
> ▷ **高买低卖的买家早晚会被淘汰**。

作为卖家，如果一味追求高估值，结果就会和股票市场上那些一味追求高估值的公司一样——很快“死”掉。为什么？因为确实有一些不够精明的买家，但这些买家早晚会被市场淘汰。于是，最终，那些估值过高的公司（的股票）找不到买家，价值自然会一落千丈。

不过，个人出售的时间与公司出售的股票还是有一些不一样的地方。对上市公司的股票，持有者在放弃持有的时候，还有机会将“烫手山芋”扔给别人，把钱换回来，而时间购买者没有将其转让的机会，只有一个干脆且直接的选项：不继续购买。此时，时间出售者要回到市场上，将自己的时间“挂牌出售”，通常表现为重新找工作——看看 30 多岁的人回到人才市场重新找工作有多难就明白了。

所以，只盯着“成交价”（放到生活场景里就是“薪水”）而不顾“价值”，肯定是一个巨大的错误。逻辑上正确的选择是：不应该关注“价格”，因为它只是“估值”；而应该关注“价值”，而且必须是“不断增长的价值”。于是，结论非常明显了：

> 你最好，事实上也必须，**关注且只关注自己的持续成长**。

只关注“估值”的人通常不幸福，理由有若干：

> ▷ 总是处于不满意的状态——被低估的时候不开心，被高估的时候觉得不够。
> ▷ 因为缺乏价值的支撑，所以估值必然逐步降低，更可能被过分低估。
> ▷ 不得不频繁地“重新挂牌”，而且要面对越来越少的“不够精明的买家”。
> ▷ 进入恶性循环……

那些时常因为“感觉自己的价值被低估了”而郁闷的人，其实应该好好想一想自己有没有被高估的时候——事实上，答案几乎是肯定的——一定有，还不止一次。若能想到这一点，就没有什么值得难过、郁闷和冲动的了。不时被高估，不时被低估，这才是常态，而价格和价值恰好重合是极小概率事件。再说，在被高估的时候默默接受，在被低估的时候跳脚大闹，也不是一个思维正常的人会做的事情，对吧？

还有一个事实，可能很多人从来没有认真想过：

> **你不断成长的结果，就是你终将被低估——这是必然的。**

让我们一起做个简单的分析吧。

老板给员工发薪水，通常情况下给出的是市场平均水准，原因在于：若给所有人都开市场上最高的薪水，企业的整体成本就会被抬高到失去竞争力的地步；若给所有人都开市场上最低的薪水，那员工就都跑了，企业同样会彻底失去竞争力。因此，大家打工拿到的报酬大都与“市场平均水准”相差不多。若老板大方一些，那么员工拿到的是略高于市场平均水准的薪水；若老板抠门儿一些，那么员工拿到的是略低于市场平均水准的薪水——市场规律大抵如此。

从这个简单的事实出发，可以说，**在市场上，几乎所有的顶尖人才都被低估了**，或者准确地讲——顶尖的人才更可能被低估。所以，和大多数人想象的不同，当这种人发现自己的价值被低估的时候，他们并不会因此格外难过，恰恰相反，他们更有可能觉得高兴，因为那是他们成长的证明。换句话讲，他们甚至可能把“被低估”当作对自己能力和成长的肯定。与此同时，他们也很清楚：**终有一天，如果能确定自己被“过分低估”，就到了“该自己闯出一片天空”的时候了**。

单位时间的市场售价无论如何都是有玻璃顶的——无法突破的玻璃顶。当然，绝大多数人还谈不上“被玻璃顶压着”，因为他们所处的地势太低，甚至根本看不见玻璃顶。而不断成长的人终将遇到那个玻璃顶，直至“不得不”、“必须”、“必然”要冲破那个玻璃顶，在此之前的所有努力，事实上都是在为那一刻做准备。

在生活中，注重估值的人没法理解注重价值的人，因为他们的底层思考依据不同。一方认为估值更重要，另一方认为价值更重要，双方怎么可能达成一致呢？这两类人从表面上看不出太大区别，可事实上，他们就像两个完全不同的物种，在同样的环境里做着不同的事情，随着时间的推移，会走出完全不一样的路。

从“应该更注重价值而不是估值”这个基本事实出发，我们已经推导出“**我们应该关注且只关注自己的持续成长**”这个结论，从而可以继续摸索更好的优化方法。

提高效率这件事并不像很多人想象中那么难，那么玄。其实，它很简单，简单到连中学生都应该熟练掌握的地步。

在中学物理课本里有两个重要的概念：

> ▷ 串联
>
> ▷ 并联

其实，想想就知道：

> ▷ 如果两个任务之间的关系是“串联”的（即，一先一后），那么有的时候我们可能只需要调整顺序就可以提高效率。
>
> ▷ 如果两个任务之间的关系是“并联”的，那么把它们“串联”起来就不对了——得想办法找到可以“并联”的任务，然后让它们并行。

让我们“想想”（养成凡事“多想一步”的习惯，这样做不会很累）：人生中有没有可以“并联”的重要事情呢？如果有，我们就必须把它们“并联”起来，而不是“串联”，由此我们会极大地提高人生的效率（注意，不仅是工作的效率）。如果能做到的话，这是何其“伟大的意义”啊！

不着急，慢慢来。

既然出售时间必然是不划算的——之所以有人愿意购买时间，是因为购买者觉得划算，不是吗？——那么给别人打工肯定是权宜之计。你可能早就在想：我什么时候，凭借什么，可以让别人给我打工呢？对，你早晚要成为有能力划算地购买时间的人，而不是不得不出售时间的人——很好！可是，能不能马上开始呢？有没有立竿见影的方法呢？还真有：

> 从即刻开始，在给别人打工的同时为自己打工。

这显然是一个“反败为胜”的故事。

从这个意义上看，有些人的选择是正确的：他们千方百计（形象地讲就是“削尖了脑袋”）去明星企业打工，因为在那里能获得更多有价值的经验（有些人无论如何都要去大城市工作和生活，背后的道理其实是一样的）。虽然从事实来看，在有些时候明星企业的薪资待遇可能不如普通企业高，但是在明星企业里，“竞争更为激烈”这个事实本身就可能是很大的优势。人就是这样，不参与竞争就自然会倾向安逸，停滞不前——越是年轻，就越是如此。

我这一生只有一次给别人打工的经历。从 28 岁到 35 岁，我在新东方教了 7 年书。最幸运的是什么呢？最幸运的是，那是一个在纳斯达克上市的公司，算得上大企业，在教育行业里也算得上明星企业。明星企业的特点之一就是人才济济。我一直觉得，**对所谓“教育”，“耳濡目染”很可能比书本来得更直接、更有效。**

在新东方工作的 7 年里，所见所闻、所思所得、真正有用及事后庆幸自己见识过的，都隐藏在当初的种种细节里，当有一天那些东西显现出巨大价值的时候，我才觉得那绝对不是一段简单的“打工时间”。我相信所谓“见识决定境界”。民间有句俗语，“就算没吃过猪肉，也总得见过猪跑才行”，说的是一样的道理。

观察一下身边的人，我们马上就会发现人群再一次二分（就好像两个截然相反的物种一样）：

- 给老板打工的人
- 给自己打工的人

第一种人绝对是大多数，将他们描述为“给薪水打工的人”可能更为正确。他们会不由自主地把工作结果和工作质量与那些看得见、摸得着的金钱回报相匹配。他们在工作时多一分力气也不肯花，下班准时就跑（估计他们在上学的时候就是那种在下课铃声响之前就把书包收拾好的人），永远是“事不关己，高高挂起”，对那些付出更多的人持有永恒的态度：“你傻了吧？”当别人指出他们的“不作为”时，他们的反应通常惊人地相似：“就给我那么点儿工资，还指望我做成什么样呢？”

于是，绝大多数老师不肯反复备课，不肯花时间改善课程质量，也不肯讲新课——“又要花时间备课，累死了”，反正许多年前准备的那套东西（甚至是从前人那里直接“复制 / 粘贴”进自己大脑的东西）已经“够用”了！

我不理解他们。我知道，他们也不理解我。当我偶尔（因为年轻）说出自己的想法时，无一例外地被评价：“你真能装！”于是，我学会了“少说话，多做事，一个人默默前行”。

第二种人绝对是少数，甚至是极少数。他们在工作上精益求精，宁可少睡一会儿也要把事情做到一定程度才心满意足，别人休息时他们可能还在工作，甚至好像完全不会去想："这么努力还不涨工资，实在是太不公平了！"

我从来都属于"给自己打工的人"，即便我跑到一个地方"拿着薪水给别人打工"，也好像没办法把那个"为自己做事"的"进程"给杀掉。

> "进程"（process）是计算机操作系统里的一个术语，是指同时进行的"任务（们）"。要强制停止某个任务，一般的说法是"杀死那个进程"（kill the process）。

从某种意义上看，有1个以上的进程同时进行，不就是"并联"吗？**现在只不过是在"给自己打工"的同时"给老板打工"而已。**在做每件事的时候，判断工作结果和工作质量的好坏与高低，有两个标准：

> ▷ 是否对得起拿到手的薪水？
> ▷ 是否对得起自己付出的时间和精力？

"给自己打工"和"为自己做事"的人，自然对工作结果和工作质量要求更高一些。其实，每个人在这一点上都是一样的，看看有多少人在最后一个离开办公室的时候不会顺手关灯就知道了（与此同时，他们其实一直在担心自己离开家的时候是不是忘了关掉家里的灯）。在读高中的时候，我有个同桌经常说这么一句话："咱是谁啊？！"这句话的意思是：

> ▷ "咱是谁啊？！"——所以，"那些事儿不能干啊！"
> ▷ "咱是谁啊？！"——所以，"这种东西拿不出手啊！"
> ▷ "咱是谁啊？！"——所以，"做成这德性怎么好意思呢？"
> ▷ "咱是谁啊？！"——所以，"这事儿得做到这样的地步才行！"
> ……

这句话"不小心"影响了我的一生。

虽然这样想事情的副作用是让很多人觉得"你真能装"，但结果确实是：选择不同，做出来的事就不一样，而且质量与品格都不在一个层次上。"给自己打工"的人，总觉得"还可以做得更好"，于是，接下来的每一步，每一个选择，每一次行动，都是在另一个层次上进行的，都有更高的标准——随着时间的流逝，结果自然天差地别。

事实上，第二种人是划算的，而第一种人从长期来看注定是吃亏的，却自以为聪明。为什么呢？因为第二种人极大地优化了自己的个人商业模式。

> 他们把自己的同一份时间出售了2次：
> ▷ 一次是把时间出售给老板，换取了薪水。
> ▷ 另一次是把时间出售给自己，换取了成长。

这样看来，对某个差异的解释就很自然且清楚了：那些拿到两次回报的人又怎么会像那些只拿到一次回报的人一样那么在乎只是其中"一部分而已"的薪水呢？与此同时，第一种人完全不知道自己正在"被落后"——别人的真正成长就是自己的真正相对落后，这原本就是事实。只可惜，他们不仅看不到，还在"幸福地堕落着"……

"变成另外一个物种"的重要方法之一竟然如此简单：

> 把自己变成一个"**给自己打工的人**"。

如此这般，你已经变得**与众不同**，因为这世界上绝大多数的人终生只会半生不熟地运用第一种个人商业模式"一份时间出售1次"，而你竟然把这种最基本的个人商业模式"升级"了，变成了"一份时间至少出售2次"。从长期来看，你的收益曲线一定会长成复利曲线的样子——虽然在开始的时候，别说别人，就连你自己都看不出它和一条斜率不大的直线有什么区别。

7. 如何启动第二种个人商业模式？

2003 年，我决定写书。

为什么呢？因为我想明白了：为了获得财富自由，我必须寻找一个方式来运用第二种商业模式（即，“同一份时间出售很多次”）——这是必经的途径。因为每个人的时间都是有限的，“用过即弃”的，甚至“不用也不得不弃”的，而且不会再生，也不会给你“攒在一起让你放个大招”的机会，所以，只有一个办法——把同一份时间出售很多次，次数越多越好！

我找到的方式就是写书。

2003 年，我花了 9 个月时间写作并出版了《TOEFL 核心词汇 21 天突破》。到现在（2017 年），14 年过去了（按照我的计算方式，因为“七年就是一辈子”，所以已经过去“两辈子”了），这本书在 TOEFL 词汇书市场依然畅销——不仅畅销，而且长销，每年销量不减。

到目前为止，这本书的稿费我分文未动。我故意把用来接收这本书的稿费的那张银行卡剪掉，然后扔了。这一招是我在 *Mean Genes: From Sex to Money to Food, Taming Our Primal Instincts*（Terence C. Burnham，2000）这本书里学到的。在这本书里，作者提到了一个例子：为了控制自己的花钱欲望，他跑到外地开了一张银行卡，并把卡剪掉，然后定期往那张卡里转账——因为必须要到外地补办一张卡才能提款，所以这个“麻烦”使他“懒得”去花那些钱。读书也是这样，哪怕只是一句有意义的话，甚至只不过是因为读一本书而“刺激”出来的某个（可能并不相干的）想法，竟然改变了你的行为，那这本书就是无价之宝。这本书对我来说就是价值至少千万的书——我不知道现在那张银行卡里到底有多少钱，也不想知道，而且从来没有去查过，我只知道：有一笔数目并不小的你根本用不上的钱，是财富自由的一个基本标志。

2005 年，《TOEFL iBT 高分作文》出版——这本书成了我后来长期“不务正业”的坚强后盾。在随后的差不多“一辈子”（7 年）里，我的所有生活必需开销都来自这本书的稿费。开公司可以不拿工资，把利润全分掉，甚至可以同时开好几家公司；空闲时可以去研究比特币，做矿场和场外交易……事实上，全是这本书的稿费在支持我——因为我可以不在乎收入，因为那时的我早就可以不在乎自己时间的“成交价”，反正我的生活必需开销早已不需要靠“出售时间”换取了。

写出一本长销的畅销书（注意，不仅是“畅销书”）是我运用第二种个人商业模式的起点。因为，书的长销，事实上相当于把我之前“辛苦”的 9 个月时间在十几年里反复出售了数百万次——虽然每次卖出的实际价钱并不高，税后只有几元钱而已。

许多年来，我一直在琢磨：对个体来说，除了出版图书，还有其他方式可以做到把“同一份时间出售很多次”吗？后来我想清楚了：**一切内容制造**，从本质上看都属于这个类别——书籍、唱片、动漫……或者更精确一点——一切创意制造可能都属于这个类别。

你可以把一本书、一张唱片、一部动漫理解为一个“产品”。那么，这类极度依赖创意的内容（或称“产品”）都可能属于“成本极为低廉”（脑力劳动）、“受众极为广泛”（即，销量可能很大）的东西。有能力制造这类东西的人，最终都有可能把自己的同一份时间出售很多次。

虽然那时我刚刚“入门”，但出手的时候已然是个深思熟虑的高手了。我不仅是个作者，还是个极受学生欢迎的老师。而且，我是做销售出身的，所以我从一开始就懂得如何把一个东西不仅卖出去，还卖得很多。更重要的是，我和其他作者的思维不一样——他们中的绝大多数，思维是这样的：

> ▷ 我很厉害，所以我能写书。
>
> ▷ 我写出来的东西就是很厉害，所以你们不能乱改，我写什么就出版什么。
>
> ▷ 我很厉害，我写出来的书也很厉害，你们不买，是你们的眼光有问题。

我的出发点是：就算我不是很厉害，那我的书能不能卖得很厉害？所以，我的思维和他们是截然相反的。我认为：如果读者不买我的书，那肯定是因为我做错了什么。我不仅是销售人员，我从一开始就明白：必须用“产品思维”去考虑问题。在产品思维里最重要的思考是什么呢？说穿了就很简单，不说穿就是一张彻底蒙蔽你双眼的窗户纸：

> **刚需**

对，**你的产品必须满足消费者的刚需**——没有什么比这个更重要。若你的产品是消费者的刚需，即便做得不够好，人们也会买——刚需嘛，能解决多少就解决多少。若你的产品不是消费者的刚需，那无论做得多好，买的人也不会太多——其他能力和品质，都是在此之后起作用的。不做刚需产品，剩下的就无从谈起。

许多年前的这一点点思考，让我直到今天都在受益。后来，无论是创业，还是投资，还是再创业、再投资，都是一样的。我已经习惯了去找、去做真正满足刚需的产品，也练就了一双“火眼金睛”去甄别真正的刚需，而这是个根本无法用钱去衡量的能力。

在出版《TOEFL 核心词汇 21 天突破》和《TOEFL iBT 高分作文》这两本书的时候，我正在教 TOEFL 的阅读和作文。一般来说，老师出书都是自己教什么就写什么，但我觉得不能这样。阅读和作文实际上不是中国学生的刚需，或者更准确地讲，即便它们都是真正的刚需，可学生们却不以为那是刚需——学生们（即，消费者们）心里以为的刚需是词汇书……

所以——你也已经知道了——我出版的第一本书是词汇书。

我骨子里并不认为“背单词”就是“学英语”。在全世界范围内，甚至从人类史上来看，从来没有一个学习行为出现了如此惊人的大面积失败——

几亿人前仆后继地“学”英语，小学6年、初中3年、高中3年、本科4年——16年下来，99%的人以失败而告终。为什么呢？天天背单词，却从来不用单词——造句不就是“用单词”吗？天天背单词，却从来不造句……学了十几年英语，却从来没有真正用过，不失败才怪！

> 又过了几年，我写了《人人都能用英语》，没有找传统出版渠道出版（反正我不需要靠它赚钱），而是直接放在网上（zhibimo.com）供人免费阅读，目前阅读量过亿，不知道帮助多少人摆脱了尴尬！

可是，我却写了一本词汇书——它是**消费者心里真正以为的刚需**（请认真阅读这里的每一个字）。然后，就是“我自己要对得起自己”的过程了。我运用自己的计算机技能写了个自动化脚本，运用在大学会计专业中学会的统计及概率知识在我自己创建的TOEFL真题语料库里进行分析，最终挑出2142个词汇。把这些单词全部掌握以后，剩下的靠“跳、换、猜”基本上就能搞定了——考试嘛，考的就是这种能力。当时，市面上绝大部分的词汇书都是类似“TOEFL词汇12000”的东西，“考TOEFL至少需要过万的词汇量”的说法满天飞。而我的《TOEFL核心词汇21天突破》则清楚地、有根有据地告诉读者：别怕，先把这2142个单词全都搞定——每天百来个，21天全部完成是很现实的，谁都能做到——然后，你就可以在考试中拿个好成绩了。

这是一个满足刚需的、一枝独秀的产品，上市10多年仍在销售，而且年销量稳步增长。

过了两年，出版社因为第一本书大卖，所以一直劝我出第二本书。于是，我写了范文集《TOEFL iBT高分作文》。我在课堂上是绝对不讲范文的——作文老师讲范文就是犯罪，因为这样做会让很多原本可能有创意的人变成毫无创意的人。作文写不出来，不是因为不会用模板，也不是因为不会用“万能句型”，而是因为没有进行真正有意义的思考，所以，作文课应该是教思考的。可是，我还是出版了一本范文书。为什么呢？重复一下，字字珠玑——它是**消费者心里真正以为的刚需**。

接下来还是“我自己要对得起自己”的过程。既然是范文书，就要把题库里的185篇范文全都搞定。虽然读者要的是“范文书”，但我给出的肯定不仅是“范文”，我用了很大的篇幅认真、仔细且正确地分析了 TOEFL 作文考试的评分标准，并给出了相应的最佳策略。在课堂上，我也可以理直气壮地告诉学生：你没必要因为我在课堂上不讲范文、不讲模板、不讲“万能句型”而投诉我（我真的因此被无理且严重地投诉过），如果你非要了解这些内容，就花几十块钱去买我的范文书吧，在课堂上我要讲更重要的内容，即，**你如何才能正常、正确地思考**（这句话在《TOEFL iBT 高分作文》的前言里也醒目地出现过）。

这又是一个满足刚需的、一枝独秀的产品，上市 10 多年仍在销售，而且年销量稳步增长。

再后来，在要离开新东方的时候，我写了《把时间当作朋友》，目的还是满足用户的刚需——所有追求成长的人都会意识到时间的重要和宝贵，而更为关键的是，他们苦于时间的“不可控”……我在这本书里给出了一个逻辑上简单却又严谨的解决方案：

> ▷ 时间是不受任何人控制的。
> ▷ 管理时间是根本不可能的。
> ▷ 只有管理自己才是可能的。
> ▷ 用正确的方式做正确的事情，才是唯一正确的选择。

这还是一个满足刚需的、一枝独秀的产品，上市 10 多年仍在销售，而且年销量稳步增长。

事实上，“必须满足消费者以为的刚需”这个道理在任何地方都适用。你看音乐产业，为什么爱情歌曲占 95% 以上？——一样的道理啊！你看动漫产业，为什么爱情故事无处不在？——一样的道理啊！再回到书籍，情感类书籍从来都是市场上最大的品类之一——还是一样的道理啊！

陶华碧女士是我最敬佩的“创业者”之一。人家不融资、不上市，只做一款老干妈香辣酱就能赚很多钱，而且老老实实地纳税——如果这样的人不是英雄，那谁是英雄？她的产品最核心的属性就是“满足刚需”——到国外的网站上看看，有多少“老外”在“不小心”吃过陶华碧女士的产品之后苦于回国无处购买，只得四处寻找代购。

曾几何时，把自己的“同一份时间出售很多次”几乎是完全不可能的事情。即便是在十几年前，作家中的绝大多数也无法做到“一炮而红”。可时代变了，互联网改变了一切。今天，若你拿得出“真正能够满足消费者以为的刚需”的创意产品，就绝对不愁卖不出去，也绝对不愁卖得不多。

各种渠道正在爆发式地增长。苹果的 App Store 和微信的小程序都是程序员把自己的“同一份时间出售很多次”的绝佳渠道；微信订阅号培养了无数作者，给更多的文字工作者以更多的机会，已经是不争的事实；国外甚至出现了基于区块链的版权确权与分发系统（例如 steemit.com）——靠创作赚钱，甚至赚大钱，已经成为越来越多人的机会。

希望掌握第二种个人商业模式的人，请牢记一个概念：

> **刚需**

与此同时，要更深入地研究一个更重要的概念：

> **消费者以为的刚需**

这就是我在这么多年里一直认真研究心理学的原因。我们不仅要理解别人，还要理解**这个主要由别人构成的世界**——不仅要理解它，还要和它融洽地相处，和它做朋友，和它共同成长……

还有一个问题是：为什么我会尽量避免在服务行业从业？因为服务行业的问题在于，身处其中的人，几乎完全没办法运用第二种个人商业模式，在那里貌似永远只能将“一份时间出售 1 次”——对我来说这实在是太可怕了。即便在刚开始的时候出于无奈而从事了这个行业——我不就当过老师吗？又，谁在刚开始没有“没办法”的时候呢？——也要想尽办法在恰当的时候跳出来，摆脱不能更多地运用第二种个人商业模式的尴尬。

希望启用第二种个人商业模式的人，从一开始就要训练自己的创造能力和创新能力，而不是只在意自己完成任务的机械工作能力。近几年，人工智能的发展趋势更加明显地揭示了这么一个道理：

> 一切没有创意的工作，都可能很快被机器代替。

该怎么办？虚一点的说法是“重视教育”，实在一点的说法是“**要不断升级自己的操作系统**”——这恰恰是本书的核心主旨。

8. 如何优化第三种个人商业模式?

在3种个人商业模式里，级别最高的是第三种，即，“购买他人的时间再卖出去”。其原理很简单：既然自己的时间是有限的，那么“购买他人的时间”起码可以突破“时间总量”的限制。其原则也很简单：“低买高卖”——这实际上是一切商业模式的共通之处。

前面说过：

> 创业和投资，事实上就属于“购买他人的时间再卖出去”的个人商业模式。你自己创业，做老板，招聘一些人为你做事（本质上就是购买了那些人的时间），利用你购买的这些资源创造点什么（产品也好，服务也罢），再把它卖出去。而投资人购买的本质上也是时间——创业者的时间（也可以说是“更有能力的人的时间”）的一部分——再想办法将其卖出去。从这个角度来看，我们也可以理解为什么“投资人首先看重创业者的素质，然后才是创业者所选择的方向”了。

能够成功创业的人和能够成功投资的人，在人群当中肯定只占极小的比例。可为什么说“最高级的个人商业模式事实上人人都在用”呢？因为这是事实啊！

当我们花钱购买他人服务的时候，本质上就是在购买他人的时间，以便自己的时间不被占用。还记得服务行业的所谓“缺陷”吗？在那个领域，绝大多数人每份时间只能出售1次。于是，当我们**花钱**购买服务的时候，**就从本质上避免了将自己的时间花到那些只能将“一份时间出售1次”的人所做的事情上。**

所以，第二种个人商业模式（同一份时间出售很多次）并不是大多数人能够用得上的，甚至是大多数人终生无法掌握的。可与此同时，事实上任何人在任何时候都有机会运用级别更高的第三种个人商业模式——这真是个令人惊讶的现象！

然而，再仔细观察一下就会发现：绝大多数人从未把“花钱购买他人的时间”（在他们看来是付费购买商品或者服务）当成自己的个人商业模式来处理（事实上，他们脑子里根本没有“个人商业模式”这个概念），当然就从未意识到这件事还需要更深入地琢磨才有可能不断优化。

从2016年下半年开始，我频繁地使用一个叫作“助理来也”的微信服务号。它是干什么用的呢？很简单，我用它可以花5元钱找人帮我去星巴克排队买咖啡，然后送到我的手中。想想看，有多少次你想喝杯咖啡，到星巴克一看，人太多，等不起，于是就算了？花5元钱，节省10~20分钟——我的10分钟怎么可能连5元钱都不值呢？若我正在写文章，10分钟我能敲出几百上千字呢。要知道，按照2016年我的收费专栏的收入计算，每个字差不多值2000元。所以，我怎么可能不喜欢这个服务呢？它实在是太值了！

不同人的思考角度、思考根据、思考质量差异巨大，很多人甚至从来没有认真想过，“不肯花钱购买服务，宁愿用自己的时间来省下那些钱”这种做法，更合理的依据应该是：确定自己的时间价值抵不上那个时间消耗。只有在这样的时候，“不花钱”才是合理的。然而，看看绝大多数人的选择就知道了，他们既不是这么做的，也不是这么想的，他们甚至根本没想过。于是，他们天天在做不合理的事情却不自知。

在许多年以前，我就不太理解人们为什么会觉得“书太贵了”，甚至嚷嚷着“买不起”。要知道，书可是天底下最便宜的东西啊——即便是在书价涨了好几倍之后。另外，长期以来，中国的书价也比外国的书价便宜很多。你知道这是为什么吗？原因并不是人们浅薄地以为的“中国人不重视知识”，真正的原因只有一个——销量足够大。我们已经知道，写书是少数可以把自己的“同一份时间出售很多次”的方式之一，那么，既然能够“多销”，就可以“薄利”，如果能够“多销”很多，就可以更“薄利”——这才是国内的书价比国外便宜很多的根本原因。

从这个角度来看，一个精英人士花时间认真写出来的书，饱含知识的结晶，却以接近纸张本身的价格销售——贵吗？怎么可能！这时候，付费就是捡便宜啊！归结成公式化的语言，是这样的：

> 能被批量销售的时间更值得购买——它们实际上无比廉价。

除此之外，“能被**更大规模**地批量卖出去的时间”更值得购买，因为“更大规模的销售”意味着“更大规模的认可”——已经有很多人帮你验证了质量，岂不是更放心？（虽然也会有例外，可什么事情是没有例外的呢？）

要想认清“付费才是捡便宜”的本质，核心在于认同这样一个不等式：

> 时间 > 金钱

也就是说——若你认为“时间比金钱更重要”，你会作出一些决定；反过来，若你认为“金钱比时间更重要”，你会作出一些截然相反的决定。

我们再回头看，为什么“花钱避免将自己的时间花费到‘一份时间出售1次’的事情上”是值得的呢？要想清楚：把时间花在哪里才最划算？

> **把时间投资到自己的成长上最划算**。

因为在第一种个人商业模式中，个体的价值决定了时间的价格（估值），所以，在所有人都出售自己时间的情况下，如果你能不断提高自己的价值，那你就赚到了——肯定不是马上赚到，但终将赚到——这一点毫无疑问。

还有一个极为重要的因素是绝大多数人根本想不到的：

> 若你笃信自己将来能赚到的钱（成长的重要指标之一）的数值变化会像复利曲线一样，那你就能明白：在早期，无论费多大劲攒下来的钱，都只不过是“小钱”，一二十年之后，那一点点钱完全可以忽略不计了。

相信你已经看出来了，这就是“捡了芝麻，丢了西瓜”的另一个版本。

把时间投资在自己的成长上，是在提升自己的价值。若只是为了省下一点点钱而把时间花费在那些不必要的事情上，却因此耽误了成长，那就要多吃亏有多吃亏了。可惜，绝大多数人正在这么做——把自己有限的脑力花费在那些“鸡毛蒜皮”上。

时间和精力都具备排他性——用在这里，就不能用在那里；用在那里，就无法用在这里。这就是绝大多数最终在某个领域成就非凡的人都显得有点“弱智”，甚至看上去“生活不能自理”的重要原因。他们关心的不是生活琐事，而是那些更重要的事——其中必然包括自己的**不断成长**。

成长的方法是什么？答案只有一个：**学习**。在有意义的人生中，貌似没有什么比这两个字更重要了。习得每一个技能，都是在给自己赋能，让自己拥有更强的能力。拥有更多的技能，就是拥有更多维度的能力。人类之所以能够进步，能够成长，就是因为人类具有学习能力。甚至，在我的世界里，我把“学习”、“进步”和“成长”统一称为“**进化**”。

形象地讲，每当你习得一个新技能的时候，你就**进化**成了另外一个**物种**：学会了开车，你就进化成了腿更长的物种；学会了外语，你就进化成了视野更广阔的物种；学会了演讲，你就进化成了嗓门儿更大的物种；学会了写作，你就进化成了声音更有穿透力的物种；掌握了统计和概率理论，你就进化成了能更清楚地认识事物本质的物种；熟习了统筹方法，你就进化成了具有“三头六臂”的物种，就能比别人多做很多事情；深入研究了心理学，你就进化成了能更准确地理解整个世界的物种；悟透了现代金融理论，你就进化成了在当前这个金融时代最受恩宠的物种……

总是有人慨叹：“同样是人，差异怎么那么大呢？！”其实原因很清楚：虽然头顶同样的蓝天，脚踩同样的大地，呼吸同样的空气，同是“人模人样”，但每个人类个体往往不属于“同一个物种”。人与人之间的差异，常常是“物种”之间的差异——否则差异怎么会那么大呢？

逻辑非常清楚了：

> ▷ 既然——你的目标是“终有一天不用再出售自己的时间了”。
>
> ▷ 那么——你的行动就应该是“想办法合理地逐步减少自己出售时间的数量”。

> ▷ 所以——方法就是“在能用钱换时间的时候尽量用钱换时间”。
> ▷ 进而——将省下来的时间全都“投资”到自己的“持续进化”上去。

那么，学习有没有方法呢？当然有——要不我怎么会主张“学习学习再学习”呢？

> “学习学习再学习”中的第一个“学习”是名词，第二个是动词，第三个还是动词，意思是说：要先把“学习”（名词）这个本领“学习”（动词）好，“再”继续“学习”（动词）。

而这整整一本书，根本目的就是提高你的学习能力，甚至要让你的学习能力更上一层楼：**让你进化成一个操作系统能够不断升级的物种**，即，操作系统具备自动升级功能的物种。

9. 你升级过自己的操作系统吗?

事实上，在这个问题之前有更基本的问题，在这个问题之后有更深入的问题：

> ▷ 在此之前，你知道自己有一个操作系统吗?
> ▷ 如果你竟然知道，那么你升级过自己的操作系统吗?
> ▷ 如果你竟然升级过，那么你知道如何持续地甚至自动地升级自己的操作系统吗?

很多人从未想过自己事实上是被一个操作系统所左右的，而那个操作系统到底是不是自己的，很多人也从未有意识地思考过。真相是：

> 很多人在被别人的操作系统所左右。

看看身边究竟有多少人的所谓“行事原则”是下面这样的，你就能彻底明白我在说什么了：

> “别人都是这么做的啊！”

绝大多数人脑子里确实有个操作系统，但那个操作系统事实上完全不属于他们自己，而是被别人植入的、不受他们自己控制的。那个操作系统完全是由别人设计的——“出厂”的时候是什么样就一直是什么样，被设定可以做什么就只能做什么，被设定不能做什么就永远不能做什么……

只要略加思索，你就能明白，下面这个类比不仅形象，甚至和事实一模一样：

> 很多人的大脑若能一直保持一个操作系统出厂时的干净状态倒也罢了，可实际上，他们的操作系统完全就像互联网上那些已经被病毒入侵的电脑系统一样，只不过是“僵尸网络”的一员——虽然平时可以正常运作，但那只不过是因为“病毒”还处于潜伏期，尚未发作而已。

绝大多数人根本就没意识到自己还有一个操作系统，当然也绝对不会想到应该给自己安装“杀毒软件”！

> 数学家纳什可能是最广为人知的“通过给自己安装杀毒软件而保证自己的操作系统尽量正常运转”的经典例子。
>
> > 在相当长的一段时间里，纳什患上了精神分裂症。他的操作系统被“病毒”入侵，以致产生了各种幻觉。后来，在他的意识里出现了一个小女孩。许多年后，他发现自己意识中的小女孩没有长大，还是那么小——这明显不符合逻辑。由此，他明白了：之前的意识其实是幻觉。于是，他给自己安装了“杀毒软件”，一旦那个小女孩出现，他就主动告诉自己，“那是幻觉”，“那绝对是幻觉”……直到他去世的时候，那个幻觉也没有消失，但他学会了分辨那个幻觉，甚至尝试着适应那个幻觉的存在。
>
> 这个极为震撼的例子在《把时间当作朋友》里就提到过，在本书的后面还会提到。

那么，每个人的操作系统是如何构成的呢？我们应该如何把自己进化成一个具备自动进化能力的物种呢？

我们的操作系统由如下几个层面构成：

> ▷ 概念与关联
>
> ▷ 价值观与方法论
>
> ▷ 实验与践行

如果可以用图来表示的话，大抵是这个样子的：

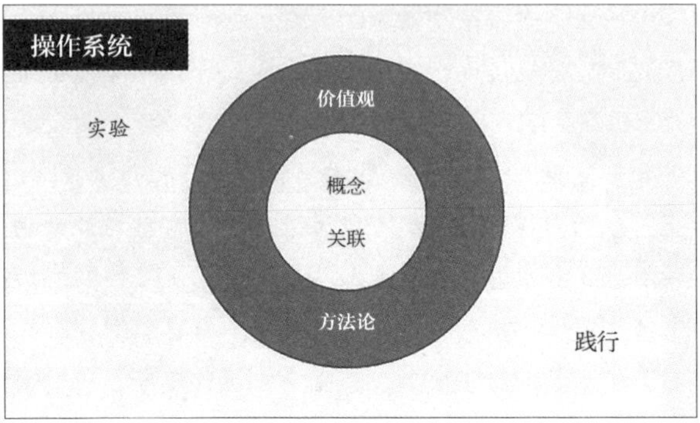

操作系统

我们会在后面多次深入讨论这个“操作系统”，并给出许多重要的实例以帮助你理解它。现在，让我们先对自己的操作系统有一个概括性的认识。

所谓“概念”，无非是你对某个事物（不管它是抽象的还是具体的）的清楚认知。你要清楚地知道：

> ▷ 它是什么，不是什么？
>
> ▷ 它和什么东西很像，但在哪些地方完全不一样？
>
> ▷ 它可以用在哪里，不可以用在哪里？
>
> ▷ 在用它的时候，怎么用是对的，怎么用是错的，需要注意哪些问题？

其实，衡量一个人是否足够“聪明”的依据很简单：

> ▷ 看他脑子里有多少清晰、准确、必要的**概念**。
>
> ▷ 看他脑子里那些清晰、准确、必要的概念之间有多少清晰、准确、必要的**关联**。

前面已经说过，“快速”不应该与“成功”关联在一起，而应该与“入门”关联在一起。很多人只不过是缺失或者搞错了这个简单的关联，就耽误了自己的一生。

概念和关联构成了操作系统的底层核心，其他部分都依赖于它们究竟有多清晰、多准确、多必要。进而，一些价值观会自然形成或自然进化。你得先知道“什么”究竟是什么，才能知道“这个”和“那个”孰优孰劣。而所谓“价值观”，无非是一个“小”问题的真实答案。这个“小”问题是：

> **什么更重要？**

认为“金钱比时间更重要”是一种价值观，认为“时间比金钱更重要”是另外一种价值观。价值观决定选择，选择促成行动，行动构成命运——一环扣一环。

有了清晰的价值观，就会有决断（而不是面对选择犹豫不决）。同时，当决断摆在那里的时候，我们会研究方法论，因为选择要配合行动才有意义。因此，我们要锤炼自己的方法论，以指导紧随决断的行动——实验与践行。

践行很容易理解，可为什么要有实验呢？因为我们的“操作系统”并不是一个一成不变的系统，它和人类所使用的另外一个操作系统——科学——是一样的。科学不是“永恒正确的”。科学是一套具备可证伪性的操作系统，因此它可以在不断否定自我的同时不断进化。而所谓“实验与践行”，几乎完整对应着科学方法论中的“实证”过程。为了进化，我们总是要用实验与践行去检验我们的价值观与方法论，把好的留下继续打磨，把不合适的去掉——这就是升级过程。

若实验与践行的结果不尽人意，我们就要重新审视自己的方法论与价值观；更进一步，为了纠正自己的价值观，改进自己的方法论，我们还要深入一步，去审视我们大脑中存在的概念与关联，甚至需要重新定义它们，让它们更清晰、更准确，或者干脆抛弃一些已然没有必要存在的概念，否则就无法从“根”上完成“升级”（即，“进化”）。

在此之前，你对自己的操作系统有这样清晰、准确、必要的理解吗？更可能的事实是，在此之前，你的脑子里甚至没有“我的操作系统”这个概念。如果连最核心的东西都没有，那么后面的一切就都不见了：

> ▷ 关联——用在哪里？啊，还要“升级”？（“操作系统”与“可升级”的关联。）
>
> ▷ 价值观——哪个操作系统更好？
>
> ▷ 方法论——如何升级自己的操作系统？
>
> ▷ 实验——可能要试用多个操作系统才能作出更优质的选择。
>
> ▷ 践行——通过持续的“理论指导行动”获得更好的结果。

前面我用“不同的物种”做过类比。还有一个类比可以帮助我们形象地理解人与人之间的差异：

> 一些人脑子里运转着的是单线程操作系统（例如 DOS），一些人脑子里运转着的是多线程操作系统（例如 Windows），一些人脑子里运转着的是更漂亮的操作系统（例如 Mac OS），还有一些人脑子里运转着的是看起来虽然不那么花哨但实际上极为健壮的操作系统（例如 Linux）……
>
> 一些操作系统应该被淘汰（例如 DOS），一些操作系统正在不断升级甚至进化（例如 Windows 10 最近的表现），还有一些操作系统本就高效（例如 Linux 生态中的某些分支）……

事实上，人脑是很神奇的，不仅“软件”可以“自主”升级，“硬件”也可以“自主”升级！精彩的例子太多了，在本书后面会慢慢展开。不过，当前的重点是：你不再像过去那样懵懂，你已经清楚地在“自己的操作系统”里打造了一个“操作系统”的概念，并把它与“升级”、“成长”、“进化”、“自主”等概念关联起来了——你很可能已经变成了“另外一个物种”。

起码，你已经知道：这世界上有很多看起来和你没什么区别，却具备“一个不断自主升级的操作系统”的“另外一个物种”。

10. 你所拥有的最宝贵的财富究竟是什么？

你可能从来都没有把“**注意力**”这个概念当成自己的“财富”品类之一。

一提到财富，绝大多数人能直接想到的概念肯定是“金钱”，甚至不是“时间”，当然更不会是一个原本不在自己的操作系统里的概念——注意力。如果在此之前你就是这样的，那么——相信我，你并不孤独。

注意力和时间的区别在于，时间不受你的控制，而注意力在理论上应该只受你的控制。当然，你会发现绝大多数人的注意力都是被别人控制的，而其中很可能包括过去的你和现在的你——还是那句话：相信我，你并不孤独。

你可能没有从这个角度想过问题，所以才那样无所谓。

举一个在互联网发展过程中发生的例子。在互联网刚刚出现的时候，人们即便“看到”了它的商业价值，也没办法“实现”它的商业价值。因为要真正实现大规模的商品交易，不仅要有互联网基础传输协议所传输的“信息流”（你能看到卖家卖的是什么），还要有“钱流”（你得有办法向卖家支付）和“物流”（卖家收到你的钱后得把货送到你那里）。信息流、钱流和物流就是“电商三要素”。

> 与很多人以为的不同：免费不是互联网的“理想”，而是一个无奈的结果。在互联网出现之初，由于钱流和物流没有完全跟上信息流，所以只能免费。在那时，连游戏这个不需要物流的东西，都因为钱流解决得不好而只能暂时免费——只要钱流有了一点点的改善，游戏马上就进入了大规模收费时代。

于是，在互联网大规模普及的前20年里，并没有大规模的电商被实现，也就是说，在那之前，互联网上几乎只有一种商业模式：**收割用户的注意力**。通过提供各种新鲜有趣的内容，吸引用户的关注，把流量搞上去之后，开始投放广告——本质上不过是把大量用户的注意力集中起来再收割，然后打包卖给广告主。

人们万万没有想到自己的注意力竟然被这样出售了——这件事真的很讽刺。一般认为早期的互联网用户是相对“素质更好”的群体，但从另外一个角度看，他们更像“被人卖了还在帮人数钱”的那种人。不过，一些人也用不着太得意，因为他们虽然不经常上网，但整天都在看电视——背后还是一样的商业模式——随便看，全部免费！于是，很多人就把注意力挪到电视上去了。这些人的注意力也被集中、大量、廉价地收割（更可能干脆是免费收割吧），然后被打包出售。

所以，不要认为注意力是不值钱的。这世界的商业模式之一起码在清楚地告诉你：虽然单个人的注意力可能很不值钱，但若能大量收割那些完全不值钱的注意力，就有可能卖出一个不错的价钱！

那些被互联网和电视收割的注意力，就是由很多个体主动放弃的注意力构成的。如果连这样的注意力都能卖出好价钱，那么主动有效调动且最终能有所产出的注意力该多么值钱？起码应该“更值钱”才对吧。

经过多年的观察，我总结了一个概念，叫作“**人生三大坑**”。

你一定经历过一些“坑”。有些坑很深，一旦掉进去就可能爬不出来；有些坑很浅，掉进去再爬出来可能反倒是件好事（可以借此增长经验）。但还有些坑很可怕——它们是隐形的，没准儿已经掉进去了却全然无知。

我就知道这世上有 3 个这样的大坑，坑内人头攒动，99.99% 的人身在其中而不自知，因为放眼望去——“大家不都这样吗？”

第一个大坑叫作“莫名其妙地凑热闹”。

凑热闹，你一定见过。很多人走在大街上，看到有一大群人围在一起，就会不由自主地走过去，想知道究竟发生了什么。可关键在于，那一定是跟自己没有关系的事情，为什么要去凑这个热闹呢？尤其是那些在大街上造成围观的，通常不会是好事。道理明摆着：能让人们在大街上围着看的是什么事情？大都是不好的事情！可是，不好的事情有什么可看的？看来看去无非就是那么几出：有人吵架了，有人打架了，有人受伤了……用脚趾头想想就能知道，见义勇为这种事，大都不是一大群人围在一起做出来的。而且，绝大部分人都不是医疗、消防、救援等专业人员，即便在大街上遇到需要帮助的人，也不具备相应的专业知识，这时最好的选择是拨打求助电话，等待专业人员来处理，而不是——凑热闹。

现在，人们上街的欲望比以前低多了，因为人们现在上的不再是大街，而是网。网上可看的热闹更多，甚至可以给自己泡杯茶，摆好姿势再围观。呀，万科出事儿了！呀，吴亦凡出事儿了！呀，赵薇出事儿了！……这种人现在在网上被称为“吃瓜群众”。比起在路边围观的人，网上的吃瓜群众们还会将凑热闹变成一出闹剧——一群人本来就莫名其妙地围观，结果看着看着，围观的人居然吵了起来，引来更多的人围观……

据说“好奇心是创造力的源泉”。事实上，无论是谁，都有满满的好奇心，只可惜这好奇心都被浪费在莫名其妙的凑热闹上了。不过，这也很正常——有那么多的人没什么正事可做，连书都不读，闲得要命。他们有大量闲置的时间需要“杀”掉，有大量闲置的精力需要发泄，有大量闲置的好奇心需要满足……

第二个大坑叫作“心急火燎地随大流”。

突然之间，某个“趋势”就出现了（例如，前几年的 O2O，以及最近的人工智能和内容创业）。只要有什么东西“火”了，瞬间就会有一大批人（事实上，总是绝大多数人）心急火燎地去随大流。

可是他们忘了，在任何一个大趋势出现的时候，一定有一批人早就准备好了（虽然不一定是特意准备的）。若内容创业真的是大趋势、大潮流，那么在此之前已经"写了十几年字儿"的那批人显然是"虽然不是特意，却必然准备最充分"的。在大趋势出现后才开始心急火燎的人，怎么可能是另外一批人的对手呢？

问题在于：他们为什么会心急火燎呢？是因为大趋势来得太突然了吗？不是。正确的答案是：那趋势，那机会，并不属于那些心急火燎的人。**那趋势，那机会，明明属于那些有意无意已经准备好了的人**。很多人平日里挂在嘴边的"机会属于有准备的人"，在这个时候完全成了一句空话——这究竟是为什么呢？只因为平日里从无积累。

说实话，这个坑里的人比第一个坑里的人"有正事儿"多了，起码这些人是要求上进的。只可惜，他们平日里空有一颗上进的心，却从未有过积累的行动。于是，他们把两个坑都占上了：平时总是凑热闹；看到别人得到机会的时候，花费自己的时间和精力去随大流。最终，只要入了坑，不管是不是正经事，都一事无成。

第三个大坑叫作"为别人操碎了心"。

什么是"为别人操碎了心"呢？例子非常多，最近很多人对"万众创业"的所谓"独立思考"就是一个。"万众创业"这个说法也许有一些经不起推敲的地方，但别人创业，别人单干，那是别人的事情啊！现在的社会环境和一二十年前真的很不一样，个体生存比以前容易多了——这是事实。

但凡有点想法和能力的人，在这个时代确实应该去创业。虽然不一定是各路风险投资人眼中的那种"能改变世界"的创业，但最起码——单干可能更有前途。

从社会效率的角度出发，每个单干的人从本质上看，都是在尝试去掉中间环节，尝试直接为社会做贡献——就算有可能失败，又有什么不好的呢？而拉起团队创业的人，是在尝试为社会做出比个人更大的直接贡献——就算有可能失败，又有什么不好的呢？

"失败乃成功之母"不是每个人都知道的正确道理吗？即便别人失败了，

你怎么知道他们不会从失败中总结经验呢？你怎么那么笃定别人在失败之后就会一蹶不振呢？有句歌词是“What doesn't kill you makes you strong”（那些打不倒你的只能让你更强）——谁说失败不是正常生活的必需构成部分？

两个字：闲的。

一句话：自己是“泥菩萨”，连一条小河都过不去，却“为别人操碎了心”，真不知道图个啥。

若别人创业失败了，你不会有损失；若别人创业成功了，你会害怕——是吗？

想想看，你是不是还在坑里？若你竟然爬出来了，那就回头看看，还有多少人依然在坑里“幸福地活着”？

为什么说这 3 个坑很可怕？因为这 3 个坑都会在消耗你宝贵注意力的同时让你没有任何产出。所以，你现在应该意识到“注意力很可能是最值钱的东西”了吧！

请认真研究一下**注意力**的另外一个“定义”。注意力是什么？

> 注意力是你唯一可以随意调用且能有所产出的资源。

最终，你只能同意这个结论：**“注意力”是在任何地方“挖掘”价值的最基本工具**。所以，要选好“地方”。若把注意力放到学习上，你就会有进步；若把注意力放到思考上，你的思维质量就会得到提升；可若把注意力放到根本不可能产出价值的地方，你就惨了——你最宝贵的东西被消耗了，而你却一点收获都没有。

你可能拥有 3 种财富（也可以暂时称其为“资本”）：

> ▷ 注意力
> ▷ 时间
> ▷ 金钱

当身在起点时，虽然你可以自由支配你所拥有的金钱，但若没有继承（这是绝大多数人面临的实际情况），你的金钱数量可能不会很多，也可能无法容易地赚到更多的钱。

你所拥有的时间和别人一样，每天 24 小时，不多不少，这和遗传、继承没有任何关系。但是，时间绝对不受你的支配，而且不管你做什么（或者做不做），它都自顾自地流逝。

你的注意力却不一样——要多少就有多少，爱怎么用就怎么用，理论上可以不受他人控制。从总体上看，它也不受遗传或继承的影响。在必要的时候，少睡一会儿，或者多“坚持”一会儿，就可以“相对赚到”更多的注意力，并把它放到更有价值的地方了。

于是，越是在早期，下面这个公式就越“普适”：

> 注意力 > 时间 > 金钱

这很可能是你在读这本书的时候建立的第一个系统、完善的价值观。而你现在已经知道：你的注意力比你的时间更重要，你的时间比你的金钱更重要。这就是价值观——知道什么比什么更重要，最终知道什么最重要。随之改变的是你的选择——“人在改良过后的价值观下不可能再作出改良之前的选择”，这是真理。

在这个价值观下，金钱其实是最“便宜”的东西。所以，用钱来省时间肯定是很值当的交易（用低价值资产换取高价值资产）。若能用钱来保证自己的注意力不被分散，那就是更划算的生意了。

在我的生活中，最重要的一个原则就是：若可以用时间去减少注意力的消耗，那我一定不会去节省那个时间。例如，很多人因为工作忙而不去花时间陪家人，在我眼里就是不明智的。我曾在一篇文章里提到，我运用一系列手段，做到了“20 多年没有跟老婆吵过架”。怎么做到的？很简单：我在她身上花时间！稍微想想就能明白，这个结果对我来说再重要不过了。在过往的 20 多年里，我从来没有因为跟老婆吵架而出现一整天甚至好多天心情不好的情况——要知道，人在心情不好的时候是无法集中注意力的，什么事都干不成，什么事都做不好，“番茄时间管理法”之类的东西再有道理也没有“用武之地”。

经常听到一些在女性朋友之间交换的所谓“经验”：“判断一个男人爱不爱你，就看他肯不肯给你花钱！”这就是另外一种价值观——准确地讲，这是一种在愚昧价值观下的愚蠢判断。钱对我这种人（或者说“我这个物种”）

来说是价值最低的东西——如果只是要钱，那真的是太便宜了！要时间的才是“要命”的——要注意力的那得多有价值啊！即便在另外一个物种的世界里，“肯不肯花钱”也是一个有缺陷的判断标准——万一那个人的时间很值钱呢？若你的时间价值很低，你的注意力属于可以被免费收割的那种，那你能要的也确实只有少量且“廉价”的钱了。唉，寻找人生伴侣也是受概念与关联、价值观与方法论影响的！

大多数女性认为，男性不及时回复短信，或者不马上接电话，就是不爱自己、不在乎自己的表现。可对我这种珍惜自己注意力的人来说，我们分得很清楚——短信是异步通信工具，电话是不得已才使用的即时通信工具，各有各的用场。而且，对我来说，短信、电话这种随时可能入侵、占有自己的注意力的东西，是必须格外有效防范的东西。于是，我早就发明了自己的方法：

> 手机永远设置为静音，关掉所有的推送通知（push notification）。在我专注做事的时候不接受任何打扰。等我停下来休息的时候，可以顺手处理那些未读短信和未接来电。

可是，我要怎么让我的老婆也理解这个貌似简单明了的道理呢？真的不是讲一遍就可以的。因为她是我人生中唯一一个没有血缘关系的亲人，所以，我要讲很多遍，要用很多的事实去证明，要把遇到的每一个实例展示给她……这么做对我自己有什么好处，更进一步，对我们有什么好处？当别人发短信、打电话找不到我的时候会生气到什么地步？从我的角度来看，那愤怒有多么可笑，又为什么格外可笑？即时通信工具在什么情况下必须使用？异步通信工具在什么情况下使用更有效？既然都是通信工具，组合使用是不是更有效？如果是，应该用什么样的策略来组合？

不夸张地讲，若把我和她探讨这件事情的经过拿出来写成一本书，都可以卖得不错。这种例子很多，但本质只有一个：**我用大量的时间与她进行有效的沟通，最终使我不被无谓地干扰，让我的注意力有更多持续的机会和更多产出的能量**。这就是我的方法：花时间换取注意力的持续。顺带说一句，许多家庭不幸福的根本原因就是相互之间的时间投资太少——就这么简单。

现在，你可以停下来，合上书，拿出纸和笔，思考一下：

> ▷ 过去你有多少该花钱的地方却没有花钱？
> ▷ 过去你有多少该花时间的地方却没有花时间？
> ▷ 过去你的注意力在什么地方被你主动放弃而被别人免费收割了？
> ▷ 如果你能有更多的注意力，现在的你会把它放在什么地方？
> ▷ 你的身边有多少人完全搞错了价值的顺序？不妨想象一下，他们的结局究竟会怎样？

如果你写不满一张 A4 纸的正反面，就别再读这本书了——你可能会被自己写出来的东西吓到。

相信我，你并不孤独。

11. 有没有提高注意力使用效率的科学方法?

具备能够“长时间集中注意力的能力”，几乎是一切所谓“学习能力强”的人最基本的素质。

国内有个著名的云服务提供商，名字叫“七牛”，创始人许式伟是我的朋友。在我和我的一些朋友眼里，他是个极其聪明的人，学习能力超强。我的另外一个朋友郝培强对许式伟的评价是：“这是我见过的‘入定’速度最快的人。”郝培强不小心用了一个佛教术语——“入定”。我们在一张桌子上吃饭，动不动就会发现许式伟已经沉浸到他自己的世界里，正在想着什么，完全体会不到身边发生的事情。

若不用佛教术语，而是用大白话来描述，就是“这个人很快就能进入注意力 100% 集中的状态，而且可以长期保持”。

我见过很多具有相同属性的聪明人，他们无一例外，都觉得自己很笨，因为所有让他们显得聪明的思考与结论，在他们看来，都是自己花费了太长的时间、太大的精力，经历了太多的曲折才得到的。他们也很羡慕（甚至比常人更羡慕，因为他们对自己的“吃力”感受太深切了）那种看起来浑身灵光闪闪的人，可实际上，对这种错觉的解释非常简单且清楚：

> 他们之所以最终真的比别人聪明，是因为：第一，在所有他们曾解决的问题上花费了大量的**时间**；第二，在单位时间里，他们的**注意力运用比**更高；两项相乘，才有了极为优质的结果。又因为发生在人脑子里的事情别人是看不到的，所以人们总会以为那些真正聪明的人仅靠“灵光一闪”就搞定了一切。

一方面，提高自己“长时间集中注意力的能力”的方法简单到“习惯就好了”的地步——虽然简单，但有点含糊。另一方面，人类早就发明了提高这种能力的方法——竟然是在2000多年以前！

世界上第一个发明这个方法且系统地传授它的是个印度人，名字叫释迦牟尼。在今天，这种刻意的练习方式有很多名称，如“打坐”、“禅修”、“内视”、“冥想”等。而我生造了一个词，把这种刻意练习方式称为“坐享”。

任何一个清晰、准确、必要的概念，都有如下3个基本要素：

> ▷ 是什么？（what）
> ▷ 为什么？（why）
> ▷ 怎么做/用？（how）

说实话，人类真的很神奇。历史上，人类在很多领域里，经常是在完全不知道“是什么”（what）和“为什么”（why）的情况下，就早已熟练掌握“怎么做”（how）的方法了。最经典的例子是玻璃：人们在不知道玻璃究竟是什么东西，以及玻璃为什么会是那样的材质的情况下，已经使用它千百年了。意大利人甚至在不知道制作过程中搅拌为什么会使玻璃更为透明、杂质和气泡更少的情况下，很好地把“搅拌”这个秘密方法保护了三四百年。

生活中其他的例子还有很多，最明显的例子是性。人类在这个领域里长期愚昧，即便到了今天还是如此——“潮吹”究竟是什么？为什么到现在也没有科学的定论？可早就有大量的人掌握了“怎么做”的方法——地球上第一个为人所知且系统地掌握此项技能的是个日本人，名字叫加藤鹰。

还有一个例子是赌博。人类貌似从一开始就带着“好赌”的基因，几乎每个人天生就会赌博。人类甚至在不知道概率是什么的情况下（要知道，概率论的启蒙在17世纪才出现），就不仅能熟练地赌博，还能设计出对庄家胜率倾斜的赌博游戏。

毒品也是如此。很多人既不知道它是什么，也不知道它为什么会给人带来奇异的感受，反正就是知道它该“怎么用”。

其实在人类历史早期，医也好，药也罢，都是如此——“是什么”完全搞错，“为什么”也根本弄不明白，反正直接用就好了。从这个角度来看，“不管三七二十一，用起来再说”从来都是人类的智慧。你现在知道为什么我主张不要闲着没事才学英语，而是一上来就要“用”英语了吧（详见《人人都能用英语》）？

为什么一定要刻意编造一个词呢？因为现在和过去不一样了，现在的科学已经可以清楚地解释“是什么”、“为什么”和“怎么做”这3个问题了。所以，我们现在确实有必要把这个已经被科学证明为有效的大脑锻炼方式与过往那些不那么清楚或者干脆错得离谱的解释尽量区分开来。当然，还有一个原因：我们对自己的操作系统有“洁癖”，只喜欢使用清晰、准确、必要的概念。

这有点像什么呢？就像当我们知道木头可以被点燃其实并不是所谓“燃素”（phlogiston）在起作用，而是由我们的肉眼根本看不到的空气里的氧引发的之后，我们需要抛弃过往的解释，采纳新的解释一样；也像那个让当时的一些人出离愤怒的哥白尼，用太阳替换了地球，“将太阳放到了宇宙中心”一样。我们的生活没有因此发生变化，我们的感受依然是“太阳早晨从东边升起来，晚上在西边落下去”。但事实就是事实，过去我们以为的事实是错的。而值得庆幸的是：我们最终知道了正确的事实。

释迦牟尼是地球上第一个知道如何“坐享”的人，并由此构建了一个系统、庞杂却也足够完整的解释理论：佛教。如此说来，人类练习坐享，因为坐享而获得益处的历史，至少有2500年了——真是神奇得很。

不过，科学发展到今天，脑科学的研究成果越来越明确，已经有足够的证据能够证明和解释“坐享”究竟有哪些好处（what），以及为什么会有那样的好处（why）——至于“如何做”（how），人类已经有了2000多年的经验。

于是，在科学清楚地解释了“what”和“why”之后，这种刻意的练习方式实际上不必非要与宗教联系在一起了——你一定还记得：概念要清晰、准确、必要，概念之间的关联也要清晰、准确、必要。

这种练习都有哪些好处呢？请看下面的列表。又，为什么会有这些好处呢？若你有兴趣深入研究，请阅读本节注释中列出的相关英文文献。

（1）它能让你更健康

它能增强你的免疫系统。[1][2]

它能减缓各种疼痛。[3]

它能在细胞层面去除炎症。[1][4][5]

（2）它能让你更快乐

它能增加正面的情绪。[1][6]

它能减轻抑郁。[7]

它能消除焦虑。[8][9][10]

它能减缓压力。[11][12]

（3）它能让你更好地进行社交

它能让你对社交联系体会更深，进而改善你的情商。[6][13]

它能让你拥有更多的同情心。[14][15]

它能让你觉得不那么寂寞。[16]

（4）它能提高你的自制力

它能让你更好地控制自己的情绪。[17]

它能让你有更强的自我审视能力。[10][18]

（5）它能改善你的大脑

它能增加大脑灰质的厚度。[20]

它能增加与情绪管理、正面情绪、自制力相关的大脑区域的体积。[1][20]

它能使大脑灰质变得更厚，使你更能集中注意力。[21]

（6）它能提高你的效率

它能增强你的注意力和参与度。[22][23][24][25]

它能增强你的多任务处理能力。[23]

> 它能增强你的记忆力。[25]

在花大量时间阅读这些文献的过程中，最令我震惊且信服的事情是：

> **通过坐享（即，所谓“打坐”或者“禅修”）练习，可以使大脑皮层表面积增大，使大脑灰质变厚**[20][21]。

回到这一节开始的问题：为什么坐享可以提高“长时间集中注意力的能力”？因为它的练习方式是这样的：

> 把你的注意力全部集中到某件事情上（例如你的呼吸），然后保持。

如何练习坐享呢？实在太简单了——直接开始就好。

（一）姿势

在坐享过程中，当注意力足够集中的时候，由于全身放松的状态与人体在睡觉时的状态几乎相同，所以，不仅要注意保暖，还要注意风向。

> ▷ 可以找张毯子把膝盖盖好。
> ▷ 不要让风持续吹到耳朵周围。

其中，第二条尤其重要。由于三叉神经汇聚于耳部，所以，如果不小心，可能会引起面部偏瘫。

至于姿势，其实并不重要，只要舒服就好（不一定要盘腿），以下任何姿势都可以。因为长时间弓着背可能会更累，所以把脊背挺直是比较重要的。

坐享

（二）步骤

稍微严肃一点的话，就从以下简单的步骤开始：

> ▷ 找一个安静的地方。
>
> ▷ 设定一个计时器（从 5 分钟或者 15 分钟开始，渐渐延长到 45 分钟到 1 小时）。
>
> ▷ 用你感觉舒服的方式坐好（脊背最好挺直）。
>
> ▷ 闭上眼睛。
>
> ▷ 开始深呼吸。
>
> ▷ 将所有的注意力集中到呼吸上。
>
> ▷ 一旦发现注意力转移到了其他地方，就要刻意将注意力集中到呼吸上。
>
> ▷ 持续深呼吸……

直至计时器将你“唤醒”。

（三）进阶

完成几次坐享之后，就可以尝试在坐享过程中用你的注意力来扫描你的整个身体了。

从左脚的脚尖开始……左脚掌……左脚跟……左小腿……左膝盖……左大腿……左臀……顺着脊柱一直到后脖根……划到左肩……左上臂……左肘……左小臂……左手腕……左手心……左指尖……再回来……左手心……左手腕……左小臂……左肘……左上臂……左肩……沿着肩一直划到右肩……右上臂……右肘……右小臂……右手腕……右手心……右指尖……再回来……右手心……右手腕……右小臂……右肘……右上臂……右肩……回到后脖根……顺着脊柱一直到右臀……右大腿……右膝盖……右小腿……右脚后跟……右脚心……右脚尖……

在这个过程中，你可能会觉得某个地方不舒服。当这种情况发生的时候，把注意力全部集中到那个不舒服的地方，仔细体会自己的感觉，并尝试接受它。这是一个机会，也是一个挑战——一旦你能接受那个原本不舒服的感觉，接下来的感觉竟然是解脱。

（四）习惯

尝试在任何地方坐享：出租车上，火车上，飞机上，甚至颠簸的船上，或者某个非常嘈杂的地方……

总而言之，要集中注意力，并最终可以自如地控制注意力，才算是坐享——最终的目标是可以在越来越长的时间里自如地将注意力集中起来，并控制被集中的注意力。而胡思乱想、放空甚至睡着，对增加大脑皮层表面积和大脑灰质厚度没有具体的帮助，所以都不算是坐享。

有没有更简单的方法？

都这么简单了，还要更简单？真是太贪心了！不过，还真有更简单的方法，这个方法也是经过科学验证的：

> 刻意缓慢呼吸两分钟……

很简单吧！从严格意义上讲，这是一个能让注意力集中能力更强的辅助方法。所谓“缓慢呼吸”，是指每分钟呼吸 5 ~ 6 次，也就是用 10 秒左右完成一次呼吸。在这么做的时候，你的身体里发生了什么？这样的两分钟缓慢呼吸，会极大提高你的“心律变异度”。

由于我们的心律并不是完全均匀的，所以在任何时刻都有一个“心律变异度”。例如，当你突然极度紧张的时候，心律就会加快。这时，如果你的心律变异度高，那么你的心律会很快恢复到正常水平，从而舒缓你的紧张与不适。但是，如果你的心律变异度低，那么你的心律被抬高之后就相对很难快速恢复正常。换言之，心律变异度的提高对保持正常的心律水平很有帮助。当心律处于正常水平的时候，大脑皮层与大脑灰质的养分供给最为充足，也就是说，大脑处于最佳工作状态，因此，注意力集中能自然而然地使你处于最佳状态。就这么简单。

所以，这种“简易坐享方式”几乎在任何场景中都适用。只要你意识到自己在未来一段时间里需要将注意力高度集中（例如开会、上课、考试、面试），就可以实践一下，刻意地把呼吸速度降至每分钟 5 ~ 6 次，持续两三分钟，你的身体（当然包括你的大脑）就会马上进入最佳状态——神奇吧？简单吧？

---

[1] Alterations in Brain and Immune Function Produced by Mindfulness Meditation. http://t.cn/Rqp534h.

[2] Effect of compassion meditation on neuroendocrine, innate immune and behavioral responses to psychosocial stress. http://t.cn/Rqp5rtL.

[3] Brain Mechanisms Supporting Modulation of Pain by Mindfulness Meditation. http://t.cn/Rqp5gc3.
[4] A comparison of mindfulness-based stress reduction and an active control in modulation of neurogenic inflammation. http://t.cn/zYJ30pF.
[5] Workplace based mindfulness practice and inflammation: A randomized trial. http://t.cn/RqpV5mV.
[6] Open hearts build lives: Positive emotions, induced through loving-kindness meditation, build consequential personal resources. http://t.cn/RqpVxjo.
[7] The Effects of Mindfulness Meditation on Cognitive Processes and Affect in Patients with Past Depression. http://t.cn/RqUxkir.
[8] Systematic Review of the Efficacy of Meditation Techniques as Treatments for Medical Illness. http://t.cn/zHruzW4.
[9] Effectiveness of a meditation-based stress reduction program in the treatment of anxiety disorders. http://t.cn/RqpVNfv.
[10] Three-year follow-up and clinical implications of a mindfulness meditation-based stress reduction intervention in the treatment of anxiety disorders. http://t.cn/RhDy8Aw.
[11] Mindfulness-Based Stress Reduction for Health Care Professionals: Results From a Randomized Trial. http://t.cn/RqpVWg7.
[12] A Randomized, Wait-List Controlled Clinical Trial: The Effect of a Mindfulness Meditation-Based Stress Reduction Program on Mood and Symptoms of Stress in Cancer Outpatients. http://t.cn/RqpVjU5.
[13] Loving-kindness meditation increases social connectedness. http://t.cn/RqpVHAs.
[14] Enhancing Compassion: A Randomized Controlled Trial of a Compassion Cultivation Training Program. http://t.cn/RqpV8Zk.
[15] Compassion Training Alters Altruism and Neural Responses to Suffering. http://t.cn/zQU4gpJ.
[16] Mindfulness-Based Stress Reduction training reduces loneliness and pro-inflammatory gene expression in older adults: A small randomized controlled trial. http://t.cn/RqpVmCG.
[17] A randomized controlled trial of compassion cultivation training: Effects on mindfulness, affect, and emotion regulation. http://t.cn/RqpV3Op.
[18] Coherence Between Emotional Experience and Physiology: Does Body Awareness Training Have an Impact? http://t.cn/RqpVe1a.
[19] The Brain's Ability to Look Within: A Secret to Self-Mastery. http://t.cn/RqpVkdX.
[20] The underlying anatomical correlates of long-term meditation: Larger hippocampal and frontal volumes of gray matter. http://t.cn/Rqpfvya.
[21] Meditation experience is associated with increased cortical thickness. http://t.cn/zOE2WPn.
[22] Mindfulness training modifies subsystems of attention. http://t.cn/RqpfZWg.
[23] Initial results from a study of the effects of meditation on multitasking performance. http://t.cn/RqpfAIh.
[24] Mental Training Affects Distribution of Limited Brain Resources. http://t.cn/Rqpf29q.
[25] Mindfulness meditation improves cognition: Evidence of brief mental training. http://t.cn/RqpfyMv.

12. 为了不断升级操作系统，你最需要具备什么能力？

这种能力很可能是你没有在意过，也没有研究过的概念：

元认知能力

所谓“元认知”，是指“认知的认知”。也就是说，你能认知到你的认知。虽然有点拗口，但其实也不是那么难以理解。当你在思考的时候，你能意识到自己在思考，进一步能意识到自己在思考什么，再进一步能判断自己的思考方式和思考结果是否正确，更进一步能纠正自己错误的思考方式或者结果，这就是元认知能力。

这是个非常重要的概念，因为它几乎决定了一个人是否有机会成长。如果你的操作系统并不知道自己是个落后的操作系统，那它怎么可能有动力去升级呢？能够“自主”升级的前提是它知道自己落后了——才要想办法升级到不落后的地步。

在《把时间当作朋友》的第 1 章里，我就提到了元认知能力。拥有元认知能力的我们，思考可以非常复杂——复杂到“我们甚至可以思考我们的思考方式和思考结果是否确实是合理的思考方式和思考结果”的地步。

元认知能力几乎是一切学习与进步的最底层和最根本的能力。一个人的潜力有多大，几乎完全取决于他的元认知能力有多强。有相当数量的人甚至意识不到自己的思考，至于思考是否正确，过程中是否有疏漏，结果是否合理，也完全意识不到，更谈不上纠正自己的思考了。很多所谓“个性强、脾气大”的人，从底层来看，其原因就是元认知能力匮乏。这样的人其实没有分清楚谁是“主人”、谁是“仆人”，他们不明白一个很重要的道理：**你的大脑并不是你，你的大脑是属于你的一个器官**，而不是反过来——你竟然属于你的大脑。

> 弗洛伊德的说法是这样的：“本我是马，自我是马车夫。马是驱动力，马车夫给马指引方向。自我要驾驭本我，但马可能不听话，二者就会僵持不下，直到一方屈服。”
>
> 尽管这个类比有不是很完善的地方，但在当前的语境中还算适用。若用今天的说法，这个类比可能是：认知能力是马，元认知能力是马车夫。
>
> 你看，**我们在不断升级我们的概念**，并由此获得进步。

一个人元认知能力的强弱，与其大脑皮层表面积和大脑灰质厚度有正相关的联系。过去人们以为脑壳大的人聪明，现在我们知道了：决定一个人聪明与否的并不是脑壳的大小，而是大脑皮层表面积的大小。大脑皮层表面有很多沟回，沟回的多少决定了大脑皮层表面积的大小（不同人的大脑皮层表面积甚至可能相差 1 倍以上）。

可实际上，一个人的聪明程度与其大脑皮层表面积之间并不是一方决定另一方的关系，而是相辅相成的关系。通过不断有效地学习，大脑可以获得更多的锻炼，结果是大脑皮层表面积增大、大脑灰质变厚；而反过来，大脑皮层表面积增大、大脑灰质变厚，也会使学习能力有更大的扩展空间。

元认知能力的获得：一方面，与知识的习得有关，因为任何学习过程从本质上看都是“制造更多的沟回”；另一方面，我们也可以像锻炼肱二头肌那样通过一定的方式来锻炼大脑，坐享就是其中之一。

通过坐享放松大脑，长时间只专注于身体的某个部分，可以让一个人通过运用元认知能力来不断提高自己的注意力。注意力是最重要的认知方式之一。而在不断把分散的注意力重新集中起来的过程中，练习者可以渐渐感受到并越来越熟练地应用自己的元认知能力——当他认知到自己的认知并没有按照应有的方式操作时，他会运用自己的元认知能力纠正自己的认知及其操作方式。

这种练习看似简单，却有着巨大的实际意义。不要轻视简单的练习，我们身体每个部分的能力，其实都可以通过非常简单的方式来增强。

不说别的，走路够简单吧？每天多走 1 小时，对身体的帮助可以说是无限大的。可即便是这么简单的事情，也很少有人愿意做（只是因为他们没有深刻意识到这么做的种种好处，更无法想象不这么做的巨大害处而已）。

每天坐享 15 分钟到 1 小时，已经是足够的大脑锻炼强度了。有充足的科学研究结果证明这样做带来的巨大好处：除了使大脑皮层表面积增大、大脑灰质变厚之外，还能增强人体的免疫系统。更为重要的是，当一个人的元认知能力增强的时候，他更容易转变为进取型人格，更难被情绪左右，相对更容易冷静，也更容易清楚地思考。无论从哪个方面看，坐享都是能够极大**提高生活品质**的活动。

在你阅读前面介绍 3 种个人商业模式的内容时，你的脑子里可能会闪过这样的念头："呀，之前我怎么没想过！"这种思考就是"针对自己过往思考的当下思考"。

当你理解并认同"注意力 > 时间 > 金钱"这个价值观之后，你有意识地纠正了过往的一些判断，而这种思考还是"针对自己过往思考的当下思考"。再进一步，你会发现自己不由自主地犯了一些错，不能贯彻实施这个价值观，不知不觉又把注意力浪费了。这个"发现"也是在元认知能力指导下的思考，即，意识到自己的思考不小心出了错误，于是马上有意识地主动纠正这个错误的思考。

在《论语》中，曾子所说的"吾日三省吾身"同样是强元认知能力的表现。

我在《把时间当作朋友》里多次提到，"不知道并不可怕，真正可怕的是你不知道'你不知道'这个事实"。再仔细观察一下就知道了，很多人真的不是在"不懂装懂"，他们是真的不懂"自己并不懂"这个事实。为什么会这样？用一句话总结：他们是元认知能力差，甚至是无元认知能力的人。

为什么越是高手就越谦逊？为什么越是专家就越谨慎？因为他们不仅本领高超、经验丰富，更重要的是，他们有很强的元认知能力（没有这个能力也成不了高手或专家），于是，他们对自己的思考、水平与经验有着更多和更严格的审视，而结果就是：他们心存更多的敬畏，最终只能表现成那个样子，没有一丝一毫的“装”，也不像别人描述的那样“刻意低调”，他们就是不觉得自己已经“天下无敌”，他们就是觉得“凡事其实都没那么简单，只要是路，就都很长”。

你看到了，元认知能力几乎主导了一切。是它去审视在整个操作系统中每个最底层的概念是否清晰、准确、必要，每个清晰、准确、必要的概念之间的关联是否清晰、准确、必要；是它去审视价值观是否正确，究竟什么更重要、什么最重要。有了它，我们才可以反复审视自己的方法论，不断纠正，不断改进。没有它，我们就很难产生主动行动，因为固守在我们基因里的很多东西就是更倾向于让我们变成好吃懒做的人。

一个人元认知能力的存在与否及强弱，决定了一个人对自己整个操作系统的日常维护质量的高低。元认知能力就像操作系统的“安全卫士”，不断审核每个操作过程有无疏漏及质量的高低，并由此决定如何应急，如何升级，如何主动进行自我完善。

好消息是：这种能力不启动则已，一旦启动就不可能关闭。而且，它和你的所有其他能力一样，越用越强——也只能越用越强。启动它的方法很简单：不断刺激它。我想，这本书会完美地完成这个任务：在短时间内高频次地刺激你的元认知能力，让你不断想到“啊，还可以这么想！”或者“嗯？我竟然没想到！”抑或“哈，这次我想对了！”

还记得之前展示过的那条曲线吗？牢牢记住这条曲线，时刻用这条曲线提醒自己，告诉自己：“咱是谁啊？！”时刻用这个“我所笃信的未来”反省自己的决策与行动，实际上就是在不断强化你为了达成这个你所笃信的未来所需要的最基本的能力：元认知能力。

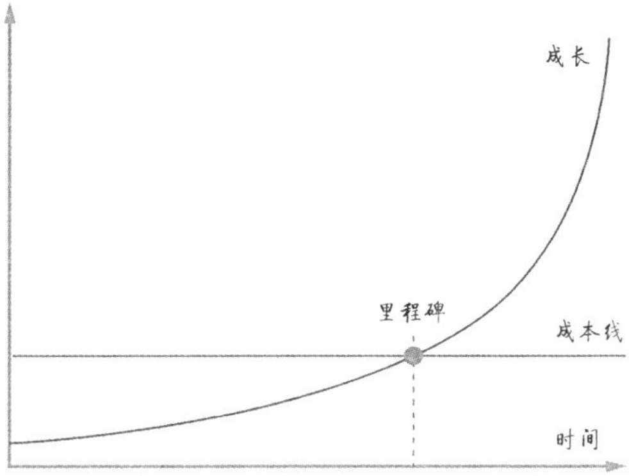

你的未来

13. 你的人生中最沉重的枷锁是什么?

很多事情，不是想一下就能懂的，也不是自己以为懂了就真的懂了。全面、深入的思考是特别困难的事情，因为当注意力投入程度不够的时候，就是做不到全面、深入。例如，虽然我们已经“深入”思考注意力一段时间了，但下面要讨论的内容，说不定还是会出乎你的意料。

大多数人是这样的:

> **时时刻刻关注身边所有可以被关注的东西，而且对“竟然有被自己漏掉的”感到非常害怕。**

这有点像什么呢?

> *几乎所有低级动物的双眼都是长在头部两侧的。它们没有视觉盲区，可以同时看到上、下、左、右、前、后方的物体。*

这确实是一种极为安全的配置。可这样的配置有什么局限呢? 其副作用在于，它们没有办法把自己的目光集中在一处，没有办法长期、深入地观察任何一个点，于是，它们不可能有长期、深入的思考，因此，它们在进化过程中从未有机会发展出大脑皮层——事实上也没有必要。因为对它们来说，生存似乎更重要，所以，它们演化出来的是更为强大的繁殖能力。

从另外一个层面来看，由于它们不能长期、深入地观察和思考，由于它们的注意力只能消耗在身边发生的一切上，所以，它们实际上没有过去和未来，也不知道可以有过去和未来，它们只有现在——一个没有前后对比的现在。于是，它们等于**被困在永恒的当下**了。

被困在永恒的当下——对另外一些物种来说，或者，起码对人类中的一部分来说，简直是不敢想象的噩梦。

这里有个细节：最终，一些物种的双眼进化到了头部的正面，于是它们终于有机会长期、深入地观察，也终于有机会进化出大脑皮层了。[1] 想想看，整个人类文明实际上就是建造在大脑皮层之上的（我们之前已经交代了如何强化我们的大脑皮层）！

可问题在于，这里有一个前提："放弃了全视角，接受了视野中有盲区存在"。从这个角度来看，不夸张地讲，**几乎所有的进步都是在放弃部分安全感的情况下才有可能获得的**。

从这个层面观察生物，会给我们带来很大的启发。观察一下我们身边的人，你会发现绝大多数人是追求 100% 的安全感的，他们时刻被身边发生的一切吸引（其实应该称作"分神"），他们不可能在任何事情上进行长期、深入的观察和思考。他们的本性不一定是这样的，他们只是没有意识到这种生存模式会有局限——**他们就像那些动物一样，被困在永恒的当下**。

其实，这只不过是过分追求安全感的下场，而不是什么"造化弄人"或者"命运捉弄"。

我出生于 1972 年。在 20 世纪 80 年代初，我们国家刚开始改革开放的时候，我已经懂得一点事理了。我算是亲历了吴晓波所说的"激荡三十年"，然后经历了被互联网搞得天翻地覆的十多年……其间见过太多鲜活的例子，这些例子异常惨烈地证明，"追求 100% 的安全感"将一批又一批甚至一代又一代人的生活变得"生不如死"——处心积虑地弄到"铁饭碗"却最终不得不下岗的，不惜调用两三代人的积蓄买个不动产而成为"房奴"的，害怕不稳定所以不惜以自杀来逼迫家人绝对不要创业的……太普遍了。

请注意，在这里我不是主张冒险。在后面我会详细阐述另外一个观点：

冒险本身不是追求成功的好方式，获取财富的诀窍之一就是不冒险。

请再次集中精力仔细看我的措辞：

> ▷ **追求 100% 的安全感，肯定会把自己困在永恒的当下。**
>
> ▷ **我们必须放弃一部分安全感，才能长期、深入地观察和思考。**

再从一个层面上看，那些放弃了部分安全感的人，会有更多长期、深入的思考——他们怎么可能没有办法补全他们主动放弃的那一小部分安全感呢？他们当然有办法。**他们不会孤立行动，他们选择与他人合作（或者称之为“有效社交”）**。

更深入地看，正是那些勇于放弃部分安全感的人在不断用他们的脑力推动这个社会的进步。至于历史上常常出现的聚众屠杀那些对人类有巨大贡献者的情况，从本质上看，大都是绝大多数不肯放弃那一点点安全感的家伙内心的深深恐惧被引发所致。什么是“大恶”？所谓“大恶”，常常竟然只是乌合之众出于自我安全的考虑。动物都是这样的——有的时候，狗咬人不是因为它们凶狠，而是因为它们恐惧。

深刻理解安全感的本质真的很重要，因为它决定了其他很多在社会中生存的基本观念。需要深入讨论的话题很多，需要更新的观念同样很多，但在这里我们只讨论合作与信任的本质：

> **合作是什么？合作的本质其实是大家各自放弃一小部分安全感，并把它交由合作方来保障。信任是什么？信任是相信对方不会利用自己主动放弃的那一部分安全感。**

所谓“缺乏安全感”，其实就是不相信他人竟然不利用自己放弃的那一部分安全感，所以只能自己去搞定 100% 的安全感。这真是令人心力交瘁的状态。

如果你已经知道人们缺乏安全感的根源究竟是什么，你就会明白这条建议为什么是正确的了：

> **不要与缺乏安全感的人合作，因为在他们的世界里不可能有真正的合作关系。**

我们甚至可以重新定义“勇敢”。

什么是最大的勇敢？最大的勇敢很可能是：有些人即便孑然一身，也竟然勇于放弃一部分安全感。所以，你会发现，那些少数有大智慧的人，在乎的事情真的很少，害怕的事情也真的不多。在我看来，所谓“大智若愚”——“大智”像是结果，不像是原因；而“若愚”才像是原因，不像是结果。进而，若“大智”与“若愚”互为因果，那“若愚”作为原因的权重依然应该远远大于“大智”。

若真的如此，那么“勇敢”在某种意义上是可以习得的，而不一定要靠天生。不过，别人教完全没有用，必须自己教自己。方法倒是很简单：即便在暂时找不到能够相互交付的合作者的情况下，也尝试主动放弃一些安全感（其实不用放弃很多，也不应该放弃很多，只要放弃一点点就够了）。仔细想想吧，所谓“傻人有傻福”，某种意义上貌似就在描述这种现象：不在意吃一点眼前小亏的人，其实是捡了便宜（他们的注意力根本不在这些“鸡毛蒜皮”上，他们有更紧要的事情要去做，有更重要的问题要去解决）。于是，有了另外一种描述：“将军赶路，不打小鬼”。

顺带说一下，如果你还有机会选择，那么千万不要和没有安全感的人结婚，甚至不要和他们谈恋爱——切记。他们不仅会被“追求 100% 的安全感”拖累，还可能会因此穷尽一切来拖累身边所有的人——这是冷冰冰且惨兮兮的事实。不信你可以仔细观察一下，相信我，过不了几天你就会被无所不在的惨烈例证吓到。

[1] “动物双眼位置对思考的影响”的例证，脱胎自 Robert Greene 在 *Mastery* 中的论述。

14. 你活在哪里？过去，当下，还是未来？

如果根基错了，那么在它上面建造的东西再华丽也没有用。

“活在当下”是个俗世中非常流行的建议，这个建议甚至可能曾使很多人热泪盈眶。可若你认真读过上一节，尤其是反复读过那个句子之后：

> **它们被困在永恒的当下……**

你还会觉得“活在当下”是个好建议吗？我猜你不会。我猜你会毛孔骤然收紧，猛打几个寒颤，听到脑子里有个声音在说：“我绝对不应该把自己困在永恒的当下！”难道没有吗？（这肯定是元认知能力启动且发挥作用的一个实例。）

> 过去，当下，未来。

有没有办法“活在未来”呢？答案是肯定的：**有**。事实上，我们不仅有办法“活在未来”，也必须“活在未来”。对，就是必须，否则没有出路。因为“活在当下”就是“永恒地”被困住，“活在过去”就相当于“永恒地”被困在更差的地方，所以，即便挣扎，也要“活在未来”，哪怕“部分活在未来”。

怎样“活在未来”呢？其实，这个词听起来有多玄妙，做起来就有多简单：

> ▷ 你现在对未来有一个预测。
>
> ▷ 那个预测需要经过一段时间才能得到结果。
>
> ▷ 你现在已经笃信你的预测是正确的。
>
> ▷ 你提前按照那个预测的结果去行动、选择、思考。
>
> ▷ 时间自顾自地流逝，而你终将走到那个结果出现的时刻。
>
> ▷ 最终的事实证明，你的预测是正确的。
>
> 由于你提前按未来正确的结果去行动、选择、思考，所以，在相当长的时间里，你生活中的一部分就是“活在未来”的。

“预测”是只有少数人能最终掌握的能力。理由之前也说过：大多数人其实不肯放弃 100% 的安全感，不肯放弃全视角，从而无法长期、深入地关注和思考任何问题。于是，别说“预测”了，他们不仅没有“过去”，也没有“未来”，甚至连“当下”都没有。仔细想想，“当下”这个概念并不是独立存在的，实际上，它要相对于“过去”和“未来”才有意义。因此，更准确地讲，他们其实“只不过就那样存在着”而已。

我们先看一个很简单的预测：

> ▷ 从长期来看，脑力的产出率一定比体力的产出率高，且高出许多个量级。
>
> ▷ 体力增长的玻璃顶很明显，脑力增长的玻璃顶不知在何处。
>
> ▷ 体力衰退的时间来得很早，脑力衰退的时间来得晚很多。
>
> ▷ 通过暴力可获得的暴利正在减少，因为从大趋势上看，一定是知识才更可能产生更大的暴利。

也许你会想：现在这不是明摆着的事儿吗？这算什么预测啊！

这是 20 世纪 80 年代中期，我还在读初二的时候，在日记本里写下的内容（措辞稍微做了调整）。那时的我，天天泡在延吉市青少年宫，摆弄那台只能跑 BASIC 编程语言的 R1 计算机。

许多年后再看这些记录，我当然知道它们算不上什么“惊为天人的大智慧”——实际上，这些话都不是我想出来的，而是我从书籍和杂志上看到的。整个 20 世纪 80 年代，媒体的主流论调是：

> ▷ 知识就是力量。
>
> ▷ 科技就是生产力。

我当时甚至并不在意“知识就是力量”到底是谁的名言，也没有纠结过“power”这个词究竟应该指“权利”还是“力量”，只是想来想去，认定这个道理是对的，一定是对的，于是**笃信**。

既然我相信这个道理是对的，那么即便当时看不到特别明显的效果，我也能猜得出，在未来——也许是不远的未来，也许是很远的未来——那效果一定会明确而显著。

该怎么办？不管别人怎么说，只要我**笃信**这个道理，就**只能**按照这个道理所指引的方向及方式行动与生活。经过这么多年，我知道有多大比例的人认为这个道理只不过是个大道理，太空泛，完全没有实际操作指导意义，可在我看来，这种东西才是最实在、最具体、最值得认真对待的——个中差异，容我细细道来。

2005 年，我读史蒂芬·列维特（Steven D. Levitt）的 *Freaconomics*（中译为《魔鬼经济学 1：揭示隐藏在表象之下的真实世界》），其中提到，纽约的黑帮现在已经赚不到多少钱了，同时要冒很大的生命危险。我哑然失笑，想起这其实是 20 年前的论断之一，而现在结果已经非常清楚了。到了 2013 年，我陆续认识了很多游戏行业的“大咖”，了解了他们的生活，于是又经常慨叹：那些黑帮成员要是知道“90 后”程序员能靠写游戏赚钱且生命无忧，估计都得羞愤得七窍流血吧。

许多年后，再想起这件事情，我的体会是：

> 在知识积累这个方面，在过去的许多年里，我确实做到了“活在未来”。

因为许多年来，我一直在用知识赚钱。讲课、写书、投资、创业，都要靠知识——不断习得、不断改进、不断积累才能产生意义的知识。实际上，这一点不仅有很多人做到了，还有很多人比我做得好。

这只是生活的一部分，剩下的大部分，尤其是“肉身”，当然是一直（也只能）“活在当下”的。所以，我们所说的“活在未来”，从本质上看，只能是“思维上的活在未来”。用之前你还不能直接理解的措辞来描述就是：

让你的元认知活在未来。

我可以再举一个例子，是我在 2016 年 8 月之前对未来作出的预测。

经过 2014 年一整年的思考，到 2015 年上半年，我大致得出了如下结论：

- ▷ 互联网上貌似已经消失的各种社群一定会卷土重来。
- ▷ 新生代社群的数量肯定会超过上一代社群的数量。
- ▷ 在新生代社群中，免费的社群很可能逐步被收费的社群超越。
- ▷ 以交易为核心的分享（社交）将逐步超越以信息为核心的分享（社交）。
- ▷ 可能成为社群壁垒的应该是收费和内容积累。

于是，我开始对身边的朋友说："收费时代来了，社群会逐步重新火起来……"说了很久，搭理我的人其实没几个——真的没几个。于是，反正闲着也是闲着，我于 2015 年 8 月开通了微信订阅号（当时很多人都在说，"微信的红利期已经过去了"）。到 2015 年 10 月底，这个微信订阅号积累了大约 4 万个订阅用户。2015 年 11 月，我开始动手搭建各种收费社群，也帮身边的一些朋友设计和搭建，甚至组建了一个团队，开发了一个可以作为社群工具的"基础设施"，"新生大学"就相当于一个样板间——谁有本事建一个社群，我就给谁"复制"一份，大家合作创建和运营收费社群。

这一切的思考与行动都是公开的，有兴趣的读者可以去翻阅我的微信订阅号"学习学习再学习"。我不太喜欢一有想法就好像特别了不起似的，总是藏着掖着，我总觉得可以言无不尽，反正我天天都在琢磨未来，有无数的"进一步思考"。

再过一两年，当收费社群成为常态的时候，相信大家就能认同我这个观点了。于是，在这个层面上，我又一次做到了"活在未来"。

2017 年 5 月，比特币价格大涨。我看到的是什么？

- ▷ 比特币的总流通市值达到 270 亿美元。
- ▷ 包括比特币在内的各种区块链资产的总流通市值达到 520 亿美元。
- ▷ 尽管比特币的市值依然涨势迅猛，但它在区块链资产总市值中的占比正在下降，已经接近 50%。

于是，预测既简单又清楚：

> ▷ 在未来几年里，区块链资产流通总市值可能会达到非常惊人的程度。
> ▷ 其中，比特币之外的区块链资产总额占比可能会超过 80% 甚至 90%。

那么，我应该做什么呢?

> ▷ 寻找并投资其他高质量的区块链资产。

事实上，这个预测是我在 2016 年 7 月投资若干区块链创业公司时作出的，那时比特币在区块链资产总市值中的占比已经低于 75% 了——我必须用我的行动去配合我那“活在未来”的元认知，不是吗？结果，在不到 1 年的时间里，预测已经成为趋势的开端。

请千万注意：我的预测不一定正确。事实上，我知道自己预测成功的历史数据并没有多好看。但“不确定性”是不可消除的，于是，我只能按照逻辑行事。我只是尽量“活在未来”；反过来，有的时候，我会一不小心“活在错误的未来”。可那又怎样？反正我这种人早就放弃了“追求 100% 的安全感”。

这幅图又来了!

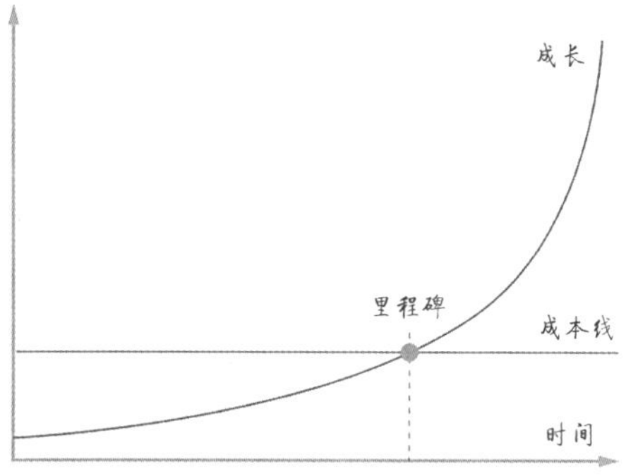

你的未来

如果这就是你的未来，那你要从现在开始就“活在未来”。拿出纸和笔，罗列一下：“活在未来”的你，有什么事情是必须做的，有什么事情是绝对不能做的?

又，“活在未来”这件事，一辈子哪怕只做到一次，就很开心了，就会有不可想象的收获了。可问题在于，一旦开启了这种模式，有过一次成功的经验，后面就肯定停不下来了——“做到”变得越来越容易，越来越自然。至于你的思维——只能“活在未来”了。

读到这里，请暂停一下，认真写出下面这个简单的问题的答案：

> *你曾经作出的最重要的正确预测是什么？它为什么这么重要？*

也许你写不出什么——很正常，绝大多数人都是这样的。但你要明白，你需要做出一点改变了！

15. 活在未来的最朴素的方法是什么？

让元认知活在未来，不仅是成长的方法，还是让自己——尤其是让自己的未来——更具价值的方法。那么，最朴素的方法是什么呢？

> 用正确的方法去做正确的事情。

如何判定方法是否正确？如何判断事情是否正确？只靠一样东西：逻辑。很多人说自己的逻辑很差，原因在于没有挣扎过。逻辑不是刻在我们基因里的东西，而是在人类发展过程中由少数聪明人归纳和总结出来的东西。它是干什么用的呢？用于“预测未来”。除了逻辑学以外，数学、概率、统计都属于这类工具——谁说上学没有用？

在生活中，有很多简单的正确逻辑，只要遵循它们，就能获得好的结果。然而，即便是这些简单的正确逻辑，也需要我们“耗费大量甚至看起来过分的力气”才能真正搞明白，并真正有所体会。

有人这样解释射雕英雄郭靖为什么一路都有贵人相助：

> 智商一流、情商一流可以成就帝王霸业；智商低下、情商一流多有贵人相助；智商一流、情商低下大多受人排挤；智商低下、情商低下只能活该当一辈子“草根”。

在这个解释里，不靠谱的地方太多了。第一，我无法相信智商低下的人竟然可以有一流的情商。第二，这个解释搞得好像智商和情商冲突似的，但其实根本不是——明明都是脑力活动嘛！第三，我甚至根本不认为“情商”这个概念有存在的必要——他们所描述的“情商低下”的情况，可以更简单、更清楚地解释为**“由于脑力不够，所以思考不全面、不深入，于是出现了意外的不良后果”**，不是吗？

不过，我们真正想弄明白的是：为什么有的人总是有贵人相助，而大多数人却不行？仅仅是运气使然吗？即便有运气的成分，可若我告诉你，就连“意外的好运”（serendipity）都有可能被创造出来，你原来的看法还站得住脚吗？

反过来看，你现在能否尽量有根据地预测一下：

> ▷ **你将来会不会频繁地遇到贵人并获得帮助？**
> ▷ **你的判断根据是什么？**

别着急，我知道这两个问题太刁钻了，不是马上就能想明白、说清楚的。所以，继续读下去吧。请注意：我们要研究的不是“情怀”、“修养”或者“人生的法门”，我们只想认真、清楚、逻辑严谨地“想明白”。

从 1979 年下半年开始，大量民众涌进了北京城，目的是“落实政策”。

> 根据中共十一届三中全会精神，在第十四次全国统战工作会议后，中共各级党委，包括统战部门，大力进行了拨乱反正，进一步全面落实统一战线的各项政策。落实政策工作，不仅涉及“文化大革命”中统一战线方面的冤、假、错案，还处理了一批历史上的遗留问题，使统一战线从长期“左”的束缚中彻底解放出来。

到 1980 年，我的父亲已在黑龙江省海林县的一所中学任教 7 年了（就是所谓“下放”）；之前，他曾被关押在“五七干校”，劳动改造 3 年——他们那一代人真的很惨。终于，春风来了，等消息传到边城小镇的时候，听说已经有不少知识分子陆续获得了“平反”。

母亲说：“你得去北京。”父亲说：“那得先想办法攒点钱。再说，也不是去了就一定能平反的……也就是说，这件事不是没有风险的。听说有人在北京折腾了半年多，还没落实政策呢。”

我的母亲是个在关键时刻决断力特别强的人。第二天晚上，她对我父亲说："我把房子卖了，这是人家给的一半费用，算是订金，车票已经买好了，明天准备一天，后天你坐火车走，我带两个孩子住到单位去……"父亲瞠目结舌。

转天，母亲拉着父亲去买了两套新衣服（衬衫和内衣都是两套），并叮嘱父亲："你当了这么多年老师，有口才，逻辑清晰，这个我不担心。我们也没做过坏事，所以什么都不怕。只是，到了北京之后，你一定要昂首挺胸，不卑不亢，干干净净，利利索索……"在之后的许多年里，父亲和母亲把这段经历复盘过太多次，以至我和弟弟都能一字不差地背出母亲那句经典的话："咱不是去诉苦的，咱是去讨个公平的，有事儿说事儿，没事儿不啰唆。"

第四天，我们全家去火车站送走了父亲。然后，母亲带着我和弟弟去了她的单位，她对兽医站站长说："我爱人到北京'落实政策'去了，家里没钱，所以就把房子卖了，现在没地方住了……"于是，老站长愣是在单位里腾出了一个小房间，作为当时我们一家三口的临时住所。

每天，母亲都要去火车站，要么送信，要么收信，要么空手去、空手回——她想办法说通了列车员帮她捎信，这么做要比通过邮局寄信的速度快。

第三十五天，父亲从北京回来了，他成了海林县第一个成功"落实政策"的人，也是后来所有成功"落实政策"的人里办理速度最快的那个。1980 年夏天，我们全家离开了我们兄弟俩的出生地黑龙江省海林县，搬到吉林省延吉市，我的父亲在延边医学院创建了外语系，我的母亲后来成了延边医学院图书馆的馆长。

"你当时的判断是对的"，父亲后来对母亲说。到了北京，从全国各地来"落实政策"的人无一例外，都想用自己的悲惨经历去感动工作组的人员——拄拐杖的，打石膏的……仿佛惨烈可以用来插队一样。父亲说，他就每天收拾得利利索索地去排队。要盖的章特别多，有时要等上好几天才能盖一个章，但父亲经常遇到的情况是——叫号的人出来一看，就对他招手，说："你，站在那儿干嘛？过来！"相对来看，不仅整个过程非常顺利，而且一路上遇到了很多贵人。

我的母亲经常说，她一生中遇到的贵人更多——起码比我父亲多。事实也的确如此。对“遇到贵人”这件事，她有自己的一套原则。

> 她说：“自己首先得是个贵人，才能遇到贵人，甚至更多贵人。”

许多年后，我在书里写的“你不优秀，就没有有效的社交”，其实就脱胎于母亲的教育。这是一个特别朴素、特别简单，以至于永恒有效的道理。

事实上，在第 14 节中提到的两个问题会难倒绝大多数人：

> 你曾经作出的最重要的正确预测是什么？它为什么这么重要？

我相信，80% 以上的人或是干脆没有答案，或是即便有答案也是在凑数。哪怕是在人群中相对（看起来）“比较上进”的人里，也有很高的比例竟然从未认真思考过未来，或者干脆不知道应该如何思考。

不是“没有手”，而是不知道如何下手，甚至不知道从何下手；虽然“有手”，但和“没有手”竟然没有区别——从这个角度来看，我们其实都曾经是“残疾人”，不是吗？只不过不是能够看出来的残疾而已。

其实，有一个特别简单且特别安全的预测未来的策略（在前面已经蜻蜓点水式地提到过，不知你注意到没有）：

> 如果某个道理客观上确实是正确的，过去它是成立的，现在它也是成立的，那么，若不出极大意外，将来它还是成立的。

例如，“做对的事情”远比“把事情做对”重要得多。反复研究这个道理，我得到的结论是：它客观上就是正确的，过去它是成立的，现在它也是成立的，我很愿意相信甚至笃信，它将来还是成立的。于是，我就按照这个道理行事，在这个层面上我就是“活在未来”的，因为我用一个最简单的策略作出了成功概率最大化的预测。因此，你可以很容易地理解：从小的耳濡目染，让我一旦遇到像“**‘做对的事情’远比‘把事情做对’重要得多**”这样的说辞，会更容易理解，更容易感同身受。

我从来都不是说说而已的人。若干年前，我顺着这个思路琢磨，发现管理时间是没戏的，因为时间根本就不可能听谁的话。所以，“对的事情”是管好自己，而不是无谓地与时间进行必然失败的争斗。再深入一点，我甚至发现：若做错了事情，那效率越高越可怕；若做对了事情，即便拖拖拉拉，只要最终完成，就能有巨大的收获。

我不仅想到了，而且这么做了，甚至干脆写了《把时间当作朋友》这本书——一晃 7 年（一辈子）过去，不知道改变了多少人。无论是用 Google 还是百度，搜索“把时间当作朋友读者见面会”，得到的第一条结果都是一个长视频，内容是这本书的读者留言精选，你不妨看看，感受一下。

你看，**越是朴素的道理，就越是永恒**。认真琢磨那些朴素的、永恒的，甚至被大多数人当成耳旁风和陈辞滥调的道理，把它们研究透，你就相当于在瞬间穿越到未来，因为那些道理在未来依然成立。

这样的道理其实是“满天飞”的。什么“少壮不努力，老大徒伤悲”，什么“出来混的，早晚要还”——多有道理啊！小时候学过的古文，卖油翁说，“无它，唯手熟尔”——这和今天人们热衷讨论的所谓“精进原理”或者“一万小时定律”在本质上有区别吗？反正我觉得就是一回事。**只不过，很多人从未重视过它们，不重视的原因，无非是从未想过自己需要预测未来而已。**

我也在自己的人生中遇到了很多贵人，甚至比我母亲遇到的还多。于是，我也在不断增补和修订母亲当年给我讲的那几个原则。说来说去，其实都是很朴素、很简单，甚至可能永恒的道理。其中的每一条，都是我随随便便就能展开写上万把字的道理（若我愿意拿出马尔科姆·格拉德威尔善用的那些手段，甚至能把下面这些内容拼起来写本书）：

> ▷ 乐观的人更容易成为他人的贵人。
>
> ▷ 贵人更容易遇到贵人。
>
> ▷ 能帮助他人进步的才是真正的贵人。
>
> ▷ 优秀的人、值得尊重的人更容易获得帮助。
>
> ▷ 乐于分享的人更容易获得帮助。
>
> ▷ 不给他人制造负担的人更容易获得帮助。
>
> ▷ 不耻于求助的人更容易获得帮助。
>
> ▷ 求助的时候不宜仅用金钱作为回报；帮助他人的时候不宜收取金钱回报。
>
> ▷ 贵人不一定是牛人。牛人常常只不过是自顾自地牛。贵人不一样，他们常常“以和为贵”，更懂得“独贵贵，不如众贵贵”。
>
> ▷ 在很多时候，某个人之所以能成功，是因为有大量的人希望看到他成功。

反过来，若有大量的人不愿意看到某个人成功，那么此人将很难获得所谓“贵人相助”。

- 正在做正确的事情的人，更容易获得贵人的帮助。所谓“得道多助”说的就是这个道理。
- 活在未来的人更容易遇到贵人，因为别人能在他的身上看到未来。
- ……（有待用余生继续补充。）

你看，这些都不是什么“了不起”的道理，可若你真的理解其中的机理，苍天作证，你在未来就是能够不断遇到各种各样的贵人，你就是会不断获得各式各样的意外好运——虽然不一定是明天，也不一定是明年，但在三五年内，你一定会有体会。可惜，**一般来说，绝大多数人连三五个月都等不及。**绝大多数人就是没有“长远思考，耐心验证，小心总结提炼”的能力。

不过，这背后有个深刻的道理值得单独说道说道。大多数人对“求助”这个概念有着极为深刻的误解，把求助当成一种低声下气、卑躬屈膝、胁肩谄笑的行为——那不是求助，那是乞讨。若你的大脑（即，你的操作系统）是这样理解“求助”的，本质上就是把自己等同于乞丐处理了，无论是过去、现在还是将来，都不会得到好结果。

事实上，**求助是一种交易，不仅如此，它还是一种隐蔽却意义巨大的交易。**贵人之所以愿意帮你，是因为他已经看到（尽管并不确定）你的价值——要么能帮助他确立自己的价值，要么能让他看到未来的某种可能性。所以，若你自己做过贵人，你一定早就明白那个别人肯定不理解的道理：在你出手相助的那一瞬间，你自然就得到了回报，而这也很可能是你乐于相助的根本原因。

这个世界越来越像一个大市场，每个人都生活在价值交换和价值集群之中，所有的聪明人都会为自己做两件事：储备人际价值；到人际价值高的地方“扎堆儿”——这些是每个人的本能。从这个角度来看，**求助根本不是“讨好”的艺术，而是“正确展示自我价值”的艺术。**

再进一步，你可以仔细想想：**如何才能把自己变成一个能够吸引贵人的个体？**换个说法，这不仅是善于求助，甚至是“自动吸引各种各样的帮助”——这是财富自由之路的根本。

16. 做得正确就会有好结果吗?

相信我，大多数的痛苦都是幻觉——只是一时的感觉，而非永久不变的真相。

绝大多数从高处跳下自杀的人，很可能不是摔死的，而是吓死的。若在落地的瞬间心脏仍在跳动，那么，由于血压依然存在，其场面大抵是“血花四溅”的……可实际上，大多数尸体上甚至没有血迹——在落地之前，心脏早就停止了跳动。

在跳下去之前，“这世界跟我半毛钱关系都没有”的感觉是那样真实，以致“迈出那一步跳下去”的行动显得那么“义无反顾”。可自由落体在着地之前都有一定的运动时间，所以在面临死亡的时候，大脑会进入一种高度兴奋的状态。很多生还者都用类似的语言描述了他们的经历：那不是“瞬间”，而是“很长时间”，在那个过程中，对一生中重要事件的记忆都被唤起，就像在观看一个清晰而缓慢播放的幻灯片。

结论是什么？结论是：这世界一直跟自己有这样那样的联系，而且是相当重要和清楚的联系，刚刚的“这世界跟我半毛钱关系都没有”的幻觉最终被证明为子虚乌有……可是——来不及了！已经掉了下去，马上就要着地了！

事实上，人们不应该为“这世界跟我半毛钱关系都没有”这种幻觉而烦恼。不妨反过来看看：

> 这世界本来确实和我们一点关系都没有，可是我们一路走来，无论如何都会在这世界上留下痕迹，无论如何都会与这世界产生这样那样的联系。至于那联系是否足够强，是否足够有意义，其实取决于我们的行动，而不是我们的恐惧。

作家毕淑敏在某大学举办讲座的时候，有个学生问了一个“终极问题”：

> “毕老师，生命的意义是什么？”

毕淑敏先生的回答是：

> “人生本无意义，意义是活出来的吧？”（大意如此。）

深以为然。也很庆幸，我 20 来岁的时候在某本杂志里就读到过这样的观念。

排在第二名的痛苦，和排在第一名的痛苦一样，无疑也是个幻觉。为什么这么说呢？因为很少有人认真想过这件事：

> 正确本身，其实很可能没有价值。

大多数人习惯性地“一根筋”，只进行单维度思考，从来不去思考事物的另外一个维度。

	别人都是正确的	别人都是错误的
你是正确的		
你是错误的		

若你是正确的，与此同时，别人也都是正确的，那“正确”本身的价值其实并不大。

若你是错误的，别人都是正确的，那会是个很可怕的局面。

若你是正确的，别人都是错误的，这时“你的正确”才具备很大的价值。英语中有一个词“contrarian”，原意是指股市中那些倒行逆施（这里仅取“倒行逆施”这个词的字面含义）的人。“特立独行”本身的价值和“正确”本身的价值一样，并不算大，但“特立独行且正确”的价值就是巨大的了。

所以，若我们从两个维度来思考价值，结果就相当清晰了：

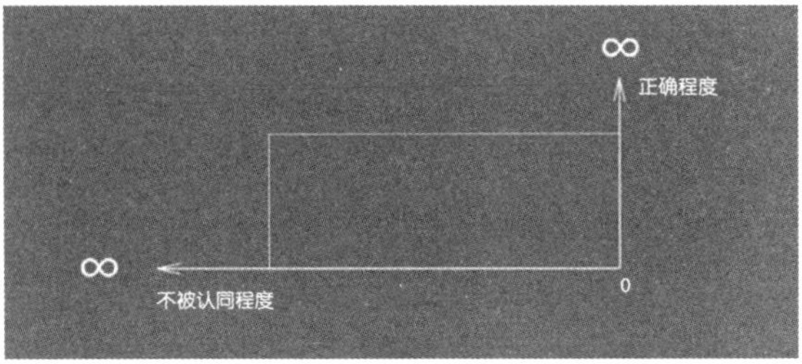

正确本身的价值

也就是说，你正确的程度越大，与此同时，不认同你的人越多，你的价值就越大。若你很正确，但与此同时，所有的人都很正确，那你的价值其实可能等于零。

例如，现在你看好 VR/AR，大家也都看好 VR/AR，你去做这方面的创业，其实胜算并不高。因为大家都看好，都想做，所以，谁的资源最强，谁就最可能成功，而“你看对了”这个事实本身不会给你带来哪怕多一点点的相对优势——在“正确程度”这个维度上，你不一定比别人“更正确”，没准儿别人在“正确程度”上超过你一大截呢。

所以，若你确定自己是正确的，而你身边绝大多数的人并不认同你的想法，那你应该高兴（而不是痛苦），而且是“越不被认同越应该高兴”才对。所有的人一生都声称自己在寻找价值，可当绝大多数人“不小心”找到真正的价值时，他根本就不知道自己找到了——不仅不知道，还要不高兴，甚至痛苦得要命——真是邪门儿！

为什么人们在面对真正的价值时会如此痛苦？因为他们衡量正确与否的方式错了——他们靠的不是逻辑和独立思考，而是“认同的人是否足够多”。

从底层看，有个重要的因素在起作用：

> 绝大多数人是“表现型人格”，他们在乎的不是好、坏、对、错，他们只在乎自己是否“显得好看”。

“表现型人格”决定了“随大流”的根深蒂固——只有“跟大家在一起”、“与大多数人相同”才觉得安全。

在 2003 年的时候，几乎全中国的人都认为通过 TOEFL 考试至少需要掌握 12000 个词汇——反正大家都这么说。我做了个统计，发现其实在掌握部分中学英语词汇的基础上，再搞定 2142 个词汇就够了。

我知道自己的统计结果是正确的，我也知道认同我的人并不多，于是，我知道在这里可以挖掘出价值了——《TOEFL 核心词汇 21 天突破》到现在卖了“两辈子”，而且还在卖……

在 2007 年的时候，我琢磨着：所有讲时间管理的书都错了，因为时间不可管理，可管理的是自己或者团队里的人。于是，我写了《把时间当作朋友》——大家都知道。

在 2011 年的时候，我花了相当长的时间去研究比特币。在最初的时候，我当然跟所有人一样一头雾水，但我有精读和研究的能力，更重要的是，我有“读不懂但可以读完，然后反复读，进而读得更懂”的能力。于是，我渐渐得到结论：这件事是对的。然后，我开始向身边的聪明人咨询，并和他们讨论，结果是：认为这件事靠谱的人比例极低，而在这个比例极低的人群中，肯用实际行动去验证它的价值的人比例超级低。

我在新东方工作时的同事铁岭曾经告诉我一个简单的原则：听大多数人的话，参考少数人的意见，最终自己作决定。这是个很睿智的原则。在这里，“听大多数人的话”，不是“按照他们那么说的那么做”，而是“听听他们怎么说，琢磨他们怎么想”。我的结论是：第一，比特币这件事是对的；第二，认同“这件事是对的”的人很少，所以这一次“我的正确”很可能价值超级大。于是，我没有把时间花在说服他人上，只是在博客上写了一篇文章——《此物一出天下反》，然后就去做自己该做的事情了。

在 2015 年年初的时候，我又一次认为自己想对了：“在互联网上，免费时代过去了，收费时代来了。”我把这个结论告诉身边的朋友，结果呢？我说了大半年，大家都是客客气气地听，也不反驳，但就是不去做。

本来已经准备“退休”的我，想了想：算了，还是我自己来吧！因为我再一次意识到，这是一个“特立独行且正确”的机会，价值很大，所以“不去做”对我来说是无法忍受的。从另外一个角度，我知道这样的机会实际上并不多，一辈子遇到一次都已经是极度幸运的了，所以我只能去做。

于是，我开始行动。后面的事情大家都看到了：2015 年 8 月中旬，在大家都说“微信的红利期已经过去了”的情况下，我开通了微信订阅号；在积累了一小段时间之后，从 2015 年 11 月开始，我自己创建并帮朋友创建各种收费社群，制作并指导制作各种收费内容；2016 年 7 月，我在“得到”上开通收费专栏《通往财富自由之路》，不到 1 年时间有超过 15 万人订阅。到了 2016 年的最后一个季度，国内各大平台都开始做付费内容订阅了。

请注意：尽管你“特立独行且正确”，但这并不保证你一定有机会验证和收获其价值。

在 2013 年年中的时候，国内的所有比特币交易所几乎都来找过我，给我很优惠的条件，让我加入或者投资——我全都拒绝了。直到今天，我都认为自己当时的决定是正确的：想要在去中心化的世界里打造一个最大的中心，这仅从逻辑上就站不住脚。

可结果呢？这些我没有加入或投资的交易所的估值在接下来的两三年里不知道涨了多少倍——我被反反复复“啪啪啪啪”地“打脸”。而与此同时，按照我认为正确的逻辑打造的开源交易所公司的增长极其缓慢——我还是被“啪啪啪啪”地“打脸”，左脸之后是右脸……因为风险投资机构从来都是最看好交易所模式的，而他们的资金实力远比我个人要强，所以在这次博弈中，我几乎没有胜算（虽然在一两年之后，貌似出现了一点时来运转的苗头）。

这时就需要真正的勇气了。若这世界给你正反馈，你能心平气和地接受，不因此趾高气扬；相反，若这世界并没有给你正反馈，甚至给你负反馈，你依然能心平气和地接受，不因此灰心丧气——这不是勇气是什么？

“特立独行且正确”终究是很难做到的事情。当然，一切真正有价值的事情都很难做到，否则，价值就变成任何人都可以随随便便实现的东西了。

回头想想，我在 20 多岁的时候是完全不懂这个道理的（实际上也没有人能给我讲清楚），所以，我当然经常会因为在自认正确的同时不被认同而痛苦，也会因为痛苦而做出很多“走形了”的事，进而吃了很多当时就能理解的明亏，以及很多多年以后才反应过来的暗亏……

随便举个例子：那些在课堂上挑刺儿的学生，虽然很聪明，但实际上是吃亏的——“证明自己正确”并不是学习的任务和目标，“时时刻刻成长，早晚更聪明、更正确”才是应该的结果。他们把注意力用错地方了，以致没有获得原本应该获得的结果。这可能是很多人一生中吃过的最大的暗亏，也是他们从来都不知道自己吃过的暗亏。

许多年后，我虽然有机会和这么多人分享自己的经历和成长过程，却常常在想：将这些“事后”（许多年以后）才弄明白的道理传递给那些尚无经历的人，难度其实是非常大的，不仅要把事情说清楚，还需要对方拥有强大的想象力和元认知能力——元认知能力是一切反思的基础，可大多数人本来并不知道元认知能力是什么！

然而，毕竟大多数人进行过足够的阅读训练，元认知能力又是一种只要获得就不会消失的能力，因此，终究有一些人会因为这篇文章而改变。他们会懂得：有些痛苦其实只是幻觉；有些价值，之前之所以不可能获得，完全是因为自己“有眼不识泰山”。

还好，我们升级了。

17. 你的世界究竟是活的还是死的?

人类学家和心理学家们早就注意到这么一个事实:

> 如果一个概念在某个文化里并不存在，那么，那个客观存在在那个文化里主观上并不存在，即，那个文化里的人对那个客观存在没有任何感知。反之，如果一个概念存在，即便它不是一种客观存在，人们还是可以从主观上感知到它。

其实这很容易理解。别说某个单独的文化了，整个世界都是一样的。你完全可以想象，在“重力加速度”这个清楚的概念出现之前，整个人类都无法感知到这个实际上亘古存在的东西。

别以为这和智商有多么大的关系。亚里士多德不笨吧？可他不知道重力加速度的概念，于是他（只能凭感觉）认为：当羽毛和铅球从同一高度落下的时候，“肯定是”铅球先着地，至于理由，“很明显”——铅球更重！直到1000多年以后，伽利略从比萨斜塔上扔下两个铅球，人们才发现那两个质量相差很大的铅球“竟然”同时落地！——在聪明人生活的城市里正好有一座斜塔，这概率也真够低的，怪不得要等上1000多年。

反过来看，人类史上有无数例子可以证明:

> 很多客观上并不存在的事物，由于主观上存在一个概念，就变得好像真实存在一样。

例如，在不知道物体燃烧是空气里的氧气起主要作用的时候，人们认为在发生燃烧现象的屋子里有一种看不见的东西，便给那个东西凭空取了一个名字，叫作“燃素”。当然，这个概念早就不存在了。

再如，在我们的文化里，人们能够感知到一种事实上并不存在的东西：上火。

展开想象的翅膀，你随时都会撞到各式各样光怪陆离的概念。虽然它们客观上并不存在，但很多人在主观上可以切实感觉到它们的存在。

一个特别极端的例子是爱情——你可以想象有多少人会反对，甚至包括你和我。这也是一些极度冷静的人竟然选择保留一些幻觉的根本原因。

言归正传，在这里我要说清楚一件事，也相当于给你植入一个新的概念：

> 我们所生存的这个世界，并不只是冷冰冰的客观存在。这个世界是有生命的，甚至可能是有灵魂的——你如何对待它，它就如何对待你。而且，它竟然可以实现这样一个奇迹：即便你事实上错得离谱，它也总是能够向你证明你是对的。

如果你不知道这个概念，那么这个世界就好像“你压根儿就不应该知道似的”那样存在；如果你知道了这个概念，那么这个世界就好像“你原本早就应该知道了似的”那样继续发展——是不是神奇？

神奇得很！在此之前，你的世界好像对你无动于衷；在此之后，你的世界是鲜活的，是随时对你有回应的。

我有一个从小一起长大的朋友（因为认识罗永浩才结识的朋友），名字叫金光，我已经很多年没有见过他了。虽然我们没有成为那种特别要好的朋友，只是客客气气的君子之交，但奇怪的是，我竟然在他身上学到了两个重要的道理。这里先说一个，后面会说到另外一个。

在我读高中的时候，金光已经在社会上闯荡了。在那个年代，我们的老家有大量的人出国打工赚钱——那时在国外做劳力一年可以赚十几万元，这相当于在国内收入的二三十倍。对很多人来说，这简直是无法抗拒的吸引力。

于是，金光和很多年轻人一样出国去了——当船员。不需要太多想象你就会知道，那肯定是非常辛苦的工作。但当他回来的时候，那两年的时间在他嘴里成了“周游世界的传奇经历”，而这也是很容易理解的。

不过，有一个细节我和罗永浩都注意到了。

金光一路上遇到了很多好人。在阿姆斯特丹，他想往家里打电话，却发现自己一个硬币都没有，语言又不通，完全不知道应该去哪里换硬币。正在他着急的时候，一对情侣路过，问他发生了什么事。金光一个字都听不懂，比划了半天，对方竟然懂了，做手势让他在原地等着。过了一会儿，那对情侣给金光拿来了两把硬币——金光的双手差点儿捧不过来。船在港口休息了一周，金光每天往家里打电话，都没能把那些硬币用完。这样的事情实在是太多了，一连几次聚会，金光都能讲出内容不同且令人震惊的遇到好人的经历。

我和罗永浩一起注意到的细节并不是金光遇到好人的经历，而是与此同时，我们还有一个朋友和金光一前一后出国打工，走的也是同一条航线，回来给我们讲述的却是一路遇到无数让人无法想象的坏人的经历。

我和罗永浩都惊呆了。我们的结论是一致的：

> 也许应该是——你是什么样的人，就会生活在什么样的世界。

如果你是个好人，这世界就会对你好一点；如果你是个坏人，这世界就会对你坏一点。可是，这怎么可能呢？过了许多年，当我习得了“自证预言”（self-fulfilling prophecy）这个概念之后，终于能彻底理解这种现象了。“自证预言”是个重要的概念，但由于在这里没有足够的篇幅讲解，所以只能请你自己去查，去探索，去理解，去应用（在《把时间当作朋友》这本书里，我就用很大的篇幅论述了这个概念）。

有的时候，你会遇到这种情况（事实上，你在一生中会无数次遇到这种情况）：

> 某个人作了一个决定，结果让你的利益受到了损失。

然后，你会不由自主地想：

> 他就是故意的！他就是在跟我作对！他就是……

不只是你，几乎所有的人都会“自然而然地这么想”。但是，事实可能并非如此。道理很简单——对自己诚实一点，想想看：难道你就没有不小心作出过伤害他人利益的决定吗？肯定有过啊！（可你的确不是故意的。）当你发现自己的决定伤害了他人利益的时候，你的确会感到内疚，不是吗？那么，这一次他是不是也有可能跟你的某一次一样呢？（这确实是有可能的吧！）

如果能想到这一层，你就会自然而然地作出合理的反应：

> ▷ 告诉对方，你的利益受到了怎样的损失（不夸大，不隐瞒）。
> ▷ 告诉对方，你也有不小心伤害了他人利益的时候。

如果下一次对方还是如此，那你可以确定对方就是那样的人了。不过，我几乎可以向你保证，对方下次不会这样了，他会想办法调整的。万一下次对方还是考虑不周，又一次并非故意但影响了你的利益，当他发现自己的问题时，一定会主动向你道歉——除非你是个不值一提的人。

在懂得这个道理之前，你是甲；在懂得这个道理之后，你是乙。于是，你能明白：甲根本看不到乙的世界，乙却可以感知甲乙二人之间的微妙差异，以及甲乙二人分别生活在怎样一个有着天壤之别的世界里——还记得“两个截然相反的物种”的说法吗？

现在你能明白那些相信“人之初，性本善”与相信“人之初，性本恶”的人群之间的巨大差异了吧？这个世界不仅是由没有灵魂的物质构成的，还有一个主要构成部分是无数有生命、有灵魂的人。于是，这个世界也是有生命、有灵魂的，它能感知到你，你也应该能感知到它。

我不相信“人之初”有善恶之分。我相信，每个刚刚降临这个世界的生命都是一样的，都有一个“非善非恶”（或者说“不知善恶”）的灵魂，而“善”与“恶”最终都是习得的。每一次对善与恶的选择，既塑造了自己，又塑造了那个自己存在于其中的世界。于是，那个有生命的世界开始有了自己的灵魂，它的善与恶，其实是那个人自我选择的镜像而已。

我并不是这个“感悟”的原创者，或者准确地说，即便我觉得它确实是我的原创，可随着读过的书越来越多，我最终会和所有人一样，“发现”另外一个事实：大多数重要的感悟，早就传遍这世界的各个角落了。尼采就说过：

> 当你凝视深渊的时候，深渊也在凝视着你。

许多年后，当我想起鲁迅先生说的“我向来是不惮以最坏的恶意来揣测中国人的”时，多少有点可怜他。他一定生活在一个万恶的社会里吧？可那是真的吗？又，那真的是那个时代里唯一的世界吗？我觉得不是。（请不要过分解读这段话。阅读的一个核心能力是：把理解限定在一个合理、恰当的范围之内。）

我想，当我把这个道理讲清楚之后，你就能理解为什么我最终可以放弃争论，向来都是“不到万不得已绝对不与任何人‘开撕’”了。我能放心大胆地接受自己是个“残疾人”（身坚志残）的核心理由也在这里：

> 我只是淡定地相信“一个残缺的世界总是可以至少容纳一个残缺的人”而已。

我的很多学生经常向我抱怨：他们的研究生导师“盘剥”他们，让他们帮自己写书，却不给学分或者稿费……我听了就想乐。我说：“你自己想想呗——干这个活儿，自己能不能成长？若能，即便没有钱拿，没有学分，又有什么了不起呢？跟成长比，那些算什么啊！你生活在这样的世界里，你的导师生活在那样的世界里，你们根本就不在同一个世界里啊。他们那样的人不善待自己的世界，你可不一样，你要学会善待自己的世界，不是吗？”

若你能善待你的世界，你的世界大抵可以给你足够的善待；若你能宽容你的世界，你的世界大抵能够给你足够的宽容；若你是个认真生活的人，你的世界也大抵会认真地对待你。这么多年来，我就是这么想、这么做的，貌似我的世界也是如此对待我的。

读到这里，让我们一起思考另外一个预测：

> 最终，活在未来的人一定比活在当下的人拥有更多的财富。

道理很简单：

> 所谓“投资”，无非是用现在的资源换取未来的资源。

从另外一个角度看，我觉得，**真正的安全感其实来自对未来的清楚思考**，而不是来自像房子、车子、证书、存款这种在别人眼里“实实在在”的东西。

18. 你为什么看不到别人的好？

对我来说最重要的 3 本书是：

> ▷ 钱锺书的《围城》
>
> ▷ 乔治·奥威尔（George Owell）的 *Animal Farm*（中译为《动物庄园》）
>
> ▷ 文森特·鲁吉罗（Vincent Ruggiero）的 *Beyond Feelings: A Guide to Critical Thinking*（中译为《超越感觉》）

《围城》我不知道读了多少遍，它是我的“中文语文课本”和“修辞启蒙书籍”，读过之后我就彻底迷上了“类比”。《动物庄园》是我读的第二本原版书（第一本是大学本科时为了通过英语四级考试才去读的《教父》），后来它成了我的“英文写作启蒙课本”，让我了解了“plain English”的精髓。《超越感觉》是我的“逻辑启蒙教程”，隔一段时间就拿出来复习一下，偶尔想起当年未被启蒙的我是什么样子、会怎样思考问题，在恍若隔世中，既极度庆幸，又极度后怕——若我当年没有被这本书启蒙，现在会是什么样子呢？

> 多说一句：好书这东西，能读原版的话就一定要直接读原版，而不要读译本——被坑了都不知道自己是怎么被坑的，更不知道自己会被坑成什么样子，原因这里就不展开说了。

26 岁那年，我把《超越感觉》这本书读了不下 10 遍。起因是这样的：

> 某天上午，听一个人给我讲了一番道理，我觉得："哇，好厉害！"
>
> 当天下午，听另外一个人给我讲了另外一番道理，我又觉得："哇，好厉害！"

晚上躺在床上回想，突然发现这两个人所说的道理背后的根本原因竟然是矛盾的！我当场崩溃了——原来我是一个完全没有判断力的人！

哪里出错了呢？这两个人讲的明明是相反的东西，只能有一个人是对的，为什么我在当时都觉得有道理呢？而且，最要命的是，为什么我在当时根本没有判断出这两个人所讲的道理是相反的呢？

我害怕了。我发现自己过往的自信都是错的——不是自信，而是自以为是。怎么办？

还好，我有个做图书馆馆长的母亲。这件事带来的好处是让我从小就知道一个道理：

> 答案一定在某本书里。

于是，我钻进了图书馆（在 1997 年的时候，已经可以用计算机检索图书馆里的书籍了）。我从"thinking"这个词开始查找，不一会儿就发现了一个从来没有见过的词组："critical thinking"。翻了一会儿词典，我觉得"批判性思维"这个翻译很差，翻译成"独立思考"可能更好一点。顺着"critical thinking"查找，我找到了一本当时已经出版到第 5 版的书：*Beyond Feelings: A Guide to Critical Thinking*——就是它了！当时我想，以后这本书只要出版新版本，我就要买下来。许多年过去，现在亚马逊上销售的是这本书的第 11 版。

> 再多说一句：现在购买电子书实在是太方便了，所以，能读原版书的直接在亚马逊上下单就好——即刻开始阅读！

《超越感觉》这本书里讲到，人的出发点（视角，perspective）会影响思考与判断，然后引用了另外一本书里的内容（*I'm OK — You're OK: A Practical Guide to Transactional Analysis*，Thomas A. Harris），说人大抵要经历以下 4 个阶段：

> ▷ I'm not OK, and you're not OK.

- ▷ I'm not OK, and you're OK.
- ▷ I'm OK, and you're not OK.
- ▷ I'm OK, and you're OK.

发现没有，这又是一个两次二分法（类似的表格你之前见过）：

	I'm OK	I'm not OK
You're OK		
You're not OK		

想想看，就是这样的。在我们年纪还很小的时候，面对这个被大人们占领和主导的世界，再看幼儿园的小朋友们，当然就是第一种情况，即，“I'm not OK, and you're not OK”。而当面对家长和老师的时候，我们经常面临的窘境是“我错了，你们都对”。

这种早期的状态，常常会影响绝大多数人以后的状态。早期的“被压抑”最终可能形成日后的“报复式反应”。于是，绝大多数人稍不注意，就终生在第二个阶段与第三个阶段之间穿梭：

- ▷ I'm not OK, and you're OK.
- ▷ I'm OK, and you're not OK.

大多数人永远无法进入第四个阶段：

- ▷ I'm OK, and you're OK.

根源就是：处于第二个阶段和第三个阶段的人，着实见不得别人“的”好——加上一个“的”字，我们就更容易看清根源。

“见不得别人好”，这里的“好”是指整个状态，包括“变得更好”。

“见不得别人的好”，则是指“见不得别人的好处或好的地方”。虽然对方有不好的地方，但他同时也有好的地方。因为存在不好的地方，所以好的地方完全被否定、被掩盖，就是我们说的“见不得别人的好”。

加上一个“的”字，我们的注意力所处的地方就不同了。我的意思是：别人不好的地方就不好吧，但我们应该有能力看到“别人的好”的地方。很多时候你会发现，那些优点和好处，只不过是被我们的“有色眼镜”掩盖了而已，无论我们是否看到，它们就存在于那里，发挥着作用。

因为要比出胜负、分清好坏，所以，处于第二个阶段和第三个阶段的人，总是不由自主地把注意力放在对方的“不好”而不是对方的“好”上，放在对方的“错”而不是对方的“对”上。久而久之，他们变成了“盲人”却不自知，这方面的元认知能力彻底被阉割，结果是：永远把自己的注意力放在别人的“不好”上。说实话，对他们来说，也只有这样才能让自己舒服。

所谓“双重标准”就是这样形成的：

> ▷ 看别人的时候，注意的是“错”与“不好”。
>
> ▷ 看自己的时候，注意的是“对”、“好”或者“更好”。

于是，大多数人自断“后路”，停留在第二个阶段或者第三个阶段，在其间穿梭却无法突破，永远不可能进入第四个阶段。

道理说清楚了，我当时也看明白了。结果呢？直到2007年，在我35岁的时候，有一天才反应过来：

> 将近10年过去，我才确定自己多多少少进入了第四个阶段。

更可怕的在后面。到2014年年初，又过了“一辈子”之后，我都快42周岁了，有一天才反应过来：

> 其实，我最近才彻底开始觉得“谁都挺好的”。

我一直在反思：

> 这事儿怎么就这么难呢？竟然难到需要“两辈子”才能突破？

可能的解释是这样的：

> 你在某个或某些方面必须得到一定程度的普遍承认，才可能真正做到心态平和。

因为在这种情况下，你不必再主动费心去比较了。否则，你就像绝大部分人一样，不断把注意力放到“证明自己”上，并且常常“用力过度”，以致“姿势走形”，动不动就“演砸了”，还要花时间和精力躲到角落里“舔伤口”，或者“硬着头皮死撑”——都不是有利于成长的事。

关键就在这里：

> 无论如何，要把一切可能的注意力都放到自己的成长上去。

这是我们的财富自由之路，事实上是通往任何“自由之路”的根本。

回顾我的经历，有两次突破其实都是在获得一定程度的财富自由之后发生的——可能是因为经济压力的确是人在生活中能体会到的最大压力了吧；也可能是因为，如果在这个方面不用跟别人比的话，那在其他方面更不用跟别人比了吧。

然而，只有到了第四个阶段，才能知道这个阶段的惊人之好：

> 你竟然可以从那些“原本你可能讨厌的人”的身上学到大量的好东西。

更为惊人的是，由于你能更多地、不断地看到别人的好，所以你所处的世界的的确确比原来要美好太多了。我总是不由自主地去想，也多少感到好奇：在过去那么多年里，我错过了多少实际存在的美好？而且，如果错过了，肯定只能怪自己。

我觉得，关于“境界”的说教，你早就听了无数遍。我也觉得，你很可能和我一样，明白了道理，但就是做不到（其实是“并不总是能做到”，这两个措辞之间还是有很大差别的）。

在这里，我说的是另外一个路径：

> ▷ 首先，尽量用我的经历来向你说明第四个阶段的美好，也告诉你，进入第四个阶段确实难上加难。
>
> ▷ 其次，我早就和你聊过元认知能力的重要性及锻炼方法。
>
> ▷ 最后，请你在这件事情上主动应用元认知能力，并养成习惯。

每当你发现自己正处于第二个阶段或第三个阶段，或者在这两个阶段之间穿梭的时候，启动你的元认知能力，告诉自己：

> 不对。
>
> ▷ 我应该把注意力放在自己的成长之上。
>
> ▷ 我不应该把注意力放在别人的“错”和“不好”之上。
>
> ▷ 若我有空闲的注意力，可以去看看那些人哪里做对了，哪里做得很好，以便我吸收经验，获得成长。

总有些时候，我们会不由自主地与他人比较，最终发现当下的自己就是不够“OK”。在这样的时候，就要启动自己的元认知能力，告诉自己：

> 我们是“活在未来”的人，所以，即便要比较，也应该比较未来，而不是当下。

当下的任务只有一个：成长。若果真如此，我们其实是无论如何都不怕比较未来的。

对绝大多数普通人来说，这几乎是唯一靠谱的方法论。而由于绝大多数人都还处在“未被这个世界认可”的状态，所以，仅凭“心态”是不可能调整好的——“修养”这东西，不是想想就能有的。因此，若真的有工具，也只能是我们自己的，“我们原本都不知道它存在”的，靠我们自己“不断刻意训练”才逐步加强的——元认知能力。

最后，再叮嘱一句：证明自己根本不重要，成长才重要，因为成长如果成真，证明就自动完成了。

19. 你知道自己有个所有人都有的恶习必须戒掉吗?

最应该彻底戒掉的恶习是:

抱怨

这一课又是金光给我上的——对，又是他（你可以回头翻翻第 17 节的内容）。

金光回国之后没多久，我第一次高考落榜了。很快我就后悔自己没有好好准备，于是就报了补习班，折腾了一年，结果考上了一所很“不咋地”的大学：长春大学（别告诉我“你应该对母校有感情”，事实上我就是没办法喜欢上那里，当我终于大学毕业的时候，我感觉自己好像“出狱”了）。

又一年过去，金光已经是个“包工头”了。他个子不高，理了个“板寸”，穿着牛仔裤，屁股兜里插着一部“大哥大”——早年香港电影里成奎安用的那种摩托罗拉“大哥大”，尽管现在看起来蠢笨蠢笨的，但在当年可是个昂贵的物件呢。

大一暑假，我回到家。在一个阳光耀眼的午后，我在街边遇到金光，他当时正好没事做，于是，我们俩就溜达到江边，坐在堤坝上扯了一下午的闲篇儿。

其实，我知道金光当时的境遇并不好。那是 1992 年，全国上下正在经历经济转型，大量“先知先觉”的人用各种各样的方法从银行里弄到贷款，去做各种各样的生意，其中最酷最猛的就是做房地产的“包工头”。金光不知道用什么办法弄到了一大笔贷款，也成了“包工头”。可是他年纪太小，江湖经验太少，所以，早就被一帮人围住，手里大量的钱也被套住，经历了各种不顺，踩到了各种陷阱……

可整整一个下午，金光和我聊的都是趣事，对自己的麻烦只字不提。本来我还想表示一下关心，可我很快意识到，这种关心只是说说而已——我没有任何能力帮他摆脱困境，所以，说出来根本没用。从另外一个角度，我想：金光是个颇为骄傲的人，这也是他对自己的困境只字不提的原因吧！

无论如何，对自己的困境只字不提，没有一丝抱怨，至少全无表露——金光在这件事情上给我留下了不可磨灭的印象。

一转眼，过了若干年。我大学毕业，工作了两年，决定出国留学。在去往沈阳的火车上，我竟然在同一个卧铺车厢遇到了金光。

其实在那些年里，我从其他朋友口中大致了解了金光的情况：“包工头”终究没有做成，还欠了很多债，这些年就是在各种麻烦之中度过的。后来聊过才知道，他正在去俄罗斯“捞世界”的路上。

可金光就是金光，那感觉就像我俩昨天还一起坐在堤坝上扯闲篇儿，晚上各自回家睡了一觉，今天在火车上又见面了一样。他还是笑嘻嘻的，一脸灿烂，还是留着“板寸”，穿着牛仔裤，只不过把摩托罗拉“大哥大”换成了薄一点的诺基亚手机，其他一点儿没变——反正我看不出来。本来我上了火车就要睡觉，这下可好，一路都没睡，一直在聊天……至于聊天的内容，现在我已全无印象，只记得金光还是那样：没有一句抱怨，没有说过一丝不好的事儿。

下了火车，他对我挥挥手，说：“走啦！”我站在那里，看着他消失在人群之中。

从此我再也没有见过他，也从来不去打听他的情况。我总觉得，他一直就是那个样子——笑嘻嘻的，一脸灿烂。

许多年后，在偶尔提到我是如何成为一个“坚决不抱怨的人”时，我会说，那是金光教我的——我知道，他其实不知道自己教过我什么。

从那列火车上下来，我在沈阳住了两天，办好签证之后，就飞到了韩国，到全南大学报道。那时，我全然不知自己将在那里度过生命中最灰暗的 14 个月。

为什么现在我会觉得那是我“生命中最灰暗的 14 个月”呢？——尽管那 14 个月很可能是我这一生读书密度最高的时段，我一生读过的最重要的三本书里有两本是在那段时间读的。

现在我之所以觉得那 14 个月是我人生中最为灰暗的一段时间，是因为在那段时间里，我身边的每一个人都是不断抱怨的人，而当时我并不知道那灰暗是由此造成的。

可能和当时的大环境有关系吧——我到韩国的时候，正赶上亚洲金融危机，韩国是“重灾区”，电视里报道的新闻，不是有人投河自杀，就是夫妇二人带着两个孩子一起跳楼，结果丈夫生还却残疾，妻子和孩子当场死亡——好像每个人都活得惴惴不安。

那时，全南大学的中国留学生不多，只有几个人。这些人只要坐在一起，两分钟不到，就开始抱怨——从韩国的经济，到中国的前途，要说上十来分钟——里里外外都是“车轱辘话”，但好像谁都说不烦、听不腻一样。若圈子里某个人不在场，他就注定成为接下来所有在场者的抱怨对象，每个人都像生怕轮不到自己一样争着吐苦水，直到散场。于是，每次聚会对我来说都是一场漫长的煎熬。好在当时我在几个人中年纪最小，按常理是可以不说话的，倒也算是部分解脱。

过了几年，我已经回国。有一次，一个当时的同学来找我，我请他吃饭。坐下来没多久，他又开始抱怨，用今天的话讲就是感觉“全世界的负能量都凝聚在他身上了”。可我惊讶地发现，我也“自然而然”地发出了一些抱怨——我被自己“被同化”的事实吓到了，赶紧起身结账，客客气气地送走了那位同学，决心再也不跟他们打任何交道了。

那天晚上，我突然想起金光的表情——笑嘻嘻的，一脸灿烂。

我决心，从此以后，再也不向任何人抱怨任何事情了。这个决定很重要，重要到我认为这个决定在之后的日子里确定无疑地重塑了我的大脑。

> **抱怨，只是无能和无奈的表现而已。**

这是多么简单明了的事实啊，可我却在身边有一个好榜样的情况下无视这个事实那么久！

当遇到麻烦和不顺利的事情时，能解决就解决，解决不了就承受——这才是正确的态度。抱怨有什么用？没有用，因为它只能用来向别人展示自己的无能和无奈而已。

我想，之前我理解错了。不向别人抱怨，并不是基于自己内心的骄傲，也不是因为害怕别人瞧不起自己，而是基于自己的能力与坚韧：

> ▷ 能解决就去解决（能力）。
> ▷ 不能解决就去承受（坚韧）。

再观察一下就能发现：其实绝大多数人在第一个层面（能力）上就已经输了，而在第二个层面（坚韧）上从来没有一丝一毫的进步。我告诉自己：我不能、不该也不允许自己成为那样的人，否则，连我自己都会受不了自己。

在之后的许多年里，这个原则甚至成了我选择朋友的最重要原则（没有“之一”）：

> **只要我发现谁在抱怨，就说明过去我选错了。**

后来，我进了新东方。虽然在那里“封闭”了7年，但是我结交了不少好朋友——在28岁之后还能交上三五个朋友，就算是很多了，不是吗？这些在若干年之后依然和我是好朋友的人，无一例外，都是“自然而然地从不抱怨的人”。

许多年后，“正能量”这个词流行起来。说实话，我刚开始不太清楚他们说的“正能量”的确切定义，但我确实知道“负能量”是什么——抱怨，在我看来，就是在这个世界里最强的负能量：

> ▷ 它会让一个人变得令人讨厌和厌倦。

> ▷ 它会让一个人失去挣扎的能力和承受的坚韧。
>
> ▷ 它的害处不仅在于浪费时间和暴露自己的无能，最大的害处在于让一个人不由自主地放弃挣扎。

偶尔气馁是正常的，毕竟谁都不是“铁人”。可是，在逆境中，或者在一些特定的关键时刻，“放弃”是致命的。

心理学家早就知道这件事，并且详细地论述过：

> 说话，对每个人来说，其实都是“大脑重塑”的过程。我们每个人都倾向于不由自主地“扮演”我们向别人描绘的那个样子，直至成为那个样子。

观察一下就会知道，那些向你抱怨的人，说着说着就开始进入“表演”状态。他们很投入，他们需要你的同情，他们需要全世界的同情和“理解”。为了让你同情，也为了让全世界同情，他们会不由自主地扮演“一个其实更惨的角色”，演着演着，别人还没怎么样，他们自己先相信了，而且不由自主地让自己变成那个“更惨的角色”。你想成为一个“更惨的人”吗？只要开始抱怨就可以了——多简单！

珍爱生命，远离抱怨和抱怨之人。

20. 究竟是什么在决定你的命运？

我的好朋友铁岭是 CoBuild 创投基金的创始合伙人，他对创业这件事有一个精彩的总结：

> 所谓“创业成功”，无非就是解答题高手做对了选择题。

他无论说什么话，都是一副淡淡的样子，可往往就是那些他不经意说出来的话，才更值得反复思考。在我看来，甚至可以把“创业”两个字去掉：

> 所谓“成功”，无非就是解答题高手做对了选择题。

首先，成功是高手的事情，起码是发生在那些“最终成了高手的人”身上的事情。

其次，很多高手，做解答题的水平一流，也就是说，若让他们解决问题，他们水平更高、效率更佳、速度更快、结果更优……但是，他们之中的大多数不见得能够成功，因为他们选择去做的事情通常不是能够大获成功的事情，也就是说，他们做选择题的能力很差。

最后，所谓成功，还有一个解释，之前多次提到：

> 用正确的方式去做正确的事情。

你看，选择这东西，常常发生在行动之前。于是，在事情做得不对，或者作出了错误的选择之后，水平再高也于事无补，效率再佳也是越做越错，速度再快也只能“早死早超生”。至于结果，回头看看就知道：貌似最初在选择时就已经“确定”下来，是为“宿命”（人们在面对不好的结果时常用“宿命”这个词来描述“命运”或者“运气”）。

把“创业”两个字补回去，有什么意义呢？因为创业成功，常常是大家相互配合“打群架”的胜利，于是，这个判断应该是创业者与投资人共同拥有的思考能力。

创业者 / 投资人	解答题高手	选择题高手
解答题高手	?	
选择题高手		×

创业者是解答题高手，投资人也是解答题高手，但他们都不是选择题高手——大胜的概率其实并不大。

创业者和投资人都既是解答题高手，又是选择题高手——这是最好的组合，胜算很大。

而最差的组合恐怕是这样的：创业者是选择题高手，但不是解答题高手；投资人是解答题高手，但不是选择题高手。这就是很荒谬的组合了，荒谬到甚至难以存在的地步。

现在我们可以把注意力拿回来，去考虑核心问题了：

> 为什么那么多解答题高手做不对选择题呢？

因为他们没有养成正确、有效的价值观。

价值观是什么？所谓“价值观”，最通俗、最有效的定义无非是：

> ▷ 知道什么好，什么更好，什么最好。
>
> ▷ 或者，知道什么重要，什么更重要，什么最重要。

若知道什么是好的，就知道什么是差的；若知道什么是更好的，就知道什么是更差的；若知道什么是最好的，就知道什么是最差的——是这样吧？

从这个角度来看，你就能明白我为什么根本就不相信智商是能够遗传的了（甚至，“智商”这个概念本身也不是必要的），以及我为什么笃信“所有人其实都可以通过训练与自我训练变得更聪明”了。聪明显然是习得的，而不是天生的。就算个体之间天生有一定的差异，但那差异与后天的训练习得相比，实在是微不足道。

若你能想明白这个基本道理，那你在“正确对待自己的聪明程度”这个方面就会变成“进取型人格”（Be-Better Type）。

再想想，当你面临所谓“选择”的时候，之所以会犹豫或者纠结，无非是因为你突然无法确定哪个选项更好，哪个选项更糟罢了。若你知道哪个选项更好，直接选择那个选项就是了——不是吗?

所以，选择并不困难，甚至可能并不存在。所谓“选择”，只是价值观确定之后的自然结果。

于是，更深入的结论是:

> 价值观决定命运。

很多人没想到竟然是这样的吧——决定你命运的，其实是价值观。那些动不动“三观碎了一地”的人，其命运也很脆弱。更别说那些有着一颗“玻璃心”的人了，他们的命运也比玻璃更脆弱，随时可能“散落在风中”。

当我们讨论方法论的时候，本质上研究的是“如何甄别好坏和优劣”。说来真的好奇怪，落实到这个层面之后，不就是“解答题”了吗？为什么那么多解答题高手在遇到这样的情况时就好像突然完全失去了自己的解答能力一样呢?

答案很简单，也很诡异:

> 绝大多数人被自己所局限，无法从自己的世界里跳出来，去观察整个世界，或者说，起码跳出自己的世界，去观察一个更大的世界（哪怕不是整个世界），去观察一个更真实的世界（哪怕尚未完全接近真实）。于是，不可能选对，只能选错。

有一个大家都听说过，但几乎都不知道它从始至终依附在自己身上，影响着自己人生中的一切的词:

> 以偏概全

人们常常把自己的感受当成全世界的感受，把自己的观察当成全世界的观察，把自己的看法当成全世界的看法，一切都从自己出发，全然不知别人和别人所处的世界有可能与自己和自己所处的世界不同——方方面面都可能有很大的不同。

作为“以偏概全”的第一个例子，我来展示一种常见的创业者思路：

> ▷ 我发现一个需求需要被满足可尚未被满足。
> ▷ 基于以上发现，我自己的这个需求就变得很强烈。
> ▷ 我问了身边的人，他们也都说自己有这个需求。
> ▷ 市场上没有能够满足这个需求的产品。
> ▷ 如果我能第一个做出满足这个需求的产品，我的产品就一定很有优势，很有前景。

这是一种常见的思路，也是最难以说服的想法——每句话看起来都是对的，连起来看更像是对的。可是，真的是这样吗？

> “我有一个强烈的需求”和“整个世界都有这个强烈的需求”差别甚大。

例如，我就有个强烈的需求：电子书应该能进行跨书全文检索，否则电子书还有什么意义呢？Kindle 这么多年都不满足我这个需求（这让我多少有点讨厌 Kindle），但与此同时，Kindle 的销量依然很好！为什么呢？因为大多数人是用 Kindle 读小说的，他们根本就没有跨书全文检索的需求，甚至连在单本书里检索的需求都很少。也就是说，我的那个需求，尽管是真实的需求，却是极为小众的需求，就算做出来，市场也不会有巨大的反应。

“我问了身边的人”——样本数量足够吗？超过 30 个了吗？30 是一个用拓扑学计算出来的数字，而不是随口一说的数字。若统计样本数量低于 30，那么基本上不可能得到有意义的统计结果。在数据的获得变得容易的今天，也许需要 300 个甚至 3000 个样本才更放心。此外，我们身边的人常常会为了保持“和谐”而不说实话。甚至，每个人都有一些“脑残粉”，他们的话是不算数的——无论你说什么，他们都会说：“哇，真不错！”

最关键的是，“市场上没有能够满足这个需求的产品”不一定是“还没有人想到要做”的结果，更可能是“已经有人想到并做过了，可是那产品最终‘死掉了'"的结果——太可怕了！其实，市场可能已经验证过这主意行不通，但因为做过的人已经失败了，所以你并不知道这个事实。当你再次"以身试法"的时候，你竟然完全不知道那就是"飞蛾扑火"——那主意就好像一团燃烧的烈火，而你就好像一只飞蛾，非要扑过去不可。

> 还记得在第7节中提到的"消费者心里真正以为的刚需"吗？不妨回去翻一翻。

另外一批例子，在国内的"知乎"平台上随处可见。"知乎"上有个著名的问题模板："某某某，你怎么看？"于是，在那里我们可以看到形形色色的人的各式各样的"看法"（基本上都不是客观事实）。你可以花一些时间去研究那些人为什么会那么想。在那里，少数人会有相对客观的看法，而更多的人只有"自己的看法"，即，"被自己局限的看法"。（其实在哪里都一样，只不过"知乎"恰好是人数比较多且更鼓励人们发表"看法"的平台而已。）

等你琢磨清楚那些人的局限来自哪里，又是如何被"以为自己的世界就是整个世界"这种"以偏概全"的思维模式所局限的时候，你就有了足够的"反省机制"——你不愿意成为那样的人，不是吗？既然不愿意，就要想办法，不是吗？

办法这东西，不是天然就有的，都是想出来的。之所以过去不"拼命想"，是因为没有被"吓到"。一旦看到那些可怕的人所处的可怕世界，你就会害怕，就会想逃出去，于是你就有了"拼命想"的动力——谁说恐惧总是坏事？

最近的一个例子是2016年美国总统竞选，希拉里落败。一个我相对比较信服的说法是：希拉里败在不了解身处中低层的美国白人选民的想法，也从来没有真正"放下身段"去美国中部体察民情，于是"以偏概全"、"一厢情愿"地把很多"看法"当成"事实"，进而作出了在很多时候实际上是"低级错误"的决策。按照这种说法，希拉里的失败，其实是精英阶层自以为是的失败。

总结一下：

> 选择决定命运，决定选择的是价值观。因此，真正决定一个人命运的是一个人的价值观。在价值观养成过程中，最应该小心回避的陷阱只有一个：以偏概全。

21. 究竟是什么在决定你的自驱动力?

前面提到过大多数“受过教育”的中国人所面临的共同尴尬:

> 都说“英语很重要”，但小学 6 年、初中 3 年、高中 3 年、大学本科 4 年——前前后后折腾了 16 年（还不算一些人在幼儿园就已经开始学了），竟然就是搞不定，而且通常是“全方位搞不定”（听、说、读、写全都不行）。这是为什么呢?

可以肯定的是，习得一门外语，不需要很高的智商，甚至可能不需要智商。

我是朝鲜族，有十多年生活在吉林省延边朝鲜族自治州。在我的老家，很多人都是“天生”的双语使用者——很容易想象，其中当然包括一些智障的人，他们也是双语使用者（貌似很天然）。

更夸张的是（细想的话其实一点都不夸张），在我的老家，如果你在街上看到一只狗，对它说:“오라! 오라! ”它就摇着尾巴过来了——明显是“朝族狗”嘛! 它要是不理你，你就对它说:“过来! 过来! ”于是，它就摇着尾巴过来了——明显是“汉族狗”嘛。无论你是说“오라! 오라! ”还是说“过来! 过来! ”都会跑过来冲你摇尾巴的——那明显是“双语狗”嘛!

那么，问题来了，非常严肃的问题:

> 学好英语明明是所有人都可以做到的，明显并不（过分）受限于智商，为什么难住了那么多人，还难住了那么大比例的人？

我当过一段时间的英语老师，对这个问题当然想得更为深入。不过，说实话，它也困扰了我很多年——我总想找到最合理的解释。

2011 年，我在上海的一个 TEDx 会场做过一场演讲，当时我有一个两年前的解释："很多人其实是被自己教傻的。"2016 年 11 月 19 日，我在网上做了讲座——《人人都能用英语》，有 5.2 万人在线收听。在这个讲座里，我给出了我 7 年后琢磨出来的另外一个更为合理、更为本质的解释：

> "用英语"对绝大多数人来说，根本就不是刚需。

既然不是刚需，那就是"不必需"，于是，事实上"不用也可以"、"没有也行"。虽然"有也挺好"，可"没有的话顶多是有点怨念而已"。

为什么另外一些人（虽然是少数）最终"学"会了呢？因为对他们来说，那是刚需——"需求"越强，学得就越快、越好，甚至在没有学会、学好的时候，也要"凑合着用"，然后"用着用着就真的熟练了"。想想看，这是不是最重要、最本质的根源？

在学外语方面，我的天生条件真的不是很好，甚至很差。在很久以前，我唱歌是跑调的（拿着吉他纠正了许多年，到现在才勉强算是凑合），所以我在辨音方面一直是很差的。而且，我的短期语音记忆力很差，人家听一遍就能顺下来的曲调，我得一个音符再一个音符、一个节拍再一个节拍地反复记忆才行——这在学外语的时候得有多吃亏啊！事实上，许多年过去，我的发音依然不标准。

但就是我这么个天生条件差的人，在"用"英语方面却毫不含糊。为什么呢？因为阅读对我来说就是刚需，我就是痴迷于阅读，读书几乎是我个人最大的"娱乐项目"，连看影视剧都要排在其后。若问我"身上哪个部位残疾了最痛苦"，我一定会回答"眼睛瞎了最痛苦"，因为那样我就无法阅读了。

在很多年前的一天，我决定：以后对虚构类的作品，直接看影视剧就够了（阅读上就不再选择小说之类的了），而对非虚构类的作品，无论多贵、多难找，我都要直接阅读原版，而不是翻译版。

这样，“用英语阅读”就成了我的刚需——不读不行啊！脑子会“饿”，心会慌。于是，这么多年我就一直“用”过来了。尽管刚开始也挺费劲的，可那一点“麻烦”挡不住我，因为“读完”对我来说是刚需——有人喊我去吃饭我都嫌耽误事。英语这东西，我说得真的不好，可对我来说，“用英语说话”真的不是刚需——与“用英语阅读”的刚需相比，实在差得太远了。

你看，“刚需”多么重要！

再看看身边，绝大多数人其实是不善于分析，也不善于思考的，他们不会去琢磨一件事直到水落石出。可你身边也一定有至少一个这样的人：

> 他们善于分析（也因此常常能作出更优的决策），善于琢磨（也因此常常有特立独行且正确的见解），也善于说服别人（也因此必然有更强的影响力）。

这是为什么呢？是什么驱动他们不屈不挠地成长成那个样子呢？这个解释在这里依然合理，不信你可以问问他们：

> “寻求真相”对他们来说就是刚需，若不弄个水落石出，他们就难受得很，若看到一点希望，他们就欣喜若狂。遇到一点挫折根本不算什么，因为真相就像火，他们就像飞蛾——还有什么比“飞蛾扑火”更自然呢？

分析能力简直就是“一切能力之王”，可整个教育制度好像在这个能力的培养上彻底失灵。而偏偏有少数人最终“无师自通”，习得了这个能力。为什么？为什么！因为对那些“少数人”来说，“分析”是刚需，弄不明白就难受得要死。

既然“分析”对他们来说是刚需，那么为了满足这个刚需，接下来需要学什么他们就去学什么，需要用什么他们就去用什么，需要克服什么障碍他们就去克服什么障碍……因为那是刚需，所以谁也拦不住他们。

上文里就有明证，“分析”对我来说就是刚需。若我认定某个问题需要一个解释，那我就会不断地思考、观察、分析、总结、补充，再思考、再观察、再分析、再总结、再补充……这个过程很可能长达好几个月或者好几年，甚至“一辈子”。你看，7 年后我的结论相对于 7 年前，不仅进步了一大截，还精准了一个层次。

我的前老板俞敏洪有一句著名的话：

> 优秀是一种习惯。

这话肯定是对的，因为所有的刚需，都必然显现为“习惯”，就好像你从一开始就习惯了“到点儿吃饭”一样。甚至，“习惯”很可能只不过是“刚需”的另外一种说法。

当年我还在新东方工作的时候，见到很多同事把这句话当成俞敏洪给员工和学生“洗脑”的工具。很多人不明白，他们眼里的所谓“鸡汤”，其实常常是另外一个物种所笃信的、很朴素的、很锋利的方法论。只不过，因为“优秀”并不是他们的刚需，所以他们不可能到达“优秀”，也就无法体会到那“鸡汤”的朴素与锋利，反而到达一种“自证预言”必然自证的境界。

对一些人来说，“优秀”真的是刚需。观察那些优秀的人，若有机会与他们沟通，你就会发现，他们在这方面几乎是一模一样的态度：

> 要做，就要做到最好——起码是自己能做到的最好（注意：是“最好”，而不是“好”或者“很好”）。

否则，他们会很难受。虽然那种难受不能言传，只能意会，但反正就是很难受。

我在面试的时候，总是会问一个简单的问题：

> 你在哪方面做到过第一，或者做到过最好？哪怕是局部，哪怕是小范围。

什么是牛人？一般用 3 句话就能描述清楚了：

> ▷ 有“做第一”的执念。
> ▷ 有过“做第一”的经验。
> ▷ 有过多次“做第一”的经验并能将其总结出来。

大多数人从未有过做到第一、做到最好的经验，于是，即便做不到第一、做不到最好，他们也不会因此难受，更不会因此格外难受。也许他们曾经难受过，但这么多年过去，他们早就习惯了。

有这样一个段子：

> 某人 40 多岁了还碌碌无为，于是跑去找算命先生。算命先生掐指一算，然后问：“一个好消息，一个坏消息，你先听哪个？”那人说：“那就先

> 听坏的吧。”算命先生说：“坏消息是，你在 40 岁之前会穷困潦倒。”那人眉头一挑，问：“那好消息呢？”算命先生幽幽地说：“40 岁之后，你就习惯了。”

所以，正确的刚需是一切驱动力的源头。

为什么加了个定语“正确的”呢？因为有些刚需不会令人进步。例如，我们身边的很多人都有“吐槽”的刚需，若不抱怨，他们就难受，“不吐不快”，不吐出来或者吐不出来就“感觉要爆炸”，而吐出来之后又“感觉被掏空”。再如，我们身边有很多人把“活在过去”当成刚需（甚至不是“活在当下”），他们“好汉只提当年勇”，总是慨叹“世风日下”，无法乐观地对待未来，当然也不可能“活在未来”了。

在过去的 20 年里，科学家对大脑的认识突飞猛进，其中一个最重要的结论是这样的：

> 大脑是可塑的。

换言之，一个人的大脑，从宏观上看可能终生没有多大变化（毕竟脑壳的大小、形状貌似是一成不变的），但从微观上看肯定不是“一成不变”的。之前我们提到过，就连大脑灰质的厚度都是可以通过练习增加的。也就是说，大脑一直在“被塑造”——被环境塑造——更重要的是，它竟然可能被自我塑造。

在我看来，这是显而易见的机理：

> 刚需塑造大脑。

不断重塑大脑的其实就是一个人的自我驱动力，也就是说，其实就是对刚需的认知与选择。

那么，问题又来了：

> 如何认知、选择、培养正确的刚需呢？

若你仔细想想，就会知道：“刚需”这个东西，从本质上来看，是根植在价值观上的。价值观几乎决定了一个人的一切——我们早就知道了。

那些“表现型人格”（Be-Good Type）的人，因为更在乎自己在别人面前的表现，所以“成功”这个状态是他们的“选择”，也是他们的“刚需”。

他们时时刻刻希望自己在别人面前表现得足够好，“成功”这个状态当然是最令他们向往的。

与之相对，少数“进取型人格”（Be-Better Type）的人，因为更在乎自己的变化和进步，所以并不在乎（或者说“没那么在乎”）自己当前的表现。他们知道，任何学习、改变、进步都需要一个过程，在早期步履蹒跚、跌跌撞撞都是很正常的，只要持续刻意练习，就一定会有进步和变化，而且最终都会好起来的。

所以，进取型人格的人，很容易理解、接受并直接开始践行这样一个观念：

> 成功只不过是某一时刻的状态。成长才更重要，成长才是真正的刚需。

你看，“你的价值观决定你的命运”，这话一点儿都不过分。经过这么久，你早就知道了，大多数人的价值观是这样的：

> ▷ 金钱 > 时间 > 注意力
>
> ▷ 成功 > 成长
>
> ▷ 现在 > 过去 > 未来

而如果你的价值观竟然是这样的：

> ▷ 注意力 > 时间 > 金钱
>
> ▷ 成长 > 成功
>
> ▷ 未来 > 现在 > 过去

那么，你的选择就会自然而然地发生变化，你的“刚需”就会自然而然地与其他人不同。

不妨来看一个也许会让你感到震惊的例子。对“为什么绝大多数人最终赚不到很多钱”这个“终极问题”，我有这样的解释：

> 因为赚钱对他们来说其实不是刚需。

大多数人的刚需是什么呢?

> 大多数人的实际刚需是花钱，而不是赚钱。

仔细观察一下就能知道，“发财”几乎是所有人的梦想，他们以为“发财是刚需”，可他们的想法暴露了真相：

> 等我发了财，我就 ______！（请填空，反正你早就听过一大堆答案。）

你看，“发了财之后最想做的事情”才是他们真正的刚需。对他们来说，发财只是手段，花钱才是目的。

这世上只有少数人“花钱是为了赚钱（投资）”，而绝大多数人“赚钱是为了花钱（消费）”。这不是绕口令，而是朴素的逻辑分析。也正是这个差别，最终造成了人群之中财富分配上的巨大差异。

首先，我们要达成一个共识：

> 刚需是可以主动选择的，而不一定是天然的、一成不变的。更进一步，刚需这东西通常不应该被被动接受。

若顺着天性，懒惰是刚需，贪婪是刚需，嫉妒是刚需……“七宗罪”里有一个算一个，全都是刚需。甚至可以不夸张地讲：一切进步与成长，都是“重新选择刚需的过程”。

“知道我可以选择”这个“元认知”极度重要。人们总是以为“人在江湖，身不由己”，殊不知“身不由己”在更多的时候只不过是假象——就连自杀都得选个死法不是？

我在《把时间当作朋友》里就提到过这个观点：

> 奥地利神经学家、精神病学家维克多·弗兰克，他的父母、妻子、兄弟都死于纳粹的魔掌，而他本人则在纳粹集中营里受到残酷的虐待。在经历了无数的波折与思考后，他明白了一件事：“人所拥有的任何东西，都可以被剥夺，唯独人性最后的自由——也就是在任何境遇中选择一己态度和生活方式的自由——不能被剥夺。”……在最为艰苦的岁月里，他选择了积极向上的态度……让自己的心灵越过牢笼的禁锢，在自由的天地里任意翱翔。

一定要把这句话刻在脑子里，只字不差地背下来，不时拿出来把玩、掂量：

> 人所拥有的任何东西，都可以被剥夺，唯独人性最后的自由——也就是在任何境遇中选择一己态度和生活方式的自由——不能被剥夺。

只要这句话刻在你的脑子里，你就“干掉”了 99% 的人。他们在人生的每一个关键时刻所展现的懦弱、纠结、迟疑、愚蠢，以及事后的懊恼与追悔莫及，首先可能是因为选择错误，然后可能是因为“甚至不知道自己还有选择的自由”——更别提什么“选择的勇气”了。

在众多“正确的刚需”中，最关键、最核心的是什么？

耐心

耐心是一切成长的刚需。心理学家建议家长们：教小孩子养植物比教小孩子养动物好。为什么？因为养植物更需要耐心。植物的生长速度往往不是那么快，而且很少给出“直接反应”。人在一生中要活“很多辈子”（七年就是一辈子），也就是很多年——七八十年总有吧？在这个过程中的任何一个节点上，你都会觉得“这在总体上是一段很长的时间”。如果没有耐心，怎么能走好这么长的一条路？（有一点倒是可以彻底放心：无论有没有耐心，人生的道路都可以走完。）

为什么一个标题是《通往财富自由之路》的专栏很少提到钱？就算提到，也是在文章开始发布后很久？道理很简单，也很明显（当然，最终只有少数人这么认为）：

> ▷ “财商”的培养显然是最需要耐心的。
> ▷ 与财富相关的一切重要技能都“看起来”飘渺甚至虚无。

也正因为“看起来”与财富关系不大，才导致绝大多数人不重视，甚至干脆不知道自己可以学、应该学，可以练、应该练。

进而，若一个人没有耐心，就不大可能从一大堆“看起来并不相关”的技能中剔除那些“果然不相关的东西”，找到“看起来不相关可实际上至关重要的技能”，然后进行刻意训练。甚至，即便有人帮他们指出那些“实际上至关重要、不可或缺的技能”，他们也会因为缺乏耐心而无法体会到那些技能的重要或不可或缺，于是随时都可能放弃磨炼，而后“印证”自己的感觉：“看，果然没用吧？”

没有耐心的人什么事都干不成，怕麻烦的人会被麻烦一辈子。为什么有的人更有耐心？为什么有的人更不怕麻烦？我们早就讲过了：有的人是“活在未来”的。

只有“活在未来”的人才有真正的耐心，换言之，衡量一个人的耐心有多大，只要看他活在多久之后的未来就可以了。

更多的人是短视的。短视的人，无论做什么都想“马上生效”，甚至“马上生效”对他们来讲是“绝对的刚需”。如果不能“马上生效”，甚至哪怕是“感觉不能马上生效”，他们都会立刻放弃。

弄明白“选择意识”与“耐心”的重要性之后，还需要深入思考另外一个重要的概念：

现状

我们反复强调“活在未来”。可是经过这段时间的学习与思考，你有没有发现，做到“活在未来”其实真的非常困难。当然，若那么容易做到，岂不是每个人都活得很好？不知你是否记得，在第一次读到“每天都要深入思考未来”这句话的时候，你是怎样震惊于“这么显而易见的正确道理怎么还需要别人来提醒我”的？（而事实总是如此。）最初几天，你精神抖擞，好像已经重生了一样，可没过多久（若干星期而已），你就变得和很多人一样，正在被一个念头折磨着：“天啊，这事儿我都忘了好多天了！”

对很多人来说，“现状”就像“地心引力”，时时刻刻拖着你，让你根本飞不起来，更别提“飞出去”了。

“现状”究竟是什么？为什么“现状”这个东西会让那么多人无法思考未来，无法成为“长期成功投资者”，而最终沦为“短期投机失败者”？为什么“现状”这个东西会让那么多人变得目光短浅，而不是高瞻远瞩？

所谓“现状”，从本质上来看，无非是“过往的积累”。

如果这样理解所谓“现状”，你就会明白：若“现状”不能令人满意，那肯定是因为“过往的积累”不够。

“目光短浅”的根源总是一样的：

急切地想要改变现状。

现状越差，越没有积累，就越急切。积累这个东西，谁都没有办法像变戏法一样实现它。于是，在面临“要么认了，要么从现在开始积累”这种极为难受的选择时，有相当数量的人会选择“铤而走险”。

有些人会抱怨自己的父母，哀叹自己的命运，恨自己没有“含着金钥匙出生”。其实换个角度去想就能明白：如果一个人最终是个有足够积累的人，那么起码他的下一代不用再抱怨自己的父母，也不用再哀叹自己的命运了。就算不是“含着金钥匙出生”——管它是金是银，是铜是铁——起码也含着钥匙呢！

若把“现状”清楚地定义为“过往的积累”，我们就会明白“马上改变现状”的难度——难到实际上根本不可能实现的地步——因为我们最多只能做到这么一件事：

> 把当下作为新的起点，开始积累，着眼未来，活在未来。

还记得吗？我们早就“戒掉了抱怨”。而现在，你更加深刻地理解了“为什么对现状不满其实是完全没有意义的”——“不满”本身不会增加任何积累！

最后，就是把这几样东西结合起来应用了：

> ▷ 你从来都知道自己最终还是拥有选择的自由。
> ▷ 你知道要靠耐心“活在未来”。
> ▷ 你知道现状是积累，你知道对现状不满是没有意义的，你知道所有的解脱最终都只能靠积累实现。

好了，基于这样的认识和价值观，你就能运用另外一个“终极武器”了：

> 选择正确的“难受”。

在追求财富这件事上，起步时“没钱花”和“赚不到钱”都是让人很难受的。但你仔细想想就能知道，解决前者会让你“不管赚到多少钱都留不下什么”，所以，解决后者应该更重要。

把注意力放到解决后者上，养成“赚不到钱就很难受”的习惯，再加上你其他的正确价值观的自然选择，你就会得到很多“自然而然的正确结论”，进而产生很多“必然生成好结果（甚至是惊喜）的行动”：

> ▷ 赚不到钱是因为能力还不够。
> ▷ 只要有足够的耐心，一切能力都是可习得的。
> ▷ 假以时日，我的收获会越来越大。

你也经常听到（肯定是更多地听到）这样的说法：

> ▷ 赚不到钱是因为这个社会不公平。（不从自己身上找问题，而从其他地方找问题。）

> ▷ 干什么都白搭，因为这个世界根本就不会变。
>
> ▷ 于是，或者"就这样吧"，或者"铤而走险"。

在习得任何技能的过程中都会有"难受"的地方，因此，选择正确的"难受"常常是关键。

例如，在学习英语的时候，如果你的发音很差，那你就要作出选择了：

> ▷ 因为自己没有进步而难受（再多说一点，再多练一点）。
>
> ▷ 因为害怕别人嘲笑自己而难受（干脆不说了，干脆不练了）。

现在，你可以认真思考一下：

> 为什么在很多时候，人们选择舒服的、容易的，而不选择正确的？

想想看，用这一节提到的方法论，你应该作出哪些选择和改变？

22. 你有没有想过究竟什么是落后?

过去，我们通常凭感觉，觉得在平均水准以上就是不落后了。

> 这个感觉肯定是有偏差的——为什么呢?

首先，人们的感觉永远是有偏差的。经常被用来证明这一点的是这样一个现象:

> **接近 90% 的人认为自己的驾驶水平处于平均水准以上。**

从宏观来看，这明显是不可能的，可落到自己头上的时候——“感觉自己就是在平均水准以上啊”。关于“几乎每个人都自认为高于平均水准”这件事，还有个专门的词，叫作“**乌比冈湖效应**”（Lake Wobegon Effect），有空的时候你可以搜索一下，好玩儿得很。

更深层次的原因是这样的:

> 我们并不能感知整个世界。我们只能通过感知自己的周遭来判断自己是否处于平均水准以上。

也就是说，用来支持我们的“结论”的，其实是一个非常局限的、远非全部的、只不过是我们所能感知的周遭而已——井底之蛙在它的世界里确实处于平均水准以上又如何呢?

在教育体制里，人们把“及格线”设置为60分而不是50分也是有道理的，那“多出来的10分”可以算是一种“修正参数”。这其实多少有点残酷，因为那条及格线明确无误地声称：40%以后的都是落后——好在大多数人的考试成绩都能超过及格线。但从另外一个角度来看，这种“虚情假意”的“宽容”相当于“温水煮青蛙”。这也是当今全球所有的所谓“正规教育体系”本质上都很糟糕、很失败的根本原因：相当于营造了一个虚假的世界，妨碍了大多数人“免疫能力”的正常发育。

在步入社会之后，有些相对敏感的人可能早就发现了：“及格”这东西几乎是没用的。实际上，20%之后的都是落后。20%的人占有了这世界上有限资源中的80%——“二八定律”貌似无所不在。“二八定律”是意大利经济学家帕累托在1897年研究19世纪英国人的财富和收益模式时发现的，一转眼，100多年过去了。

进入21世纪，有一个重大的变化正在揭示更为残酷的事实：

> 弄不好，1%之后的都是落后。

2011年年中，小米公司成立。2012年小米卖出了719万部手机，2013年卖出了1870万部，2014年卖出了6112万部，2015年卖出了7000万部，2016年上半年卖出了2365万部[1]。也就是说，在不到5年的时间里，仅小米就卖出了超过1亿部手机。而除了小米，还有很多大厂商，如三星、OPPO、华为、VIVO、苹果等。2016年第二季度，腾讯微信月活用户大约8亿，支付宝月活用户超过3亿。

不夸张地讲，移动互联网相当于连接了所有人，移动设备已经成了每个人身上的一个必不可少的“器官”。你可以试试看，你能坚持几天不用手机？如果是“戒饭”，估计3天问题不大……

所有人都被连接起来的直接结果就是：我们所能感知的世界，不再局限于我们的周遭。**“我们每个人都已经可以尽量感知到这个世界的全部”**——无论那感知是肤浅还是深刻。

许多年前，有个小伙子从一个很小的地方考进了清华大学。在那个时候，小伙子离开老家去北京，意味着什么？意味着这个小伙子从他原本的世界里

“消失”了，他原本所在的那个世界里的人再也看不到他了，此后，他最多“只是个传说”。后来，这个小伙子离开清华大学，去美国的耶鲁大学读书，这意味着这个小伙子从他在清华大学读书时所处的那个世界里“消失”了。再后来，他从耶鲁大学毕业，掌管了耶鲁大学的基金。他在国内所处的那个世界里的人不知道他的变化，也根本看不到他通过驾驭知识改变自己命运的过程。这不是杜撰的故事，此人姓张。

可现在不一样了，而且这个过程可能每个人都看得到。

在 2008 年的时候，我开始批量辅导国内的学生申请美国的大学。他们中的绝大多数后来考入了哈佛大学、耶鲁大学、麻省理工学院、斯坦福大学、卡内基 - 梅隆大学、约翰 - 霍普金斯大学等高校。他们离开之后，就基本上相当于从他们在国内读大学的同学所处的世界里“消失”了——一两年出现一次，仅此而已。此后的他们，基本上都是名校研究生、博士毕业，在硅谷或者纽约工作，年纪轻轻，动辄年薪 15 万美元（还没算奖金），每周工作 5 天，每天工作 8 小时，此外的时间就用来学习新知识和四处游历。

在过去，他们只是已经生活在另外一个世界，用知识改变命运，而在他们原来所处的那个世界里，他们已经“消失”了——在他们“消失”了的那个世界里，“知识无用”是一个必然实现的自证预言。可到了 2013 年，他们开始发朋友圈。他们的朋友圈就在那里，他们的整个世界别人都看得到，他们不会“消失”，他们的生活也在清楚地告诉别人：知识就是有用的，知识就是可以改变命运的——至少可以迅速变现。

最近一两年，各种各样的知识贩卖社群层出不穷，而且都做得很好。为什么？因为现在人们知道：**原来那些成功的人（或者简单粗暴一点，“赚到很多钱的人”）真的知道很多别人不知道的事情和方法**——怪不得自己做得不如人家。从另外一个角度来看，传统的所谓“正规体系教育”已经不够用了。例如，“产品经理”是近几年大热的职位，可人们发现学校里竟然没有教过，即便有些大学开设了相关的课程，也没有这个方面的专家去授课。那该怎么办？赶紧购买知识社群里相关专家开设的课程啊！

再举一个大家都看得见、摸得着的例子。“得到”专栏《李翔商业内参》

有近 10 万人订阅，售价 199 元 / 年，而且这个数字还有可能增长。也许 2000 万元人民币并不多，但这个数字已经是一些“新三板”上市公司年利润的 20% ~ 50%（甚至更多）了，而这些公司可不是只由一个人构成的，通常要好几十个人才能创造李翔一个人创造的利润。

当移动互联网把所有人连接在一起的时候，人们对知识的渴求是异常强烈的，因为差异明显可见——就是这样。

甚至，这种渴求已经成为一种恐惧：害怕落后的恐惧。

事实上，确实应该恐惧。因为有个恐怖的事实早就放在那里，只不过大多数人没有反应过来而已：

> ▷ 过去，40% 之后是落后。
>
> ▷ 现在，你以为 20% 之后是落后。
>
> ▷ 现在，实际上很可能 1% 之后都是落后。
>
> ▷ 将来，有可能千分之一、万分之一之后都是落后。

还有一个更为恐怖的趋势：机器人和人工智能正在崛起，大多数人正走在越来越“没用”的路上。想想看，你身边有多少人真正懂得“大数据”这 3 个字是什么意思？再用常理推测一下，整个人群中有多少人真正理解概率统计？——这可是理解大数据最基础的知识啊！

我给你算算。

2015 年，国内在校大学生人数约为 3200 万，其实这只占适龄人群的 10% 左右。你再想想看：在在校大学生里，有多少人真正认真学习了统计概率，而且有能力把这些基础知识应用在自己的生活中？不到 10%——不夸张地讲，可能连 1% 都不到。这就意味着：最多只有 1% 的适龄年轻人有基础、有可能去学习和理解大数据的意义。大数据的理论真的不算难，但也确实不是每个人都有机会学习的，因为“获取大量数据”这件事本身，门槛就特别高——再乘以 1% 吧。到最后，人群中仅有不到万分之一的人，甚至不到十万分之一的人，有能力、有机会掌握大数据技能，并利用这个巨大的优势获取更为巨大的回报。

在大数据面前，万分之九千九百九十九的人都是没用的，万分之一之后都是落后的，都是被研究、被引导、被赚取的对象——这很残酷。不过，知道总比不知道好——虽然痛苦，而且你会因那痛苦而挣扎，但还有希望；不知道很惨——虽然没有痛苦，却没有希望，几乎等于“死去”。

这个局面也许会令你焦虑，但若这种焦虑使用得当，就是有价值的。恰当且剂量足够的焦虑有个很好的替代词汇，叫作“危机感”。没有危机感的人就是那种将来注定会变成无用之人的行尸走肉。不过请放心：我们一定有办法解决“危机感”带来的焦虑。

不知不觉，你已经至少有了两个属于未来的目标：

> ▷ **早晚有一天，你要做到不再为了生活而出卖自己的时间。**
> ▷ **早晚有一天，你要做到不落后，成为前 20%，甚至前 1%。**

[1] 数据来源：http://tech.huanqiu.com/it/2016-08/9357613.html。

23. 从平庸走向卓越的最佳策略是什么？

绝大多数人的幸福感是建立在比较的基础上的。有个玩笑说：

> **所谓幸福就是自己的收入总比妹夫的收入多 20%……**

关于“比较”，我在《把时间当作朋友》里专门讨论过：

> **比较是相对的，相对是永远没有尽头的。**

由此，我们可以轻松地想象：对那些把自己的幸福建立在与他人的比较结果之上的人来说，幸福和快乐永生永世难以获得，就算偶尔产生了幸福和快乐的感觉，也必然昙花一现，因为总有人会比他们更加年轻貌美、英俊潇洒，收入更高、权力更大，地位更尊贵、财富更雄厚。

在很多时候，比较是一个坑——大坑。说得再干脆一点：比较就是陷阱。所以，我们要想办法选择无须比较即可获得的快乐与幸福（这里对《把时间当作朋友》的原文做了修订）。

然而，比较就是很现实，也很残酷的，最要命的是——比较往往是不可避免的，不由自主的。也就是说，有些时候，有些陷阱是我们无法躲开的——掉进去之后还能爬出来，才是真的猛士。

这是事实。

例如，为了衡量自己的实力或者竞争力，就要对自己所掌握的技能有充分、深入、真实、客观的判断。虽然大多数人总是会过高地估计自己的能力，但很少有人会对自己银行账户的余额产生哪怕一丝丝的幻觉。同样的道理，对确实能被量化的能力，人们通常不会错误估计，甚至不需要估计。

有一个很不幸的事实：

> 所谓“成长”，从另外一个角度来看，就是不断把别人比下去的过程。

如愿把别人比下去了还好，若比不过，那就很痛苦了——“自己被比下去了”是很多人真切感受过的“不幸”。体育赛事里经常出现银牌得主苦拼多年依然没有斗过金牌得主的情况。你不妨把自己当成那个银牌得主，想象一下：如果你在屡败屡战的道路上不断听到来自好心人的安慰，会不会觉得那简直是千刀万剐般的缓慢折磨？

在某个技能（或者说“某个维度”）上死磕，确实是一个策略，而且不一定是一个不好的策略。不过，有没有别的策略呢？

借用几何术语，其实很容易理解：

> - **在单个维度上，比的是长度；**
> - **在两个维度上，比的是面积；**
> - **在三个维度上，比的是体积**。

实际上，生活有很多个维度，每个人也都是立体的——不是平面的，更不是一条线。生活中有很多特别精准却没有被大多数人刻意理解的比喻，例如“一根筋”就是个“细思恐极”的精准比喻。

在任何单一维度上，都只能有一个人是“第一”，也只能有少数人“名列前茅”，而剩下的绝大多数人都是“落后”的。想明白这一点之后，你就不会觉得这个事实有什么残忍的了，因为还有更残忍的：在很多时候，即便当了第一又怎样？

我们给自己开拓另外一个维度。从 1984 年洛杉矶奥运会开始到今天，国人关注奥运会已经超过 30 年了，全球的奥运冠军其实给我们提供了一个观察和研究顶级运动员处境的机会。

1984 年洛杉矶奥运会中国的金牌得主，今天的人们还能记得几位？

> **李宁，郎平，李玉伟，吴小旋，曾国强，吴数德，陈伟强，姚景远，周继红，栾菊杰，许海峰……**

当然，绝大多数人都知道李宁和郎平，可剩下的呢？

虽然这么说并不“公平”，但请注意：

> ▷ 我们只是为了从一个层面深入研究问题。
> ▷ 从多个角度来看，会得到另外一个结论。
> ▷ “公平”是另外一个我们未来会深入研究的概念。

为什么李宁和郎平最终看起来（事实上也可能是）更为成功呢？——不仅从商业角度来看。也许有很多种解释，但结合我们在这里讨论的内容，以下的解释应该能站得住脚：

> **他们都是在自己曾经做到最好的维度之外，开拓了一个甚至多个维度。**

假设在单个维度上做到最好的取值是 100。在 1 个维度上，最高值是 100；在 2 个维度上，哪怕分别只取值 50，“面积”也已经是 2500 了；若在 3 个维度上分别取值 50，那“体积”是多少？125000。（请注意：这些数字只是“意象”，并不代表事实，但已经足够说明事实了。）

这就解释了为什么中学老师经常在学生们毕业许多年之后慨叹：

> **“最终真正有出息的，大都是当年成绩一般的……”**

他们之所以这样慨叹，就是因为“没想到”；而他们之所以“没想到”，就是因为当初竟然不知道人生除了在校考试成绩之外，还有很多其他的维度。

因为有过被曲解的经历，所以我很少接受采访。如果我接受采访，就一定会认真说清楚：

> **千万不要把我写成各方面都很优秀的人——因为我真的不是。**

年纪越大就越明白，小时候参加个竞赛、获个大奖之类的事情根本没用——绝大部分人不还是“小时了了，大未必佳”吗？

不过，“**多维度打造竞争力**”这个策略，我确实使用了很多年，而且越来越擅长这么做。

当年在新东方的时候，发音比我好的老师多了去了，我也就能打 20 分吧；词汇量比我大的老师多了去了，我也就能打 20 分吧；我是长春大学会计专业毕业的，学历比我漂亮的老师多了去了，我也就能打 20 分吧；甚至，我的长相都比他们中的大部分丑，我也就能打 20 分吧……

不过，我知道自己应该怎么办。他们都是单维度竞争的——比英语专业。而我呢？专业上比他们差一点，只能从多个维度展现我的价值：

> ▷ 考试成绩（考试成绩其实不一定代表水平）。
>
> ▷ 用大量的统筹方法论帮助学生提高效率。
>
> ▷ 用各种心理学研究成果帮助学生克服心理障碍。

别的老师可能专业上能打 90 分，可我“三线作战”，每个维度 20 分，也拼出个 8000 分（这个数字也只是“意象”）……最终，我得到的是学生评价常年第一。当然，我肯定有得分很高的维度。例如，我知道如何有效地向所有人清楚地传递任何一个重要的道理，在这个维度上，我给自己至少 95 分。

我写单词书的时候也一样。别人只是罗列词汇，然后从词典里复制 / 粘贴释义。而我呢？用统计数据支持选词，用程序帮助选择选词重复的例句——又是 3 个维度。于是，这么多年在同品类里，我的单词书累计销售量第一。

2011 年，我看到了比特币。对我来说，那机会从某种意义上也是多维度低分相乘得到高分的结果。我懂一点英语，懂一点互联网，懂一点编程，懂一点数学，懂一点金融，懂一点心理学，有专业的研究方法论……虽然无论在哪个维度上我都绝对达不到“杰出”的级别，可偏偏我在这些维度上的水平都还凑合，于是，硬生生地搞出了个“诡异的竞争力”。

这种策略是屡试不爽的，我再举个例子。在我的脑子里，《通往财富自由之路》不可能只是一个收年费的专栏，我不可能只是一个“写手”。我知道自己不是最好的作家，我也知道自己没有最好的文笔，我之所以开始写作，肯定是因为我已经想出了很多个维度——有哪些维度？你不妨猜一猜（请注意：是我能做好，或者起码能做得比较好的维度）。当然，猜不出来也没关系，反正你早晚都会知道的。

其实这不是什么秘密或者秘诀，但它确实因为太公开了以致大多数人不把它当回事儿。人们之所以喜欢秘诀，是因为大多数人认为“大的成功必然要有大的秘诀才能匹配”——正如大多数人相信“大的事件必然匹配大的阴谋”一样（例如，人们认为肯尼迪被刺杀的背后一定有惊天的阴谋）。

史蒂夫·乔布斯的成功也是这种策略的好实例。当早期的极客们痴迷于各种技术参数时，史蒂夫·乔布斯凭直觉给个人电脑加上了一个别人没有甚至也不可能有的维度：艺术设计。时间越久，这个维度带来的合成竞争力就越大。

“跨界”是这几年才流行起来的词汇。事实上，所有的跨界者最终都会不由自主地深谙此中道理：

> 每次跨界，都是给自己拓展一个新的维度。

一旦跨界积累成功，实力或者竞争力的提升只可能是几何级数级别的，而绝对不可能是“每天进步一点点”那么简单。这种策略，若知道就很简单、很自然，若不知道就“百思不得其解”——每天苦恼：“问题在哪儿呢？差距咋就这么大呢？”（之前有过其他解释，你还记得吗？）

对一些流行的概念，我个人并不把它们当回事儿，例如“跨出舒适区”这个说法。这种东西在我眼里都是隔靴搔痒的、没有足够实际指导意义的理论。仔细想想就能明白：大多数人之所以不肯跨出所谓“舒适区”，只不过是因为不知道还有“多维度打造竞争力”这样的策略——如果根本不知道这个策略，当然就不会知道它的好处，所以才那样待着。如果真的有什么“舒适区”存在，对我这种善用此类策略的人来说，不跨出去才不舒服呢！谁拦着我不让我跨，我跟谁急……

所以，我这种人，**看到跨界的机会绝对要一把抓住**，不能错过。至于那些冷嘲热讽嘛，就像刮风、下雨一样，只不过是一种“自然现象”，不必挂怀。

不过，在这个简单的方法论里，有一个很重要的窍门：

> 你要在至少一个维度上足够突出。

你可以这样理解：

> **凡事都有成本。**

这就好像你在赚钱的时候，“生活必需开支”就是你的成本，如果你赚到的钱低于这个数值，那么你在赚钱技能上的得分就是负分，可以“滚粗”了（开个玩笑）。

因此，处处平庸肯定是不行的——不求处处突出，但起码要在一个甚至多个维度上处于相当优异的位置，在这样的时候，多维度的意义就开始以几何级数增长了。

在多维度竞争的过程中，如果你在每个维度上的水平都超过了及格线（超过了这个维度里 60% 的人），那就很了不起了。知识改变命运，思考当然也会改变命运——这绝对不是空话。

24. 究竟是什么在决定你的价格（估值）？

虽然我们已经讨论过，相对“估值”来看，“价值”才更重要，但在提升自我价值的过程中，我们也要弄明白：究竟是什么在决定我们的价格（估值）？

最重要因素究竟是什么呢？我知道你想到的可能是“你的价值”——只有成长才能不断增值。不过，今天我们要讨论的还真的不是它。再想想？实际上，有更重要的因素存在。等我揭晓答案之后，你很可能会觉得：“啊，这个我早就知道了呀！”可问题在于，只是知道没有用，因为你和我们所有人一样，“一不小心就会忘掉”……

先说点儿别的吧。

我相信，每个人在长大的过程中都遇到过各种各样的风潮，每一代人都有“属于”那一代人的流行爱好。例如，在我长大的过程中，就遇到过“无线电发烧友”、“航模发烧友”、“个人电脑发烧友”、“音响发烧友”、“单反发烧友”等——人生中，总得有能让你“发烧”的事物才算正常吧。

其实说来好笑，“发烧”这件事和真的发烧一样，会让人的脑子乱掉——

无论在哪个领域都一样。

我身边有不少音响发烧友，他们热衷于测试各种各样的设备。“发烧”这件事其实是很“烧钱”的，如果没有殷实的家底，想要“烧”到一定程度还真挺困难。在我们那个年代，不乏因为“发烧”而导致家庭分裂的例子。最好玩儿的事情，并不是他们“烧钱”，而是他们“烧脑”——能把脑子真的“烧坏”的“烧脑”。

你知道音响发烧友最热衷的事情是什么吗？他们最热衷于在自己的工作室（通常要配置一个隔音很好的地下室，否则会被邻居投诉）里，打开自己的音响，听震耳欲聋的玻璃打碎、飞机爆炸、AK-47 扫射之类的声音，并为之兴奋——他们中的绝大多数其实很少听音乐！

这是个很好玩儿、很普遍、少有人认真思考却值得注意的现象：

> 我们每个人都一样，都会一不小心就忘了“最重要的是什么”。

买来那么贵的音响设备，用它更好地欣赏音乐可能是更重要的吧？买来那么贵的单反相机，用它拍出更美的照片可能是更重要的吧？买来那么贵的电脑，用它更高效地工作或者娱乐可能是更重要的吧？买来那么贵的汽车，用它更方便地出行可能是更重要的吧？

再说一个正在发生的例子。一个人给自己买手机，用它与这世界产生更多、更好的联系可能是更重要的吧？其实，与这世界产生强联系，是增强生活幸福感的最根本方式。可是你看看周围就知道了，绝大多数人正在用手机全方位切断自己与这个世界的真正联系——真可怕。

人们在各个领域都有这样的倾向：动不动就忘了最重要的究竟是什么。

现在，回到原本你就应该知道的答案上：

> 在市场上，决定价格的**最重要**因素是**需求**。

我猜，你其实早就知道（或者“知道过”）这个答案，只不过活着活着就一不小心把它忘得一干二净了（关于“刚需”，我们至少提到两次了）。

千万不要以为价格和成本直接完整相关，其实它们只是间接部分相关。人们出钱购买一个产品，是因为他们真的需要，而不是因为那个产品的制作成本有多高。假设你有一个产品，在我购买它之前，你的一切成本都和我无关，你的情怀也和我完全无关；我不会用你的成本来衡量我应该用多少钱购买，衡量我该用多少钱购买的主要标准实际上是我的支付能力——依然与成本无关。另外，如果我是为了情怀而掏腰包，那么我的支付行为应该称为“捐赠”，而不是“购买”。

从这个角度来看，很多人的绝望其实都有一致且清楚的解释了。

> ——天呐，我这么努力，我这么勤奋，可为什么这么惨？！
>
> 也许很无情，却是事实：这世界不需要你。

做人，就要做真正有用的人；做事，就要做真正有用的事；做产品，就要做真正有用的产品……这是很朴素的道理，也常常是“一不小心就被忘掉的最重要原则”。

在帮《通往财富自由之路》专栏开场的时候，罗振宇措辞的大意是：“老司机”教你怎样变得更值钱。现在，我这个“老司机”真的要履行承诺了：

> 你如何才能变得更值钱呢？
>
> 答案很简单啊——成为一个真正有用的人！

刚才提到这么一句话，你可能没太注意：

> 与这世界产生**强联系**，是增强生活幸福感的最根本方式。

现在你反应过来了吗，为什么少数人明显比大多数人更幸福，而且幸福程度高出很多？解释很简单：

> 他们与这个世界有更强的联系。

更为清楚且深刻的解释是：

> 他们身处的世界真的很需要他们。

那个世界更需要他们，于是，那个世界会自然而然地更重视他们，甚至不惜高估他们——就这么简单。

被真正需要是很难的事情，否则为什么绝大多数人都做不到呢？只要做到被真正需要，生活中的大多数烦恼都可能因此烟消云散。

你给老板打工，如果对你的老板来说，你在给他打工的人里是最有用的那个，那么你的收入、待遇最终一定是最高的——跑不了。你谈恋爱，如果对你的恋人来说，你是最有用的那个（而不是肤浅地“觉得最重要”），那么他就不仅是“爱你”那么简单了，他最终一定会“离不开你”——跑不了。你做产品，如果对用户来说，你的产品是最有用的那个，那么你的产品最终一定是最受欢迎的——跑不了。看看QQ、微信、支付宝就知道了。为什么它们在移动端用户数量最多？因为对那些用户来说，**它们最有用**——就这么简单。

如果你觉得“成本决定价格”，那你就会不由自主地“不惜一切代价”去做事——当然，你也更可能成为“对你付出了这么多，你却没有感动过”那种类型的怨男怨女。

如果你反应过来了，明白原来真正决定价格的是需求，那么你很快就会发现，你需要为之努力的完全是另外一个方向。

在我个人的世界里，我对这一点有极为清晰（也可能是更为清晰）的感受。前面提到过，我天天琢磨自己写的东西对别人是否真的有用，其实就是“需求决定价格”这个价值观的彻底实践。

由于“对别人有用”对我来说是最重要的，所以，我在写作过程中甚至放弃了绝大多数的修辞，只留下不可或缺的两种——类比和排比。“文笔”对我来说根本不重要，因为它对我的读者来说根本不重要。对我的读者来说，最重要的是：我花时间、花精力甚至花钱读到的东西，最好能给我带来真正的变化（这是“有用”的另外一个说法）。别说修辞了，有时为了达到“真正对读者有用”这个目的，我连传说中必须要有的“简单清楚的结构”都放弃了，且不惜付出被认为“啰唆”、“重复”的代价——因为有些重要的内容，就是需要通过反复陈述才能说清楚，从而让读者弄明白、做得好。

这么多年来，我很清楚地知道我的这个价值观给我带来了多大的收益和幸福。

让我们稍微聚焦一下。先聚焦到自己的生活上。我们身处的世界，其实主要是由人构成的。当我们希望自己被身处的世界真正需要的时候，只不过是希望自己被身边的人（准确地讲，是那些对我们来说重要的人）真正需要。

那么，你就要花时间琢磨一下：

> ▷ 他（他们）真正的需求是什么，最需要的又是什么？
>
> ▷ 我是那个能够满足他（他们）的需求的人吗？

> ▷ 如果我能，我有没有可能成为必需？
>
> ▷ 如果我不能，我怎样才能？
>
> ▷ 有必要一定由我去满足他（他们）的需求吗？
>
> ……

你有没有真正深入思考过这些看似简单甚至很多人干脆认为“没必要”的问题呢？事实上，很多人（其实是绝大多数人）从未认真思考过。他们只会在被告知自己不被需要的时候恼羞成怒，却从来不知道症结究竟在哪里。

最后一个问题，其实挺深刻的。很早我就知道所有“有趣的人”都是被需要的，可当我认真问自己：“有必要一定由我去满足这个需求吗？”我得到的答案是：“真的未必。”转念想想，“做一个被认为有趣的人”和“自己活得有趣”真的是完全不相干的两件事。不仅如此，为了做到前者，后者还常常要受到损害。对我来讲，这多少有些得不偿失，所以我早早放弃了这个方向，然后“瞬间”发现，原来有很多人特别擅长“被认为有趣”。如果这世界真的需要他们，那么已经存在的“他们”也足够多了，多我一个或少我一个根本无所谓。于是，我更觉得自己的选择比较合理了。

还有一点就是：从“需求”出发，不管是“真的需要”，还是“觉得需要”，我们都能看到这个世界的更多真相。

例如，星座这东西在我的世界里是“没用”的，甚至是“没必要存在的”。但睁开双眼，看看大千世界，有那么多人在讨论和研究这个东西，甚至按这个东西的“原理”指导自己的选择。这个现象清楚地告诉我：无论我如何作想，星座这个东西还是有很大需求的（不论是真需求还是伪需求），所以，我即便不信星座，也没工夫“讨厌”星座。

这种思考的结果，通常被含混地描述为“有修养”。对这个世界越清楚的描述就越有指导意义，并能让我们有所依据地作出判断；而那些含混的描述，常常让我们“不知其所以然”。有了这种清楚的描述之后，我们就很容易显得“有修养”了，因为我们很清楚：我们的“需求”是我们的，别人的“需求”是别人的，我们的“需求”和别人的“需求”不仅不一定相同，也常常没必要相同。于是，我们没必要把时间耗费在这种“必然的不同”上——随它去吧。

显然，这种选择是不需要耗费许多年就能“修炼”出来的，不是吗？

拿出你常用的本子，写下一句很朴素的话：

> 挑最被需要的事情做。

如果你正在做的事情是最被需要的事情，那么你就是最被需要的。我们已经讲过，“最被需要的”实际上总是被高估——这是几乎永恒的现象。

当年我在新东方打工的时候，也使用过这种思考方式，进而作出了选择。刚进新东方的时候，我其实并不知道自己教什么才最划算，但我很快发现，新东方永远都缺少好老师，尤其缺少好的写作老师——不管是 TOEFL 写作，还是 GRE/GMAT 写作，反正写作老师奇缺。换言之，如果我能教好写作，那么我几乎就会成为所有老师中最被需要的。既然这样，那我就开始写呗。我给当时 TOEFL 写作考试题库中的 185 道题都写了范文（有的还不止 1 个版本）。我每天写，写了很多。写了差不多半年，我就成了唯一把题库里所有题目都写过的人，成长飞快。现在回头看，只用半年时间就做到了，多划算啊！而结果也和我想的一样：我从来不用去争取排课，我的课总是会被排满（有些老师要去抢课，而我一直在推课）。我总是对负责排课的人说：“让我有机会稍微休息一下，好不好？”再后来，我开始写书。虽然我教的是阅读和写作，可我写的是词汇书——你现在很清楚我当初是如何选择的了吧？

人们在提到“换位思考”的时候，“换位”的对象通常是指另外一个人。**我在提到“换位思考”的时候，“换位”的对象通常不是指某个人，而是指整个世界**。你要深入思考的，不仅是站在对面的某个人会怎么思考，而且至少是“这一类人会如何思考”，甚至是“大多数人会如何思考”。毕竟我们刚刚讨论过：这世界主要是由人构成的，你了解的人的类型和数量越多，你对这个世界就越了解，你就越容易明白这世界真正想要的究竟是什么。

不要抱怨这个世界。马克·吐温说得好：

> 让你陷入困境的，并不是这个世界；真正让你陷入困境的，是这个世界最终并非你所想象。

25. 我是如何生生错过一次升级机会的?

2007 年夏天，我即将离开新东方。在最后一期班结束的时候，一位姑娘走上前来，递给我一张名片，说："我有个朋友，想跟您见一面，不知行不行……" 我随口说："反正也闲下来了，应该有时间。" 把名片收起来就走了。

事实上，我离开新东方，前后拖延了至少 3 个学期。每次都说"这是最后一期班"，可到了下个假期，老师不够用了，国外部主任就说："笑来，再讲一期呗……" 我也就答应下来。于是，直到 2008 年的暑假，我才觉得算是彻底离开。不过，2009 年春节，我又回去帮忙讲了两个班的课……

说回来。

隔了几天，我想起这件事，就翻出那张名片，给名片上的人打了个电话。应他本人要求，我隐去他的真名，用"庄轶"代替。庄轶的头衔是某知名创投的创始合伙人。那时我没有接触过创投圈，对创投毫无概念，只是觉得好像在哪里听过这家知名创投的名字。

大家可能不知道，新东方的老师在离开新东方之前，基本上都是"土豹子"。新东方其实是个相当封闭的环境，这有新东方的原因，但更多的是新东方的老师自身心态的原因：自觉赚得挺多，不愁生活，于是很容易进入"对外界漠不关心”的状态。

原来，庄铁受邀去斯坦福大学读 MBA，但他不好意思直接去——对方说“你只要来就可以了”，可他却觉得应该把该考的考试都考一下，否则就是自己“不厚道”。庄铁想快速搞定 TOEFL 和 GMAT，但他的时间表太不规律，没法去上课。于是，他的助理就在新东方报了两个班，把每个老师的课都听上至少 1 节，然后选了一个她信得过的老师，递了庄铁的名片。

我就这样认识了庄铁，当时也没觉得这是什么大事。我用最短的时间给他把两个考试的体系讲了一遍，把最重要的考点过了一遍。然后，我们每周见上一两次面，聊聊细节。在这个过程中，我才慢慢反应过来：这个人是国内创投圈的一个传奇人物，而且很奇怪的是，在网上能找到的关于他的资料少之又少。

不过，我一向的习惯是不去打探别人的事情，也就从来没有细问。在那两三个月里，庄铁给我留下了深刻的印象：一个总是飞来飞去、动辄一天睡眠时间只有三五个小时的人，竟然可以在机场完成作业，然后专门腾出时间来找我讨论！我喜欢一切做事足够“狠”的人，庄铁显然就是这样的人。

在庄铁出发去旧金山之前，我们见了一面。他说：“也没啥事儿。你给我讲了这么多，我也给你讲一次吧，就讲讲创业的方法。”（大意如此，原话我真的记不清了，因为对我来说，那毕竟是“上辈子”之前的事情了。）

庄铁个子很高。他站在那里，写满整个白板，擦掉，再写，又写满，又擦掉，又写满……讲了两个半小时——基本上是我在新东方讲一整节课的时间。

可是，当时庄铁所讲的很多细节，我现在却记忆模糊。

两年很快就过去了。当庄铁从旧金山回来的时候，我并没有太多具体的变化。在他去旧金山以前，我和之前在新东方的同事熊莹搞了一个出国留学咨询公司；当他回来的时候，我们还在做那个留学咨询公司，但公司没有很大的增长，也没有太大的变化——尽管公司确实赚钱，但是那在今天的我眼里完全不是“创业”，而仅仅是“生意”（在第 43 节中会专门解释“创业”和“生意”的区别）。

2013 年下半年，我自己开始从事天使投资，一路磕磕碰碰。2014 年年初，我去了趟硅谷。在飞机上，我突然想起几年前的那个下午，在苏州街大河庄苑的一间屋子里，庄铁站在白板前给我讲事情的情景……

那一瞬间的感觉完全是“噩梦惊醒”！

我尝试了若干次，依然无法清楚地回忆出当时他给我讲述的内容，只记得确实有这么一件事——有一个大概的印象，细节却完全模糊，和大梦初醒无法追回梦中细节的感觉一模一样。

我反应过来了：

> 当时庄铁所讲的一切，我其实根本就没听进去。

虽然当时我坐在那里，但也只是觉得：站在我面前的是某知名创投的创始合伙人，他讲的一定是比我所想的更为深刻的东西。用现在时髦的说法就是“不明觉厉”——实际上，应该是“定觉厉但不明”。

尽管在这期间我们每年都要至少见面闲聊一次（我有个很自然的习惯：主动联系那些若不联系就可能断了联系的朋友），尽管在这期间我通过他认识了朱敏先生（朱敏先生甚至为《把时间当作朋友》写了序），但这一切的交往，并没有把我从“毫无知觉”中拉出来。我还是在按照原来的思路行事，对“创业”这件事全无感悟。

可是，阻碍我的究竟是什么？

这种经历，在我身上还真的不止这一次。我公开写过另外一段经历，文章的标题是《我当初是怎样错过一辈子的》[1]。

后来，在一次又一次与创业者的沟通中，我终于明白：我当初的情况和现在我遇到的创业者们是一样的。他们现在在我面前的反应，实际上就是我当初在庄铁面前的反应：

> 我觉得你说的都对，但，好像**跟我没有太大的关系**。毕竟，我不是你，你也不是我，你能做的事，我不一定能做。我还是安心做好我能做的事情吧……

在我得出这个结论之后，好像有一股神奇的力量开始起作用。我渐渐能够回忆出当时庄铁给我讲的内容了——基本上就是现在我经常给别人讲的那些观念：怎样才能在改变行业的过程中找到巨大的价值；怎样才能“锁定最长的赛道”；怎样才能迅速增长……我甚至有点分不清这些究竟是我挣扎着学来的，还是许多年前庄铁种下的那颗“种子”竟然生根发芽了。

这不重要，重要的是我运气好——我的运气不仅好，而且格外地好，所以我竟然沿着另外一条路走到现在。如果我的运气一般，那么我现在完全有可能还过着许多年前那样的日子——若真的如此，我就完全不会有现在的惊恐、后怕和对好运气的珍惜了。

如果我的运气不够好，没有走到现在这个境地，我就完全不会对这件事感到如此震惊：

> 仅仅是“以为某些观念于己无关”，就可能让一个人永远生活在另外一个“自洽的世界里”。

仔细想想，这个道理是非常简单的：

> 有些观念，即便你觉得与你有关，它也不一定会起作用；反过来，如果你觉得与你无关，那么它一定不会起作用。

相对来看，我不是个在思考方面懒怠的人，也不是个只想不做的人。但即便如此，我依然会错过，而且，到现在为止至少有两次“生生错过”。只不过，我的运气真的太好，以至于错过之后还能“失而复得”。要知道，人生难得“第二次机会”，而我竟然生生遇到两次“第二次机会”——这不是运气好是什么？

然后，令我脊背发凉的事实是：

> 六七年的时间就那么过去了——这真的很可怕。

当然，与你分享这段经历（包括之前的经历）的目的不是显摆我的运气有多好，而是想补充说明之前提到的一个道理：

> 有些观念真的很重要，但它们要么太简单以致被轻视，要么太过违背直觉以致让人无法相信。

但，最有可能让人们错过转折点和升级机会的或许是：

> 觉得那观念——虽然有道理，但和自己没什么关系。

我现在反应过来了，“和自己没什么关系”是错觉——就是错觉，也常常是最可怕的自证预言。若能主动吸收那个观念，按照那个观念去做，那就“事实上有关系”了。即便做不好也不要紧，没有人在一开始就能做得好，所以，拼命去做就是了。即便在一开始无法熟练地按照那些观念思考也没关系，反复琢磨，反复尝试，自然而然就深入了。做要尽力，想要深刻，否则，那转折点和升级机会就跟你完全没有关系了。

这也是我会强调“我的专栏，建议读者只字不差地阅读”的原因。这个专栏是关于观念升级的，不是胡乱写写、随便看看，娱乐一下、消遣一下，你图个开心、我得个高兴的东西。而且，不仅要“只字不差地阅读”，还要“反复阅读”，因为最底层的观念常常披着“简单”的伪装，以至大多数人觉得无所谓，觉得自己已经理解了。

在这里，我又一次用我罕见且难得的亲身经历向你说明：最要命的是，很多重要的观念会伪装成“让你觉得它和自己没有关系”的样子，使你生生错过且不自知。所以，你不仅要读，还要反复读；不仅要反复读，还要先假定每个观念都和你有巨大的关系，再调动所有的感官为自己创造“带入感”，去琢磨、去研究、去想象：这个观念若被你吸收，你应该变成什么样子？

[1] http://zhibimo.com/read/xiaolai/reborn-every-7-years/A25.html。

26. 有没有一定能让自己不错过升级机会的办法？

在第 25 节中，我提到了自己的经历。当你错过什么时候的时候，最可怕的并不是错过，而是“根本不知道自己错过了”——这话是不是听着耳熟？我的那段经历最终成了教训的运气在于，我知道我错过了，于是，我会反思，我会琢磨方法论，使那个“错过”成为另外一笔“财富”，帮我避免错过很多其他原本不一定有机会知道的东西。

先介绍一个你之前可能不知道的概念：

镜像神经元

我是糖尿病患者，餐前需要打胰岛素。有时在外面吃饭，如果桌上都是熟人，也就不怎么顾忌，直接打上一针，然后吃饭。有些朋友看到我打针就很受不了，眉头皱得紧紧，甚至倒吸一口凉气，“感觉”疼死了。事实上，我并不觉得疼，因为现在的胰岛素注射针头很细，市面上能买到的最细的针头直径只有 0.23mm，打一针的感觉就相当于被蚊子叮了一下而已——真的不疼。可是，看的人会觉得疼——真疼。

看别人打针，你为什么会觉得疼呢？而且，那感觉竟然如此“真实”。

这源自我们大脑神经元中的一部分“镜像神经元”（Mirror-Neuron）。猴子的大脑神经元中也有镜像神经元，大约占神经元总数的 10%（估计人类大脑中镜像神经元占比更高一些）。据研究，鸟类的大脑中也有类似的镜像神经元。

镜像神经元会在我们看到别人的某个行动时被触发，这些神经元会“镜像”被观察者的行为，就好像观察者自己有同样的行为似的。

> 这就解释了为什么你看到别人打针时自己会觉得疼——你的镜像神经元正在模拟你看到的行为，然后产生相似的“感受”。

镜像神经元其实是科学家们在 20 世纪 80 年代才发现的。当时，发现它的科学家给 *Nature* 杂志投稿，结果被拒了，理由是：

> “... lack of general interest.”
>
> （看不出这有什么实际意义……）

进入 21 世纪，镜像神经元的存在才被广泛承认和接受。尽管越来越多的科学研究和报告得到发表，但至今也没有大量站得住脚的关于镜像神经元机理的完整理论出现。

不过，还是有一些有趣的猜测（speculation）或者理论（theory）。

在推测对方行动意图、理解对方行动目标的时候，镜像神经元总是会被激烈地触发。反过来的猜测是：有些人之所以总是无法推测他人的行动意图，无法理解他人的行动目标（即，我们在日常生活中经常说的“情商太差”），很可能是因为他们的镜像神经元的数量或比例太少。

镜像神经元显然在学习能力方面也有很大的作用。因为学习行为里的大部分就是模仿，所以从普遍的情况来看，模仿能力强的人学习能力好像也强。在日常生活中，我们经常听到一个概念：“夫妻相”。其实，有“夫妻相”的夫妻并不是从一开始就长得很像，而是由于他们长年累月地在一起，大脑中的镜像神经元不断被激发，以至他们的表情变得很像。表情相似的人，脸部肌肉纹理趋同，从而表现为“夫妻相”。所以，我猜测：大多数的幸福夫妻往往是能“相互学习”的一对，而且，在“相互学习”的过程中，他们的镜像神经元的数量和比例都在提高——这个结论很惊人！

自闭症则很可能是患者大脑中镜像神经元的数量或者比例太少造成的。镜像神经元的稀少，使一个人很难与外界（的人）产生联系，无法理解别人的行动意图和行动目标，在学习能力上的进步相对缓慢，而且实际上缺乏“学习环境”（不是没有环境，而是即便有环境也意识不到）。

从目前的研究结果来看，在镜像神经元的比例上，男女之间可能有差异。一项研究表明，由单身母亲培养的孩子比由单身父亲培养的孩子更容易识别他人的情绪变化（这也是镜像神经元被激发的结果）。研究者猜测，其原因可能是：在大多数文化中，男性都被要求尽量做到喜怒不形于色。这项研究结果给我们带来了更多的猜想。因为那差异看起来更可能是习得的，而不一定是天生的，所以：

> 镜像神经元的数量和比例很可能是可以通过某种方式提高的。

在近 20 年的脑科学研究中，最重要的一个定论是：

> 大脑是可塑的。

这可能会在很大程度上影响我们的学习能力和社交能力。而镜像神经元，也很可能像大脑皮层表面积可以被增大、大脑灰质厚度可以被增加一样，其数量和比例都可以通过某种方式增加。

有一个很有意思的点：镜像神经元好像只能由亲眼见到的人触发。

一般来说，物品、书籍之类非人的东西不太可能激活镜像神经元。通常只有在看到人的时候，镜像神经元才会被激发。例如，你送给小朋友一把吉他，他一般不会直接对其产生兴趣，可若你在弹吉他的时候被他看到，尤其是你竟然弹得很帅气，那么小朋友的镜像神经元就会因为你的行为（帅气）而被激发，进而对弹吉他产生兴趣（请注意：不是对吉他本身感兴趣），而若你在弹吉他的时候带着某种能够打动他的情绪，那他会更容易被影响（因为情绪更能激发镜像神经元）。也就是说，一切学习过程在最初都是基于模仿的，一切模仿都源自模仿者看到的真人的行为——哪怕是在电影里看到的（虽然只是影像，并非真人，但毕竟是真人的影像）。

如果你的面前有一个人做得很好，而你竟然没有被触动，或者说，你的镜像神经元竟然没有被激活，那原因就在于你自己，因为你觉得那和你没有关系（就好像以前的我经历的那样）。

所以，你要反应过来了：

> 学习也好，进步也罢，从来都不是单独孤立的行为，而是**社交行为**。

很多人错误地认为：所谓“自学”，就是“自己一个人（默默地）学”——这恰恰是绝大多数人一生学习失败的最根本原因。

虽然在绝大多数情况下，我们看起来的确是在“一个人默默地折腾”，但是更深层次的动力很可能来自：

> ▷ 你亲眼见过一些人真正做到了。
> ▷ 你亲眼见过一些你知道确实有缺点的人竟然也做到了。

于是，你会自然而然地产生“哦，（连）你（都）行，那我也（肯定）行”的想法。进而，你会发现，没有什么是比这句话更有效的实际驱动力了！

我在新东方工作时有个同事，名叫张晓楠，现在在央视做主持人。她经常说一句话：

> 想要做到，就要先从物理上接近目标！

前段时间我们碰头的时候，她给我讲了一个她追求目标的故事。

不知道为什么，张晓楠从小就想成为一名电视台主持人，而且只想进央视。理想设立得很早，也很远大，实现起来当然不容易，会经历很多曲折。她考大学的时候就想考到北京，因为她觉得：只要到了北京，就应该有机会——无论那机会多么渺茫，有机会和没有机会的差异也是很大的！

结果呢？张晓楠没考上北京的学校。那怎么办呢？她想了很多办法，后来终于找到一个机会——到北京的新东方培训学校当老师（她在大学还没毕业的时候就已经利用假期到新东方授课了，讲 TOEFL 听力）。当然，为了应聘新东方，她也费了不少周折。

终于来到北京了，物理上离目标近了许多——应该有机会了，可还是很渺茫。不过，这并不耽误张晓楠磨炼自己将来必需的技能（当然，她最需要的技能是“会说话”），讲课成了她最好的锻炼方式。

再后来，张晓楠从新东方辞职，去哥伦比亚大学读金融硕士——千万不要以为她改变了初衷！许多年后，我们这帮朋友才知道了她的思考路径：首先，应聘央视需要过硬的学历；其次，在任何时候，“多维度打造竞争力”都是对的，不仅要会说话，还要有技术（金融可不是随随便便就能搞明白的）；最后，也更为重要的是，她发现，哥伦比亚大学简直就是“央视的人才摇篮”之一，大量相关人才都在那里进修！于是，她又作出了一个重要的决定：从物理上更接近那些人。很多时候，所谓“目标”，若真的落实下来，就是那些做得到、做得好的人。

现在，张晓楠已经在央视主持节目好多年了。回想实现理想的过程，难免感慨万千。

而我和她很不一样。我在小的时候没有远大的理想——我是个因为拒绝写《我的理想》这样的作文而被老师把家长叫到学校和我一起当着全班同学的面挨训的孩子。

不得不说，我有个特别牛的老爸。我老爸当年还年轻。在到了学校，了解了全部情况之后，他沉默了一会儿，慢悠悠地从兜里掏出烟和纸，把烟卷好，把烟盒收好，放回兜里，然后，慢悠悠地掏出火柴，慢悠悠地把烟点着，慢悠悠地把火柴甩灭，扔进垃圾桶，又慢悠悠地吸了两口烟，才开口说话：

> “陈老师，我想问个事儿……你能不能告诉我你小时候的理想是什么呢？”

整个语文组教研室的空气突然凝固了，鸦雀无声……当时我能听到的只有那支烟“嗞嗞”燃烧的声音。他又吸了几口，把烟抽完了，却一直没有人说话。于是，他开口了：

> “走吧，咱回家。”

许多年后，我成了“随波逐流”的高手。我的人生哲学是：计划没有变化快，人生是个喜欢捉弄人的编剧。于是，我学会了一个自己认为最强的本领：

> 从来不问生活要什么，生活给我什么，我就用好什么。

所以，人和人是非常不一样的，这世间的路也有无数条、千万种。

不过，我和张晓楠这种从一开始就目标明确、不屈不挠的人有一个相同之处：

> 或有意，或无意，最终我们都作了同样的选择：从物理上不断接近目标。

许多年前，尽管我对很多关键知识点并没有深刻的认识，但我舍不得放弃琢磨。这些年，又当老师，又当学生，见识无数之后，我得到了两个结论：

> ▷ 信息送达本身并不是教育，那顶多是出版。
>
> ▷ 真正的教育，一定是有效社交，一定是群体共同成长。

又，为什么我总是能看到这个现象呢？

> 耳濡目染的教育才是真正有效的教育。

现在，倒是有非常清楚的科学解释了：

> 耳濡目染才可能真正激活镜像神经元。

所以，见到那些“真正做到了”的人——很重要；见到那些“确实有缺点”但“竟然也做到了”的人——更重要。不要把自己隔离开来，而要想尽办法让自己接近那些优秀的人，哪怕无法与他们有太多的交往，能够见到优秀的人本身就已经可能对镜像神经元产生刺激，“自然而然”地产生更强的驱动力了。而这背后最重要的机理就是：**不再认为“那和我没有关系”！**

27. 你天天刷牙吗？又，我为什么要问这个奇怪的问题？

如果我问你：“你天天刷牙吗？”你甚至可能觉得“受到了侮辱”——“难道我看起来是一个不注意个人卫生的人吗？！”

我们天天刷牙、洗脸、洗手、洗脚……却从来不洗脑——这岂不是咄咄怪事？

在我看来，不给自己洗脑是最差的“个人卫生习惯”。更要命的是，很多人其实也洗脑，只不过，他们从来都不是自己给自己洗脑，而是永生永世被别人洗脑——这是最可怜的生活状态。

晚上睡觉前，你洗澡、洗脚；早上起床后，你洗脸、刷牙。然后，你出门去了。外面正在刮风，所以会有灰尘；外面可能下雨，所以可能有泥浆。你可能要上厕所，所以会滋生很多细菌；你要做很多事情，弄不好会大汗淋漓。于是，你会觉得自己身上不干净。怎么办？洗。不仅要洗，还要搭配各种工具，例如香皂、洗发露、沐浴液……

一旦你开始学习，你一定会饱受打击。那些不愿意学习的人，不仅害怕自己学不会，更害怕别人竟然学得会。所以，他们会提前“出手”，打击一切可能让自己受到打击的人或事。他们会嘲笑你（自身越差的人越乐于鄙视别人），他们会给你泼冷水（恨不得泼开水），他们会鄙视你（不是靠资格，而是靠自以为是），他们会疏远你（以为这样做可以让你害怕）……更可恨的是，他们人数众多，在比例上占据一定的优势。

于是，你的脑子就“不干净”了，被他们“污染”了。怎么办？自己把它洗干净啊——对，就这么简单。

2009 年，有一个名字叫高雅的小女孩从大连坐火车来北京找我，说要学 TOEFL，然后到国外去读大学，我就给她安排了课程。她很努力，几次课下来，TOEFL 成绩从 62 分提高到 102 分（满分 120 分）。在去美国之前，她问我到了美国该学什么专业，我告诉她，本科就是学基础学科的，例如数学。她脱口而出：“我从小就数学不好……”我颇不耐烦，因为我向来讨厌“我从小……就不好”这个句型（在我看来，有一类句型是脑子被“污染”了的人才会频繁使用的），于是厉声顶了回去：“谁说的！”我本来说的是感叹号，她却理解成了问号。她声音低了好几度，头也不由自主地低了下去：“我们学校老师说的，好几个老师都这么说……”我愣了一下，却没有软了语气，而是直接回了一句：“那都是胡说，别听他们的！”

后来呢？后来她去了美国，在华盛顿大学读本科。她本科读的是什么专业呢？数学。再后来，她在卡耐基 - 梅隆大学读研究生。她研究生读的是什么专业呢？设计。现在，她在硅谷工作。

我们每天都要给自己洗脑。这并不是我发明的习惯，《论语》里就有“吾日三省吾身”的句子。你看，2000 多年前，人们就知道要养成良好的“个人大脑卫生”习惯了——不仅要洗，还要天天洗，而且每天要洗很多次……

下面这些话，每天都要读给自己听，每天都要把它们当成“香皂”来给自己洗脑——如果一遍不够，就多洗几遍。

> ▷ 学习其实是一种生活方式；学习本身就是最好的洗脑方式。
>
> ▷ 只要我投入时间和精力，从长期来看，没有什么是我学不会的。
>
> ▷ 我学会的东西越多，我再学新的东西时速度就越快。

- ▷ 学习不是目的，“用起来”才是，因为价值只能通过创造实现。
- ▷ 我知道自己现在看起来很笨拙，但刚开始谁都是这样的，实践多了，就自然了，也就自然地好起来了。
- ▷ 在学习这件事上，别人不理解我是正常的；在这方面我也不需要别人理解，因为我是一个独立的人。
- ▷ 我不应该与别人争辩，因为我不想伤害他们；我也不应该被他们影响，因为我不想伤害自己。
- ▷ 刻意练习永远是必要的，虽然它通常并不舒适，但它的复利效应确实是巨大的。
- ▷ 哪怕是为了下一代，我也要通过现在的努力成为学习专家，这样我才有资格和我的孩子共同成长。
- ▷ 我的路还很长，我要健康，我要干净；尤其是我的脑子，更要“干净”。

其实，这完全就是“进取型人格宣言”，不是吗？

现在，我终于可以讲讲“表现型人格”和“进取型人格”是什么意思了。我知道，在本书前面的内容中，你偶尔会看到这个概念，甚至可能会因为不知道它们是什么意思而踌躇了一会儿。

就是这样的——概念之所以是我们的“操作系统”的核心，就是因为我们从来都是靠理解各种概念去理解这个世界的。

最早提出“表现型人格”（Be-Good Type）和“进取型人格”（Be-Better Type）的学者是斯坦福大学的心理学教授卡罗尔·德韦克（Carl Dweck）。她在 TED 上有一段特别精彩的演讲《相信自己可以进步的力量》（*The power of believing that you can improve*），值得推荐给每一个人。

在卡罗尔·德韦克教授的理论中，人分为两种。第一种人更在意自己在他人眼中的表现，于是，只要有可能做不好，有可能导致自己在他人眼中的表现差，他们就直接不去做了。第二种人更在意自己是否能变得更好，于是，他们不一定完全不在意他人的评价，他们知道：更重要的是，虽然自己暂时表现不够好，但只要持续做下去、练下去，一切都会有所改善，甚至必然会有很大的改善——就好像什么都无法阻挡他们一样，他们总是可以“奇迹般地成功”。

这真是一个非常简单却又非常重要的理论。

按照我的说法，这就是两种不同的价值观造就的两个完全不同的物种：

> ▷ 表现型人格的物种最在意自己**当下**的表现。
>
> ▷ 进取型人格的物种最在意自己**未来**的表现。

请注意：后者不是完全不在意自己的表现，而是不那么在意自己当下的表现——他们更在意的是自己未来的表现。

这两个物种的核心差异在于：前一个物种的元认知活在当下；后一个物种的元认知活在未来。这个底层差异，使这两个物种在每个相同的环境或条件下，都会“不由自主”地作出不一样的选择或行动，甚至感受到截然相反的羞辱或者幸福。

在第 8 节中说过，要先“学习”好“学习”，“再”接着去“学习”。在我看来，真正学会学习的第一步，就是想办法把自己变成另外一个物种——那个更在意甚至最在意自己未来表现的物种。

当然，在我们每次改变、修正或者升级自己的价值观以后，我们“依然进化成了另外一个物种”。还记得那句话吗：“同样是人，差异怎么那么大呢?!”当然大——那可是物种之间的差异啊！

别嫌我啰嗦，也别嫌我重复。我做过老师，我知道一个很重要的道理：

> 但凡重要的道理，只能靠“过分”的重复才能在大脑里形成新的沟回，否则，那道理就只能成为无济于事的耳旁风。

以后，你要天天为自己洗脑了。你是个文明人，当然会格外注意自己的“个人大脑卫生”！

28. 你想不想要一个人生的“作弊器”？

一个人的学习能力，其实就是一个“外挂”——天生条件之外的“装备”。想想看：如果一个人需要什么就能学会什么，这简直就是自带“作弊器”啊！随后，这个人拥有的可是“开挂的人生”！但是很可惜，绝大多数人在这一生中一直处于装备不全或者落后的状态，又何谈“开挂”？

随着时间的推移，绝大多数人会为自己的确“技不如人”而苦恼——谁没有一颗上进的心呢？我觉得每个人都有。不过，仅有一颗上进的心是没用的——绝大多数人穷尽自己的一生，用自己的生命惨烈地证明了这个简单的道理。

学了一辈子（准确地讲，是“想学”了一辈子），最终却连基本的学习能力都没有，这才是终生原地踏步的根本原因。那么，我们所说的学习能力究竟是什么呢？又，如何才能判断自己学习能力的强弱呢？显然，学历并不说明问题。人类史中所有的社会在教育上都不成功——这并不奇怪。

其实，我们可以用一种很简单的方式来判断自己学习能力的强弱。学习能力的进阶，无非包括如下 3 个阶段，或者说，处于不同阶段的人，会处于不同的境界：

> ▷ 第一个阶段：能学会有人手把手教授的技能。
>
> ▷ 第二个阶段：能学会书本上所教授的技能。
>
> ▷ 第三个阶段：能学会没有人能教授的技能。

从这个角度来看，绝大多数人在第一个阶段就不合格，因为他们在相当长的时间里，连那些有人手把手教授的技能都没有学会，没有用熟，没有精进。别掉以轻心，你只要看看身边有多少人连用筷子这么简单的事都一辈子学不会就能明白了。使用筷子一定是一项有人手把手教过的“技能”，可结果呢？这样的例子还有很多。例如，用笔写字，好像所有的人最终都学会了，但事实上呢？很少有人通过刻意练习让自己写的字足够好看，不是吗？

许多年后，大多数人终于反应过来：“有人手把手教授”是一件多么幸福的事啊！可惜，当年幼稚、无知，越是有人手把手地教，就越逆反，就越不愿意学，结果把自己逆反成了一个笨蛋，一个只会偶尔后悔却完全不知道下一步该怎么做的没人理的笨蛋。

若你在成年之后竟然还能获得别人“手把手教授”的机会，请一定要珍惜。什么叫“珍惜”？“珍惜”的意思是，在这个过程中，一定要认真观察，认真思考，反复琢磨：

> ▷ 这个技能的重点在哪里？
>
> ▷ 做得好的人为什么能做得好？
>
> ▷ 做不好的人为什么做不好？
>
> ▷ 有哪些地方可以改进？
>
> ▷ 有哪些刻意练习是必不可少的？

“学会如何正确使用筷子”还真是个特别好的例子，值得反复审视。

现在有如下两种情况：

> ▷ 你知道自己确实不会使用筷子。
>
> ▷ 你知道自己能够正确使用筷子。

若你不会用筷子，接下来就要看你有没有办法进入学习能力进阶的第二个阶段了：通过读书、读教程来学会一项技能。如果你确定自己能够正确地使用筷子，那你现在可以尝试进阶半步：看看自己有没有能力**教会别人**正确地使用筷子。

我在网上找了找，最好的筷子使用教程居然（其实也很自然）是“老外”写的，发表在 wikiHow 上[1]，里面既有文字讲解，又有视频示范。先看看自己能不能学会，或者想象一下，若你要教别人（例如自己的孩子）使用筷子，你应该如何去做？关键在哪里？为什么看起来这么简单的事情能难住半数以上的人？

多年来，我经常以这件事为例来证明：

> 很多事情，即便非常简单，都有可能难住一些人一辈子。

这件事还能证明：

> 这么简单的事情，绝大多数人竟然不会教，甚至连自己的孩子都教不会，只顾着在那里发脾气——而后，无可奈何。

如果能够仔细观察，最终找到重点的话，基本上是教的人两分钟就能讲明白，学的人五分钟就能学得会，然后摆脱一辈子的尴尬。

使用筷子

使用筷子有以下两个关键点：

> - 在两根筷子中，下面那根一直处于静止状态。
> - 张开和夹住的动作，其实来自上面那根筷子的移动。

最为关键的是：如何让下面那根筷子处于稳定状态？

> - 下面那根筷子和手一共有 3 个接触点，以两端为支点。
> - 用拇指的根部中间压住筷子；无名指其实是反向用力顶住筷子的。
> - 大多数人败在无名指的用力方向上，如果把这个方向搞对了，那么下面

> 那根筷子就稳定了。
>
> ▹ 花几分钟练习如何用大拇指和食指控制上面那根筷子并夹住东西。
>
> ▹ 反复练习，从笨拙到熟练的过程从本质上看是大脑建立新的沟回的过程。

那些之前就会用筷子的人不妨对比一下，你教别人使用筷子的方法、路径、重点和我讲的一样吗？如果不一样，你教授的内容比我的更有效吗？如果你教授的内容比我的更有效，不妨教教我，我也想有提高效率的机会。许多年来，我在教别人如何学习的过程中，顺带帮助很多成年人“突然能够正确熟练地使用筷子这个神奇的东西”。

半数以上的人不会用筷子。这说明什么？这没准儿能够说明：

> 这世界上有半数的人，即便有人手把手地教，也学不会，只因为他们不动脑子。

在这么小的事情上都不动脑子，其他事情就不用提了。

所以，想象一下吧：若无论什么都需要别人手把手地教，那在这一辈子中获得进步的可能性得有多么小。第一，那些会了的人并不一定有时间（几乎是肯定没时间）教。第二，前面也讲到了，绝大多数会的人其实真的不会教，他们有时也懒得动脑子，所以不知道关键点在哪里，即便是好心想教（例如教自己的孩子使用筷子），也教不明白。

这就是你必须想办法进入第二个阶段（即，能学会书本上所教授的技能）才有可能大幅进步的根本原因。虽然书籍和教程也有质量差异，但这就是考验你的能力的地方：

> ▹ 你有没有心思去寻找、阅读大量的相关书籍和教程。
>
> ▹ 你有没有能力去甄别书籍和教程质量的好坏。
>
> ▹ 你有没有能力在实践中运用书籍和教程所传授的知识。

很多人因为没有耐心，甚至干脆没有动力，所以永远无法进入第二个阶段。还有很多人，虽尝试着进入第二个阶段，但不知道判断标准和依据（例如，很多人根本不会选书，他们选书的方法只有一个，就是向别人索要书单），于是不知不觉走了太多弯路，以致事倍功半。而剩下的少数人中的多数，因为没有执拗地践行书本所教授的有道理的知识，最终只不过做了无用功。

读到这里，你就能明白善于学习和学习能力强的人有多么难得了。可这还不算完，因为若不能进入第三个阶段，那你依然只是“略胜半筹”而已，无法达到甩开别人的地步。你可能不知道的是，别看大多数人的学习能力比较差，但模仿能力还是很强的，所以，他们只要看到你能做到，就很可能迅速模仿个八九不离十，甚至整个国家都可能是这样的（例如，日本最初就是通过模仿在一些领域超越欧美的，深圳的“山寨”精神其实也是这种能力的表现）。于是，你好不容易学来的东西，别人靠模仿就做到了——你很难把别人彻底甩掉。

真正让你变得卓越的，是你必须走入的第三个阶段：

> ▷ 你不仅能学会没人能手把手教你的东西；
>
> ▷ 你甚至能学会连书本中都找不到的东西。

不用深入讨论，你已经能明白，若做到了这一点，你基本上就“无敌”了。关键在于，若做不到这一点，你就会时时刻刻被模仿者跟随，甚至被模仿者超越。所谓“微创新”，不也是一些“大佬”们所推崇的能力吗？这真的不是“吐槽”，这是在陈述事实。

要走入第三个阶段，实在是太难；要教别人走入第三个阶段，不是不可能，但也确实很难——绝大多数人没有足够的能力去理解第三个阶段的重点。若非要简单说说，也不是不行，能理解多少就看你的了。如果只看字面，如下关键点就好像是每个人都会做的事情一样。

> ▷ 确定自己有强烈的欲望去搞定这项技能。
>
> ▷ 寻找最少必要知识，反复问自己：这件事最关键的地方在哪里？
>
> ▷ 马上开始运用；马上开始践行。
>
> ▷ 相信自己一定能学会；相信自己一定能通过践行获得进步。
>
> ▷ 通过记录，量化自己的刻意练习进程。
>
> ▷ 不断总结，不断整理，不断让那些新技能、新概念在自己的脑子里形成清晰的组织与关联。
>
> ▷ 绝对不要和笨蛋斗气，要珍惜自己的时间和生命。

如果你是一个终生学习者，那么在30岁之后，你会经常觉得不好意思，因为你总会发现过去的自己实在是太笨了。如果你有机会教别人高中数学或者物理，就会发现：这么简单的东西，多年前我怎么就觉得那么难呢？其实，这是学习能力进步造成的错觉——在那个时候，那东西确实就是那么难。

每一次，当你的认知进步之后，你就会发现“不同物种”之间的区别及那个区别的形成原因。总是有很多人说：“读那么多书有什么用？！”这是为什么？因为他们那个物种从来就没有能力从书里学到些什么，他们是在第一个阶段就不及格的物种。但是，无论有多少人认为读书无用，也总是有另外一些人在不断地读书，他们是早就“能学会书本上所教授的技能”的物种，手把手地教对他们来说很可能并不高效。当然，人群中还有一群“一声不响”已然成为高手的人，他们显然是打通了“第三关”的新物种。

我想，在我的人生中，比特币可能会成为我最感激的东西。也许人们会认为：“那当然，这东西让你发财了嘛！”我不否认这一点，但长期以来我内心更感激的是另外一个别人可能完全不在意的点：

> 它给了我一个学会“完全没有人可以手把手地教授”、“完全没有书籍系统地阐述和教授”的东西的机会。
>
> 2011年，几乎所有的人都觉得这事儿太离谱了。在那个时候，没有任何关于它的书，甚至连有点质量的文章都没有，只有一个匿名者（Satoshi Nakamoto）发布的白皮书，涉及数学、加密学、拓扑学、金融学、编程、分布式运算、芯片设计、网络管理（事实上还隐含着政治学、社会学、心理学）等方面的知识，但其中没有任何一个方面是我的“专业”——要知道，我在大学里的专业是会计！
>
> 也就是说，在随后的“一辈子”（七年就是一辈子）里，我相当于“自修”了“大学”的课程，在金钱和好奇心的刺激下，一路狂奔，步步高潮。几年下来，我已然变成了另外一个人（虽然相貌只是变老了而已），甚至连我一直在用的“我进化成了另外一个物种”的说法也来自这段经历。正如毕淑敏先生让年轻时的我明白的那样：“我知道人生本无意义，但，这段经历生动地告诉我，若你能把生命中的一段变得与众不同，那自己的人生意义依然非凡。”我怎么能不感激比特币这个“起初看起来完全

> 不靠谱，后来看起来意义非凡”的家伙呢？

幸亏在此之前，我已经在学习的第三个阶段摸到了一些门道。如果我还处在第一个阶段，那么即便我很早就看到了比特币这个东西，这个东西也不会在我身上发生任何奇迹。如果我还处在第二个阶段，那么我可能要到2016年之后才有能力懵懵懂懂地通过几本书对它了解个大概。

下面是我第一次经历“学会完全没有人教授的东西”（第一个阶段不够用了）、“书有很多但是看不懂”（第二个阶段有点用处，但需要挣扎）的场景，也就是说，从第二个阶段走向第三个阶段的过程发生在自修逻辑的时候。

在26岁那年，我突然发现自己的逻辑很差，事实上我并不像之前自己以为的那样“并不笨”。事情是这样的：在某个阳光明媚的下午，我前后见了两个人，分别被他们的观点震惊了，也分别被他们“说服”了，可是到了晚上，我惊讶地发现，他们的观点竟然是截然相反的！他们之中只能有一个是对的，可是，我竟然在几小时内分别被他们说服了，还完全没有发觉！

我被吓坏了。第二天，我冲进图书馆，开始找书。找到“thinking”这个类别之后，我发现了一个之前完全不知道的概念：critical thinking。在这个类别下面，全都是讲如何正确思考的书。于是，我挑了几本由著名出版社出版的、再版和重印次数比较多的书来读。其中，*Beyond Feelings: A Guide to Critical Thinking* 成了我的最爱。而最终，这本书也成了我的“人生启蒙书籍”之一。

> 细心的你可能已经注意到了，最基本的“选书方法论”不过是“选择由**著名出版社**出版的、**再版和重印次数比较多**的书”。再观察一下身边的人：这么简单的事情他们从来都不知道，以致许多年来用来“喂脑子的饲料”全是劣货，于是终生吃了很多亏且不自知——可怕。方法论这东西，无论多么简单，都至关重要。

然后，你就会发现，虽然书里说得很清楚，但实践起来并不容易。更为重要的是，没有人能教你进阶，甚至不可能有人愿意教你进阶。别说没人教你了，你甚至找不到一个能够心平气和地与自己讨论问题的人，因为凡事只要逻辑足够严谨，就很可能引发绝大多数人的反感——谁愿意被证明想错了？谁愿意承认自己不会思考？谁在自己被证明思考质量差的时候不会恼羞成怒？甚至，在我主动和几个格外亲近的朋友深入讨论问题时，也差点吵翻（在那个时候，我年轻，他们也年轻，我们都有很多不完善的地方，也不明白理智才是最好的情绪）。挣扎了好几年，我才反应过来：逻辑严谨、思考缜密、研究深入，只能靠自己实现，只能完全由自己操作，就连讨论都是耽误事儿的。

所以，回顾一下之前提到的我的好朋友铁岭说过的话：

> “听大多数人的话，参考少数人的意见，最终自己作决定。”

第一次听到这句话的时候，我的直接反应是：“高手就是高手！你看，他直接忽略了那个人们以为很重要，却最没用、最耽误效率的‘讨论’……”

到这里为止，我不仅告诉了你我走过的 3 个阶段，还告诉了你我是如何跨越每个阶段的。不过，我仍然没有办法告诉你到底应该如何完成“你自己的跨越”，因为每个人的路径很可能是完全不一样的，适用于我的不一定适用于你。然而，还是有一条真理存在：

> 你必须自己琢磨出自己的路径和跨越方式，而这恰恰是判断你能否进入第三个阶段（或称“境界”）的依据。

后面讲到投资的时候，你就会明白，对“自己的路自己走”这么简单的句子——首先，深入理解它并不是一件简单的事；其次，它是投资的终极原则之一；最后，也更为重要的是，它看起来简单，做起来难上加难。

只要在第三个阶段有过哪怕一次成功的经历，你就“开挂”了。你会发现：没有什么是你不敢学的——很幸福；没有什么是你学不会的——更幸福；在学会的东西里没有什么是你练不好的——不能更幸福了。

---

[1] http://www.wikihow.com/Eat-with-Chopsticks。

想想看，那些从来没有花心思想过这些问题的人，怎么可能随手拿出一把“钥匙”来呢？大多数人一生都不会进行这样的思考，而总是临时抱佛脚。唉……难道他们从来都不总结经验教训吗？难道他们不明白“佛脚”上根本就没有“钥匙”吗？

当年我写《把时间当作朋友》的时候，其实也使用了这把“万能钥匙”：

> 当遇到必须解决的问题时，别人盯着问题看，我却能想明白——应该去别的地方找钥匙。

等到想明白了，却发现时间不够用了——这是问题，是所有人都面临的问题。再仔细想想，这好像也不是能通过“管理时间”解决的问题啊！那该怎么办？去别的地方找钥匙呗！调用元认知能力，把注意力从问题本身移开，持续思考，很快就找到了钥匙：

> 管好自己就行了。想办法做正确的事情，这一点最重要。然后，想办法找到正确的方式：哪怕做事的方式错了也无所谓，毕竟那是可以修正的；哪怕效率低一点也可以接受，毕竟只要做了就有积累……

赚钱这事儿也是一样的。民间早就有这样的观察：

> 你追钱，追不上钱；钱追你，你跑不掉。

这话听着非常气人，也是绝大多数人无法理解的，但又是绝大多数人不得不承认的——真是让人无奈！要知道，无奈这个东西，几乎是一切坏情绪的根源。

2016 年，我身边的朋友看到我通过“写字”赚到了很多钱。可是，在 2005 年的时候，我真的不是为了赚钱才在网上写博客的。那时在网上“写字”根本赚不到钱，连实际上很容易收割的“注意力”都得不到多少。那时我们都是用最朴素的方式在其他地方赚钱（或者出售自己的时间，或者想办法提高自己时间的单价），以便去做一些自己有点兴趣且看起来“不务正业”的事情。

转眼 10 多年过去，互联网连接了所有人。突然之间，移动电子支付的成本趋近于零，内容变现成了“趋势”，我们这种善于创作、精于制作又精通传播的人因为这点技能“轻松地”赚到了钱（甚至伴随着无数其他的可能性）。

不仅要罗列，还要“展开想象的翅膀”，把你能想象出来的细节“栩栩如生”地写下来。相信我，这会“吓到”你的大脑（准确地说，是把那种你所需要的恐惧深深埋入你的潜意识）。然后，你的大脑就会在很多时候自动工作，催促你抓紧时间，否则，它就会焦虑、害怕、不安……

另外一个尤为重要的技巧是：

> 想尽办法去寻找拥有那项技能的人和人群（买房、学开车等都是社交化学习），尽量与他们共同度过大量的时间。如果没办法一对一交流，也起码要时刻关注他们（之前提到过，要想办法“从物理上接近目标”）。

社交，从来都是学习活动的一部分。

你可能不知道，如果你的朋友都是胖子，很有可能发生的事情是：你会慢慢被“传染”，也变成一个胖子。这不是开玩笑，这是事实：那些胖子的存在会影响你对“肥胖”这个概念的理解；更为重要的是，当他们叫你出去吃夜宵，笑嘻嘻地对你说“喝点啤酒呗”的时候，你会欣然接受……

古人说：“近朱者赤，近墨者黑。”——深刻。

所以，当你与拥有某项技能的人（最好是人群）在一起的时候，你就会不由自主地“发现”、“感受到”那项技能其实是很自然的，很实用的，没有它是根本不行甚至完全不可能的。

这些判断上的变化会极大地影响你的行为和感受，于是，很多在另外一个世界里“很艰难”、“很痛苦”、“很难坚持”、“如果没有毅力根本就做不完”的事情，在你的世界里就全都变成了“特别好玩儿”、“根本停不下来”、“要是能多玩儿一会儿就更好了”的事情。

这就是我创办“新生大学”的原因。对学习者和追求进步者来说，仅仅是相互见到、相互知道对方的存在，都有巨大的价值，只是很多人不明白这个道理而已。之前提到的“镜像神经元”也是“社交，从来都是学习活动的一部分”的根本原因。

所以，你也把那“努力”啊、“坚持”啊，从你的操作系统中删除了吧。

31. 你生命中最值得拼死守护的究竟是什么?

技能就是一个人的装备，每多一件装备，人就强大一些，所作所为就会在一个更高的层面上。很少有什么技能是“闲技”，只要它能与其他技能结合起来，就会形成“多维度竞争力”。尽管琴、棋、书、画被普遍认为是“闲情逸致”，但仔细想想就会知道，精通这些技能的人，若把其背后的思维模式拿出来做别的事情，一样是高手，甚至“一上来就是高手”。做事的节奏感，看事的大局观，“攻城略地”的战略与战术……哪一样不是相通甚至相同的呢?

20 世纪 70 年代出生的人（例如我），在长大的过程中都听说过英语的重要性，也都学过英语（只可惜，学了十几年，可能连门都没入）。绝大多数人从一开始就认定“其实学了也没什么用”，也有不少人将信将疑地“学”了一阵子，最后得出“我没有语言天分”的结论，反正到最后，只有极少数人能真正精通。可事实上，英语这东西用不着“精通”，只要够用就行。后来呢?20 世纪 70 年代出生的人，在 20 世纪 90 年代大学毕业，那时没有人能预见：再过 10 年，全国人民都有机会出国旅游！后来，当他们自己也有机会出国旅游时，却发现“只能跟团走”。为什么？因为他们单词不认识几个，半句英语都说不出来，若自己出去就是瞎子、聋子、哑巴……

可是，后悔已经来不及了。时间在惩罚愚蠢者的时候，只会毫不留情——这也是绝大多数人面临的尴尬局面。

市面上有很多书，书名模板是“……从入门到精通”。这类书大都很畅销，换句话讲，就是购买这类书的人不少。可实际上，坊间有一个戏谑的说法，说这种书其实是“标题党”，真正的书名模板应该是“……从入门到放弃”。那么，这到底是作者“标题党”的问题，还是读者自身的问题呢？

答案非常肯定：不是作者“标题党”的问题，而是绝大多数读者的问题。为什么？因为就是有一些读者真的按照书中的内容学会了、学好了、精通了。尽管这些读者是少数（甚至是极少数），可问题在于，在任何技能上，从来都只有极少数人能达到精通的境界，而能技压群芳的人从逻辑上讲必然是极少数中的极少数。古今中外，概莫能外。

终究有些人走到了最后，可更多的人究竟错在哪里（或者说，究竟差在哪里）？

一个最基本的原因在于：

> **他们低估了学习任何一项技能所需要的重复练习次数。**

重复，是从笨拙达到熟练的唯一通路。卖油翁所说的“无它，唯手熟尔”，用今天的神经科学术语解释，就是“通过大量的重复动作，最终使大脑中两个或者多个原本并无关联的神经元之间通过反复刺激而产生强关联”。至于需要重复多少次，因人而异。而关于“建立一个好习惯需要……天”的说法，事实上是站不住脚的，因为这件事没有通则，就是因人而异的。另外，需要重复的次数也和基础有关。同样是从头开始学弹吉他，练习指法，钢琴师和建筑工人建立同样模式的“神经元关联”需要的重复次数肯定有天壤之别。

现在有很多人都会开车。在从开始的笨拙达到后来的熟练（开车这件事，对绝大多数人来说根本用不着“精通”）的过程中，所有人都一样，能够体会到大脑的神奇力量——到最后，大脑已经把方向盘、刹车和油门（现在我开特斯拉，就没有“油门”了，只有“电门”）“内化”成身体的一个“器官”。

当需要左转的时候，你完全是靠“条件反射”完成动作的——瞟一眼反光镜，踩刹车减速，将方向盘以合适的速度转到合适的位置，转弯完成后略微松开方向盘，让它自己回轮，当车头方向摆正的时候，再次下意识地握紧方向盘，右脚早已恰当地从刹车处松开，踩到了油门（或者“电门”）上，慢慢加速……在这个过程中，方向盘就好像长在你的手上，刹车、油门就好像长在你的脚上——完全是一体的。

任何工具都一样，一旦我们能够熟练使用，它都会被大脑“内化”成身体的一部分。与此同时，在大脑里，一些原本不存在的神经元关联形成并固化，直至无法消失。

更普遍的例子是手机上的虚拟键盘。事实上，在移动电话被智能化，且普遍采用大屏幕之后，手机早已成了所有人的“器官”之一（人们丢手机的频率普遍下降，其实原因就是现在的人“机不离手”）。在刚开始的时候，你也许还要盯着虚拟键盘打字。而现在呢？基本上是想到什么，按出来的就是什么吧。我把这个神奇的现象称为“工具的内化”。

很多人在小时候没有养成兴趣爱好，这是很吃亏的（究竟有多吃亏，他们一辈子都没有机会弄明白）。我自认很幸运，琴、棋、书、画都沾了些边儿。刚开始弹吉他的时候，有些难度高的地方，感觉怎么都过不去（请注意：那只是“感觉”而已），就坐在那里生闷气。父亲看到就笑了，他告诉我：把速度放慢 1 倍去弹就简单了，重复弹很多遍“手指就记住了”。这个说法我永远都忘不了——不是“就会了”，也不是“就熟练了”，而是“手指就记住了”！

后来，我发现手指确实能“记住”很多东西。例如，许多年后，我在背单词时经常是边看边读边敲键盘，结果是：我只要把手放在键盘上，那一长串字母瞬间就飘了出来，可若拿起笔想在纸上写出来，竟然要回忆半天！

还有一件让我记忆比较深刻的事情。在上初中的时候，有一天读课外书，“黄金分割”这个概念引起了我的注意。我想：要是我能凭直觉分出这个比例就好了。于是，我琢磨出了一个练习的方法：找来一堆卡片，先在其中一张卡片的黄金分割比例处画一条线，然后在另外一张卡片上凭感觉画出黄金分割线，将两张卡片进行对比。反复画了一个下午，我的“手指就记住了”，同时貌似“眼睛也记住了”，反正我随手一画，那条线基本上就是卡片上 0.618 那个比值所在的地方。后来，我找来各种尺寸的卡片画着玩儿……最后，这竟然成了我在同学面前炫耀的资本，算是我的“绝技”，但其实那只不过是不需要重复练习太多次就能画出来的一条线而已。

当然，那时的脑科学没有今天这么发达，很多科学解释尚未出现，所以没有清楚的概念能解释这种现象。现在已经了然——其实那并不是“手指记住了”，而是“神经元关联通过重复建成并固化了”，从而产生了大脑将我们所使用的工具“内化”的神奇效果。

除了低估重复必要次数之外，有一个更深层次的原因使人们半途而废：

> 低估任务的复杂程度。

第一，任何一项真正有意义的技能，基本上都是很多技能（或者说“子技能”）的集合；第二，大多数技能若单独拿出来，作用并不大，需要与其他某个或多个技能配合使用，才能“效果惊人”。

这就好像在学素描的时候，虽然只使用一张纸、一支笔，但实际上还需要很多子技能——起码有如下两个：

> ▷ 画直线
> ▷ 画圆（圆分为两种，分别是正圆和椭圆）

任何一个擅长画素描的人，在最初的几个月里，都要把这 3 种形状（直线、正圆和椭圆）画上很多次，直到不借助任何工具，单手只笔“随随便便”就能画出标准（或者比较标准、相当标准）的形状为止。如此这般，他们便能随手画出任何几何图形。

当然，他们还需要更多的子技能。他们要研究透视学，他们要研究光影，他们要研究笔触轻重之间的微妙差异……所以，真正困难的不是如何掌握某个单项技能，而是如何在掌握多项技能的同时把它们**配合**起来使用。

以写作为例。写作这东西，说简单也简单，说难那真的很难。说它简单，是在熟练之后（其实，任何技能在熟练掌握之后，实际上都是很简单的）；说它难，很难，是在熟练之前，不仅需要学习并熟练掌握多项子技能，包括观察、思考、表达、沟通、理解他人等，还要恰如其分地使用这些技能，让它们能巧妙配合——你说，写作简单得了吗？

所以，很多人无论学什么都一样，很快就放弃了。事实上，这只不过是因为他们“重复”的次数太少了，所以根本达不到在神经元之间建立强关联的地步，当然也就没有机会体验那种“内化”的神奇效果。可是，他们为什么总是那么快就放弃呢？很简单：基于种种原因，他们从来没有真正掌握，更别提熟练、精通任何一项技能。

同样，由于之前没有真正掌握，更别提熟练、精通任何一项技能，所以，他们从来都不知道任何一项技能最终都是“复杂的集合体”。于是，他们总是倾向于低估学习任务的复杂程度，总是“拿着苍蝇拍打坦克”（不是“拿着大炮打蚊子”）——失败不就成了再正常不过的事情了吗？

事实上，你只要有哪怕一次学会某项技能的经历就好了。因为在那个过程中，你很清楚自己是如何从笨拙达到熟练的，也很清楚自己是重复了多少次才完成了“内化”的。于是，有过这种经历的人，会“显得”比没有这种经历的人更有耐心。

不过，我觉得在这里用“耐心”这个词可能不太准确，因为对于痛苦，人们大都没有多少忍耐力。被描述为“有耐心”的人，更可能是因为他们能实实在在地看到希望。反之，被描述为“缺乏耐心”的人，更可能是因为他们绞尽脑汁也看不到半点希望。所以，**是否“心存希望”才是真正重要的因素。**

“至少习得（熟练、精通）一项技能”，其实是所有的人在任何技能习得（熟练、精通）道路上的起点，也是他们能够到达终点的根本——有经验，所以有能力、有资格“心存希望”。因此，他们才能忍受自己的笨拙，忍受自己的低下，忍受（或者说“抵制”）各种可能会浪费注意力的诱惑——甚至根本不需要忍受。因为心存希望，所以何必在意成长之外的任何东西呢？

也同样基于已有的经验，他们会有意识地呵护他们心中的希望，因为他们知道那东西实在是太重要了，比生命还重要——如果没有它，生命还有什么意义？

有一次，毕加索在咖啡厅里突然来了灵感，就在餐巾上画了起来。邻座有个女人看到了，觉得他画得真好。几分钟后，毕加索喝完咖啡准备离开。

在他起身打算扔掉那块餐巾的时候，那女人开口说："能把那餐巾给我吗？我出钱买好了！"毕加索说："当然可以，那你要支付2000美元。"那女人懵了："什么？！你画那东西只不过用了两分钟而已！"毕加索答道："夫人，并非如此，那耗费了我60年。"

下面这段话对我来说，是玩笑，也不是玩笑：

> 我的这本书，不是用笔写的，更不是用键盘写的，而是用命写的，里面的每一个道理，不仅是"我所笃信的道理"和"我实践过的道理"，更重要的是，它们是"因为我已经做到，所以被证明为真正有效的道理"——时间不就是命吗？你说这本书应该卖多少钱？

话说回来，你现在知道什么最重要了吗？

> 希望。

让我们重新定义一下"什么是希望"。"希望"的通俗定义很简单：**相信明天会更好**。再精确一点，"**所谓希望，就是一个人相信自己的明天会因为今天的努力而变得更好**"。这里的重点是，明天不会自动变得更好。明天之所以能变得更好，是因为今天的行动，是因为今天用正确的方式做了正确的事情。明天是否会变得更好，与今天那笨拙所带来的不适感（甚至自卑感）完全没有关系——只要持续行动，一切都会改善（尽管有运气因素）；反过来看，一旦放弃行动，那么明天100%会变坏，没有例外。

能让你升值的是什么？是"思考"与"行动"。

若我们生命中真的有最宝贵的东西，那只能是"希望"。它不仅重要，而且最重要——任何人在上下求索之后得到的结论都是一样的，它几乎是整个生命的意义。然而，希望就像烛光，往往非常微弱，一阵风就可能把它吹灭。怪谁呢？应该怪自己。所以，它也需要你的守护，你的责任就是无论如何都不能让它灭掉。

那么，应该如何呵护这个生命中最重要的东西呢？相信我，无论什么事都是有方法论的，越是重要的事，越是必然有方法论存在，而且越是必然有更好的方法论存在。

32. 你知道投资领域实际上是另外一个镜像的世界吗？

投资，是一路不断成长的你终将闯进去的领域，我建议你越早进入越好。虽然投资有很多细分领域，例如债券、股票、天使投资、期货、货币套利等，但也有一些通用的原理需要注意——越早知道越好。

之前，我们反复提到“不同物种”的概念：

> 虽然人们活在同样的世界，头顶同样的蓝天，脚踩同样的大地，呼吸同样的空气，但面对同样的问题，人们却可能给出不一样的甚至截然相反的解决方案，在同样的场景里作出截然相反的决定——就好像截然相反的两个物种一样！

现在，再给你看一个“惊人的现象”：

> 其实，不同的物种常常活在不同的世界里，尽管那世界看起来是一模一样的，但若形象地讲，他们其实生活在看起来一样的镜像世界里，一切都是反过来的……

如何解释这种现象呢？又，究竟是什么原因使这个现象存在于此呢？

核心理由在于，人们所从事的各种活动有着本质的不同，有一个重要的因素使我们没办法对整个世界“一概而论”。

先来看下面这幅图（摘自 *The Success Equation: Untangling Skill and Luck in Business, Sports, and Investing*，Michael J. Mauboussin）。

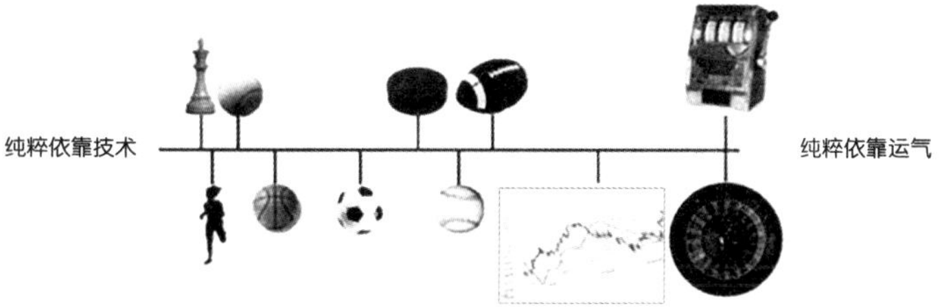

成功方程

成功是有公式的：

> 成功 = 技能 + 运气

在人们所从事的活动中，“运气”这个因素所占的权重各不相同，但我们可以将它们按权重从 0 至 100% 排列起来。于是，在象棋、围棋这类活动中，技能占 100%，根本就没有运气的空间；而在纯粹的赌博类活动（例如抛硬币）中，根本就没有技能的空间，运气的权重占 100%；在两个极端的中间，是各种技能和运气成分不同的“光谱”（例如打篮球，虽然技能很重要，但偏偏运气不好，看似已经投中的球在篮筐上颠了几下，最后竟然弹出来了）。

这里的重点在于，投资活动是靠近右端的，也就是说，运气的权重在这里是很高的。哪怕技能再强，也有运气不好的时候——不仅有运气不好的时候，而且运气不好的时候可能更多！

所以，这就是两个镜像的世界。同样是你，可能在学习和生活中身处“左侧”（更依赖技能的那一侧），而在投资中身处“右侧”（更依赖运气的那一侧）。只要稍稍启用一下你的元认知就能明白：

> ▷ 在左侧运用右侧的策略是不恰当的。
> ▷ 在右侧运用左侧的策略甚至很可能是致命的。

这就是绝大多数“聪明人”在投资领域只能“损兵折将”、“折戟沉沙”甚至“尸骨无存”的根本原因。他们积累了大量的左侧经验，在左侧世界所向披靡，然后冲进了右侧世界，却没看出这是一个镜像的世界，一切都可能是反过来的，于是，优势变成劣势，到最后“死因不详”。

最明显的例子就是对努力和勤奋的理解。在左侧世界里，努力和勤奋是上等策略；在右侧世界里，努力和勤奋事实上是无效策略，因为努力和勤奋对运气的影响可以忽略不计。在投资的世界里，赚钱不靠努力，“什么都不做”不仅是最重要的事情，还是最难做到的事情！而且，这个道理只有在做到一定地步之后才有机会“深刻体会”，在那之前，无论有多少人耗费多么大的时间和精力向你说明，你也只能“表现”出理解，但在骨子里，你还是原来那个物种。

在左侧世界里，你与他人讨论是很容易的，因为越往左，不确定性越小，所以，讨论的方向和结果通常都很明确——在这样的时候，讨论的价值是巨大的。可在右侧世界里，你会发现与人讨论是很困难的，因为越往右，不确定性越大，以至很难多方同时正确地理解真相，更不用说仅用语言这个模糊的工具达成一致的意见了。所以，在投资领域，“众包”事实上不靠谱（这是一个典型的在左侧世界里极其有效，而在右侧世界里完全无效的策略）。

向尚无投资经验的人讲解投资原则，通常被认为是“不可能完成的任务”，主要原因在于学习者暂时没有足够的“体验”来支撑自己的理解。这就好像“少壮不努力，老大徒伤悲”，每一代人无论耗费多大的力气，也没办法让所有的小朋友真正变成另外一个物种——因为大多数小朋友需要足够的体验来支撑自己的理解，而这恰恰是他们完全做不到的，他们的元认知能力完全处于“尚未开启”的状态。久而久之，到了“徒伤悲”的阶段，当初的小朋友们才反应过来：“原来当时他们说的确实是对的啊！”可在这个时候，恐怕只有悔恨的份儿了。更令人绝望的是，当初的“小朋友”的孩子和当初的“小朋友”一模一样，根本听不进家长哪怕一点点的说教——有什么比清楚地意识到“自己的下一代终将绝望”更令人绝望呢?

不过，我不觉得让你理解这件事有多难，因为你的操作系统里已经有了很多可以作为基础的核心概念，而且是此前完全没有的：

> ▷ 元认知能力
>
> ▷ 镜像世界
>
> ▷ 运气权重
>
> ▷ 左侧策略
>
> ▷ 右侧策略
>
> ……

再进一步，在随后对投资领域的讨论中，你要时刻运用自己的元认知能力去监督、甄别、调整自己的想法——因为这里面有大量的道理，看起来是那样直白，那样简单，甚至会让你产生“这还用你告诉我？”的念头。可是，这样的时候才是最危险的——若你的元认知不提醒你，你可能早就忘了这是一个镜像的世界，你看到的很可能是“长得一模一样，事实上截然相反的东西”。一定要小心！

这有点像什么呢？就像你在中国开车，习惯了左舵方向盘，而有一天你到了欧洲，满大街都是右舵车，在马路上要靠左行驶，虽然你一眼就能看出这左右之分，但在一开始，你会不断犯错，若不多加注意，甚至可能犯下大错。这个类比很形象，因为在投资领域，若没出事倒也罢了，若是出事，很可能就是性命攸关的。

再提醒一遍：

> 在右侧世界里，哪怕是一模一样的行为、方法、理论，都很可能（也不一定）会有与它们在左侧世界里截然相反的结果、效率或者作用。

这也是为什么在这个世界里，所有聪明人对一切问题的标准答案只有一个：“看情况”（即，要对具体情况进行具体分析）。所有的笨蛋都希望找到唯一的真理——不仅适用于自己，还适用于全人类（他们肯定忘了还有很多未知的星系和生命存在）；不仅适用于昨天，还适用于今天和明天；不仅适用于某个领域，还适用于所有领域……历史上从来没有人在这方面取得成功，因为这个追求本身就是愚蠢的——不仅愚蠢，而且实际上是基于懒惰的愚蠢。

你要学习的，不仅是那个你刚刚进入的、刚刚开始了解的右侧世界，更重要的是，你要学会在两个世界之间自由地穿梭——既能开左舵车，也能开右舵车。在左侧世界里，遵守左侧世界的规则，运用左侧世界的策略；在右侧世界里，遵守右侧世界的规则，运用右侧世界的策略。最终，你会发现这也不是什么太难的事，只是你过去没有意识到自己应该了解这两个截然相反的镜像世界，当然也不知道自己应该、也可以自由地穿梭于这两个世界。

穿梭的次数多了，你会得到一些解脱，因为并非所有“截然相反”的东西都会让你产生不适，并非所有“截然相反”的东西都那么重要——只有少数“截然相反”的东西你必须 100% 重视。而且，你偶尔也会发现一些竟然可以在两个世界通用的原则——就像幸福感破门而入。

33. 为什么就算有钱也不一定有资本?

我特别喜欢一个类比，喜欢到在各种场合反复使用，且用法“创意多端”（就像“诡计多端”一样）：

> **房子确实是主要用砖头建造的，但，仅仅一堆砖头摆在那里肯定算不上是房子。**

同样的道理：

> 资本确实是主要由钱构成的，但，仅仅一堆钱放在那里肯定算不上是资本。

钱和资本实际上是很不一样的东西，正如一堆砖头和一幢房子肯定不是一回事一样。所以，“有钱”和“有资本”其实完全是两回事。

那么，**“资金”和“资本”的区别究竟在哪里，“资金”需要具备哪些要素才能成为“资本”呢?**

钱顶多可以算作资金，而它要成为有效的资本，至少要考虑如下 3 个要素：

> ▷ 资金的金额
> ▷ 资金的使用时限
> ▷ 资金背后的智慧

我们先来看资本的第一个要素。在今天这个世界里，100 元是不可能被当成“资本”处理的——金额太小了。100 万元也许是资本，也许不是——要看这笔钱是在哪个领域进行投资。那 10 亿元呢？这个金额当然远超“够用”的范围，但即便如此，仅仅 10 亿元本身，依然很难直接算作资本。

资本的第二个要素更为重要：资金的使用时限（能使用这笔足够大金额的资金多长时间）。如果只能用 1 天，别说投资，就连赌博的地方都几乎找不到（因为你得找个旗鼓相当的对手，一天赌 10 亿元的赌客很难以安全的方式找到）。一笔金额足够大的资金，使用 1 天、1 个月、1 年、2 年、10 年甚至永远，其意义都是不一样的。在不同时间内，资金的威力有着天壤之别。

刘元生是万科的传奇股东。1988 年，刘元生以 360 万元人民币拿下 360 万股万科股票，至今都没有交易。以 2016 年 6 月 27 日万科的市值 2697 亿元人民币计算，他的万科资产账面财富大约为 27 亿元人民币——相当于 28 年前的近 750 倍！

但，别急着羡慕，这是绝大多数人不可能拥有的资本（20 世纪 80 年代末的 360 万元，金额足够大）。更为关键的是，这笔钱对刘元生来说是无须挪用的钱——这样的钱才算得上资本！拥有这样的资本的人，说是“十万里挑一”都太客气了吧！

实际上，最重要的是资本的第三个要素：资金背后的智慧。同样的钱，在不同人的手里会发挥不一样的威力。如果真有时空穿梭机，把你、我、雷军、王刚、徐小平带回过去的某个时点，给每个人 100 万元人民币去做“第一次天使投资”——不用猜，收益率最高的肯定不是你和我。滴滴得到的天使投资不过 100 万元人民币，早已上市的聚美优品当年得到的天使投资不过 10 万美元。

还是同样的措辞——这是个残酷的事实：

> **大多数人其实不配站在资本之后。**

我很清楚这个事实，以及这个事实有多残酷。

在 2008 年的时候，即便我有 100 万元“闲钱”，我甚至都不知道该投给谁。到了 2013 年，我以为我知道了，却投错了很多人和项目。对，我就是花了很长的时间，用了很大的力气，才觉得自己基本上可以“站在资本之后”了，但我也知道，自己在这个方面只不过还算凑合而已。

好消息是：虽然并不容易，但“站在资本之后”的实力确实是可以习得的。习得的方法是从各个维度（金额、时限、智慧）逐步循环突破。

要突破的第一个维度其实不是金额（这是让绝大多数人止步不前的最大陷阱）。很多人认为“反正我也没有多少钱”，于是觉得投资这件事和自己没有关系。他们不是安慰自己，而是鄙夷地说：“看着那些人整天算计、理财，挺傻的……”这是一种常见的心理自我保护手段，就像义务教育期间学习不好的人“理直气壮”地“瞧不起”学习好的人，或者小男生通过对小女生表示厌恶来掩盖另外一种情绪甚至开始讨厌自己被女性吸引——一模一样，没有任何区别。

其实，投资的重点并不在于盈亏绝对值，而在于盈亏比例——这一点格外重要。要看相对值，而不是绝对值。在同样的投资环境里，用 1 万元作为本金盈利 50% 和用 10 万元作为本金盈利 15%，前者的成绩优于后者，或者用稍微专业一点的说法：前者的资金效率高于后者。

把焦点放在盈亏比例（相对值）上，而不是本金或盈亏金额（绝对值）上，是 90% 以上的投资者终生都没能学会的东西，这在本质上就是没有把小学数学知识学以致用。90%！——你可能不信，你可能会想：“有那么夸张嘛！”看看股市里有多少人喜欢买“垃圾股”就知道了。他们买“垃圾股”的根本原因就在于“那玩意儿便宜”。他们是看重绝对值的，所以，哪怕是盈利潜力再高的股票，他们只要看一眼价格，“觉得太贵”，就扭头而去了。

很多人真的没有认真想过，在今天的股票市场，其实只要有几千元钱就可以开始投资了，而几千元钱是绝大多数人都能拥有的。他们只是不知道，也没想到：相对来看，本金金额根本不重要，重要的是盈亏比例。（国内股票市场的情况，在这里就不讨论，更不争论了。请注意：这一节的主旨不是鼓励大家现在、马上、都要去买股票，而是以股市的现状为例，证明“很多人对资本的基本看法就是肤浅的”。）

要突破的第二个维度，也是最重要的维度是：

> 能不能给自己的投资款“判无期徒刑”。

心理学家通过大量的调查研究，得到了这么一个结论：

> ▹ 2/3 以上的人若丢失了自己年收入的 10%……
>
> ▹ 1/2 以上的人若丢失了自己年收入的 20%……
>
> 其实都一样——根本不会影响自己的生活质量。

只不过大多数人并没有清醒地意识到这个事实而已。

换言之，年收入 6 万元的人，拿出 5000 元作为投资款，并给这笔投资款“判无期徒刑”，其实在很大的概率上不会影响他的生活质量。

这个最重要的突破，说起来容易，做起来难。但说穿了，这也只是一个观念上的问题而已。若观念转变了，这个所谓“突破”就是自然而然甚至不做不行的决定；若观念没有转变，则顶多“坚持”一阵子，然后一如既往，自然而然地放弃。

这是最重要的观念，也是最重要的铁律：

> 不能心平气和地被“判无期徒刑”的资金，就别假装资本混迹江湖了。

第二个维度的突破之所以最重要，是因为第三个维度的突破几乎是与它并发的：

> 投资的知识、经验、智慧，几乎只能从实战中获得，书上写的、牛人讲的都跟你没关系——那些东西不仅要在你骨子里生根、发芽且不夭折，还要等上很久，才会茁壮甚至茂盛地生长。

千万不要不相信这个漫长过程的不可或缺，这个过程不是凭聪明就可以跨越的（就好像生孩子一样，十个月就是十个月，多一个月或少一个月都很危险，而且无论如何也不可能提前四五个月），也和智商没有关系——没有什么可以帮你凭空跨越这个过程（仔细想想吧，这个道理和上面提到的绝大多数人一生都“没有把小学数学知识学以致用”是一模一样的）。

在最大的投资市场——股市里，80% 的投资者是亏钱的。若总结一下，提炼出最根本的原因，真的只有一个：他们其实不配被称为“投资者”，他们用来“投资”的不是资本，而是“装傻充愣的资金”。问题的关键不在于金额不够，而在于投资时限太过随意。于是，在最基本的条件未被满足的情况下，他们即便有短暂的辉煌，也只不过是海市蜃楼。

最终你会发现，能给自己的资金“判无期徒刑”的人，实际上已经拥有了足够的智慧，所以他们有资格“站在资本之后”。他们成为出类拔萃的投资人也只不过是早晚的事情，因为他已经起步了，而且早已“赢在起点”——最初那个“给自己的资金判无期徒刑”的行为，已经为他们日后养成“长期深入地思考未来”的能力打下了最坚实的基础。有了这个基础，很多技巧根本用不着了，很多陷阱自动消失了，很多无奈纠结瞬间烟消云散……

我知道你现在很可能觉得给自己的资金“判无期徒刑”既残酷又没必要，可这就是你要习得的智慧：**挣扎着学会分清“很想要却不能够”与“可以却不一定要”之间的巨大区别**。就好像一个人在拿到大学录取通知书之后竟然选择不去读大学，和其实没有拿到录取通知书却声称“我根本就不想去”一样——完全是两回事，差异非常大。你可以给你的资金“判无期徒刑”却选择两年之后就结束它的“刑期”，和你其实没办法给你的资金“判无期徒刑”却也在两年之后结束它的“刑期”，即便结果一样，其中也是有巨大差异的。这个差异甚至大到影响你的大脑的工作方式，而不仅仅是影响你的思考质量那么简单。

顺带说一句——你现在应该明白为什么“借钱投资”在大多数情况下胜算渺茫了吧？

> ▷ 金额甚至算不上“太小”（其实是负数）。
>
> ▷ 时限总是不够长，反正不能给它“判无期徒刑”。
>
> ▷ 若连以上两个问题都想不到，那真的不配“站在资本之后”。

还别说，这世界上真的有很多人痴迷于做更危险的事——借钱赌博。大千世界啊！确实有靠技能借钱赌博且全身而退的人，但你得想想：那技能要高超到什么地步才行？

2016 年 5 月，我在 Twitter 上说过这么一句话：

> 我找到了捷径，可已经身不在起点。

一路走来，走得越远，感慨就越多：这么简单、这么重要的东西，怎么就从来没有人给我讲过呢？又，我怎么就能在博览群书的同时那么“巧妙”

地躲过了它呢?（我当然不可能愚蠢到相信“资本三要素”是由我“抢先首次发现的真理”——肯定早就有人想明白了，肯定早就有人在某本我没读过的书里把它写得清清楚楚了。人生啊！）

如此看来，对绝大多数人来说，在观念升级之后，突破这 3 个关键维度就成了一个门槛并不高的活动。而对那些观念依然落后的人来说，这可是一道鸿沟——不对，是接二连三的鸿沟，他们可能连一道都跨不过去。

34. 你真的没有投资机会吗?

很多人终生都在抱怨“没有机会”，可事实却总是充满了讽刺意味：

> 总是有足够多的“大机会”就那么“活生生地近在眼前”。所谓“错过”，只不过是因为大多数人对此“视而不见”。

这种例子很多，但其中的每一个都很可能“看起来不太像好例子”——举这种例子的难度在于，举例者要“让原本被人们视而不见的东西在举例之后变得显而易见”（你可以“脑补”一下其难度）。

而且，一旦要讨论机会，就处处涉及“可能性”——每个细节都不是“确定的”，都不是“100%”。于是，对那些不熟悉“不确定性推理”的人来说，整个举证过程“实在是充满了漏洞”，“实在是可质疑部分太多”，以至根本听不进去，看不下去，甚至完全无法讨论下去。

可我们无论如何都要认真讨论下去，因为我们早就“上了路”，“走下去”是我们唯一的选择。请允许我先“硬着头皮”举一个例子，也请你耐心地把它读完。在这个过程中，无论你产生了怎样的疑惑（怀疑和迷惑），都请先放到一边，把它仔细读完，再反复读几遍，先尽量吸收，再分析其中的逻辑，最后下结论（我的意思是——你自己的结论）。

在我看来，2016 年发生了一件实际上很重大，但大多数人可能没有给予足够重视的事情：

> 互联网真的已经彻底占领了世界。经过 20 多年的迅猛发展，互联网已经完成了它最初的使命——连接所有人。

2016 年 6 月，Facebook 的月活用户数量达到了 16.5 亿——这几乎是全球人口总数的 1/5。同时，在地球的另外一端，微信的月活用户数量达到了 8.03 亿——这接近中国人口总数的 3/5。

从另外一个角度看，如下事实出现了：

> **全球所有有消费能力的人基本上都在网上。**

在此之前很长的时间里，所谓“互联网”，只是个“小众群体”。1997 年，中国上网用户总数量仅为 62 万——占当时中国人口的比例，你算算看？根据中国互联网络信息中心（CNNIC）的统计调查报告，截至 2006 年 6 月 30 日，中国网民数量为 1.23 亿——是不是依然算“小众”？

在互联网迅猛发展的这些年，有若干家公司已然成了巨头。我随手给它们杜撰了一个缩写：GAFATA（上网搜索了一下，Google 竟然有个字体的名字就叫“Gafata”）。

> - Google
> - Amazon
> - Facebook
> - Apple
> - Tencent
> - Alibaba

打个比方，如果互联网是一个“终于建成了的新世界”，那么 GAFATA 就是这个“新世界”里的“房地产巨头公司”，它们提供互联网上商业运转所需的一切基础设施与服务，包括数据、云、计算、支付、交易、社交等，所以，它们中的每一个都已经占据了“垄断性优势”。因此，在相当长的时间里，它们的赚钱能力就是最强的，而且说不定会越来越强。

最要命的是，它们也在做投资！对所有可能在互联网上出现的新技术和新服务，它们都“自然而然”地“狮子大张口”，使众多“早期投资者”折腾来折腾去，从宏观上看也顶多是“分了一小杯羹”（哪怕是行业内知名的风险投资机构，最终也是同样的命运）。

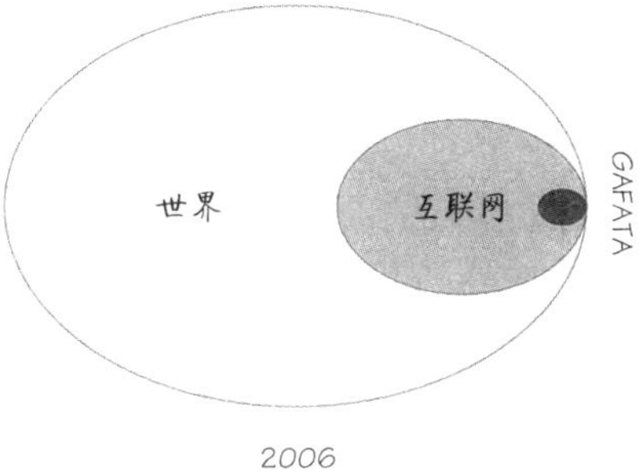

10 年前（2006 年）

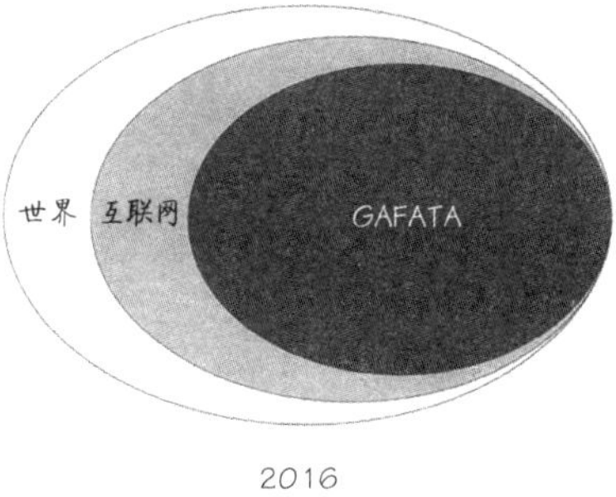

10 年后（2016 年）

那么，这个事实，与“机会”，尤其是“财富机会”，有什么关系呢？

首先，这些公司的股票都已经在金融市场上公开交易，也就是说，任何人都可以直接购买（投资）这些公司的股票。其次，这些公司的股票都是“大盘股”，所以流动性极强，购买它们的股票实际上在任何时候都可以“变现”。最后，更重要的是，它们很可能会在未来相当长的时间里保持极强的成长性（理由在前面已经完整说明了）。

> 注意以上措辞中的“很可能”3个字。即便这个“很可能”的可能性再大，也不是“一定”，而且，在时间流逝的过程中，这个“很可能”的概率其实在波动，振幅可能还挺大。

在我看来，GAFATA 很可能是每个人都有能力把握的机会（请注意：依然只是“很可能”，而不是“一定”）。投资 GAFATA 的相对风险较低也是一个非常清楚的结论，而且，持有周期越长，系统性风险可能就越低。

然而，对上面那句话里的“每个人”，我几乎是确定的。只不过我相信，对绝大多数人来说，即便有人这样告诉他们，他们依然会出于各种各样的原因，或者是事后想起来连他们自己都不能理解的原因，对这个“机会”熟视无睹，充耳不闻——等反应过来的时候，只好慨叹：“唉，都是命啊！”

我想，到 2026 年的时候，这段文字一定还在网上存在——这是互联网的好处之一。

例子举完了。

请注意，这个例子在这里不是作为“铁证”存在的，因为我知道这样一个事实——虽然我已经尽力说清楚了，可实际上：

> - 可能我还有说得不准确的地方。
> - 可能我还有说得不完备的地方。
> - 既便我说清楚了，说完备了，也会有很多人理解不了或者理解错了。
> - 对那些价值观与我不同的人来说，上面的例子很可能“漏洞百出”，甚至“千疮百孔”（也许是因为我们彼此生活在另外一个镜像世界里吧）。

所以，这个例子在这里只是用来证明一个道理：

> 你看，有些（大）机会，那么明晃晃地站在那里，可很多人就是看不见。

但是，别急，因为下面的内容才真正重要。

“看见了”又怎样？你以为你看见了机会，机会就是你的吗？显然不是。看见了只不过是看见了，把握机会完全是另外一回事。

机会越大，看到它的人群就越会展现出一个奇怪的倾向：

> 面对越大的机会，人们的行动力越差。

关于 GAFATA，我私下对很多人说过，因为我不觉得这是什么值得“保密”

的东西，甚至它的价值就在于：虽然它价值巨大，但它是那么显而易见——它是典型的“因为看起来太过简单而总是被忽视、被轻视”的结论。

最为关键的是，这个结论的价值可以用下面这个公式近似地表达：

> 收益 = 本金 ×（1＋复合年化收益率）^{年数}

也就是说，若你行动了，那你的收益——首先要看基数是多少（即，本金金额是多少）；其次要看投资年限有多长；最后要看复合年化收益率有多高，是百分之十几、百分之二十几，还是百分之三十几？严肃的投资者都知道，长期复合收益率在 25% 以上就是特别高的了——没经验的投资者想要的都是“至少几倍”的收益率。

在被我告知这个发现的人群之中，实际上动手操作的人，据我所知并不多。关于这一点，我并不奇怪，因为之前我遇到过更猛的投资品种，见过更多“反正就是不行动”的人，当然也见过更大比例的慨叹“当时要是再多想想就好了”的人。

在过去的一年多里（本书写于 2017 年 5 月），当我想明白投资 GAFATA 的逻辑之后（其实就上面那些内容），就开始行动了。定期持续买入 GAFATA，制定自己认为合理的比例、仓位及调整仓位的原则，然后对这些原则进行观察、总结和调整——我一点都不觉得这件事枯燥，反而觉得它有意思极了，所以乐此不疲。2016 年第四季度，我甚至在香港注册了一个基金，准备专门用来帮助自己和社群里的朋友共同投资 GAFATA。

所以，永远不要抱怨“没机会”。抱怨是另外一群人做的事情，反正不是我们。

问题在于，看到了机会不等于可以“自动掌握机会”，还是要加上持续的思考，以及基于自身思考的行动，才有可能真正把握机会——只是“才有可能”，而不是“必然”，因为总有运气因素存在。

你要做的是：运用自己的知识和思考，用自己的资本负责任地进行投资。负什么责任呢？在浮亏的时候淡定，在浮盈的时候从容——说起来容易，做起来难（因为大多数人没有合格的知识和判断能力在那资金背后做支撑）。

不要向别人问这种问题：

> 我人在中国，怎么买美股啊？（GAFATA 里也有只能在香港股市买到的股票。）

为什么不要问这种问题呢？因为这种问题应该是你自己想办法解决的问题。若连这种问题都解决不了，你不仅不及格，甚至是“负分”，没人有任何理由帮你。

我有个朋友，名字叫戴汨，是愉悦资本的创始合伙人。在 2016 年的时候，我帮他转发了一则招聘广告。

> **愉悦资本招聘**
>
> 愉悦资本准备招两名投资分析师，欢迎转发推荐，史上最低要求如下：
>
> ▷ 工作经验：越少越好。
>
> ▷ 投资或商业经验：最好没有。
>
> ▷ 重点大学，烧脑专业（数学、物理之类）。
>
> ▷ 热爱体育，不爱睡觉。
>
> **简历投递地址：自己琢磨**。

这就是他们的招聘广告，当时我看到就乐了。看完这则广告之后，竟然完全琢磨不出简历应该投递到哪里的人，直接就“不合格”，连过滤都不需要——对那些人来说，他们连简历都递不出去。

再想想，愉悦资本招的是什么职位？分析师。若是招前台，这样的要求有点过分，但是，想应聘分析师的人，若连“简历投递地址”都分析（研究）不出来，确实应该直接过滤掉，不是吗？这世界就是这么简单。

很多关于投资方面的所谓“问题”，不仅是不值得回答的，甚至是干脆就不应该问别人的——顶多先问问 Google，再自己琢磨琢磨，这是基本素质。

同时，请记住：

> 在投资领域，不要急于行动。

对投资知识的把握，最难的地方在于它实在“很违背直觉”，所以，形象地讲，若不把自己的操作系统搞个天翻地覆，是没有办法正确实操的——你已经保持了多半本书的耐心，还怕剩下的少半本书读不完吗？

2017 年 1 月 1 日，我在《通往财富自由之路》专栏里提到了“GAFATA”

这个概念。2017 年 5 月 12 日，我在这个专栏里发表了另外一篇文章，其中提到：

> 有多少人看到了，想到了，最终**做到**了呢？在十五六万订阅读者中，起码有 1/3 没有看到，你信不信？因为他们在订阅这个专栏之后，把它变成了“積ん読”（日语词汇，tsundoku，指那些买回来堆在那里还没读过的，或者后来干脆不读了的书）。剩下 2/3 的读者，看到了，也动了心思，但有多少人最终拿出了钱、找到了方法、买到了 GAFATA 并把它留在了自己的账户里呢？有多少人在这个过程中因为麻烦而放弃了呢？我们无从得知。虽然不一定很多，但我猜我们的读者里一定有一些人，在“折腾”了一下之后，现在手里真的有一定数量的 GAFATA 了——这就是人与人之间差异的产生过程。

四五个月过去，GAFATA 的表现如何呢？

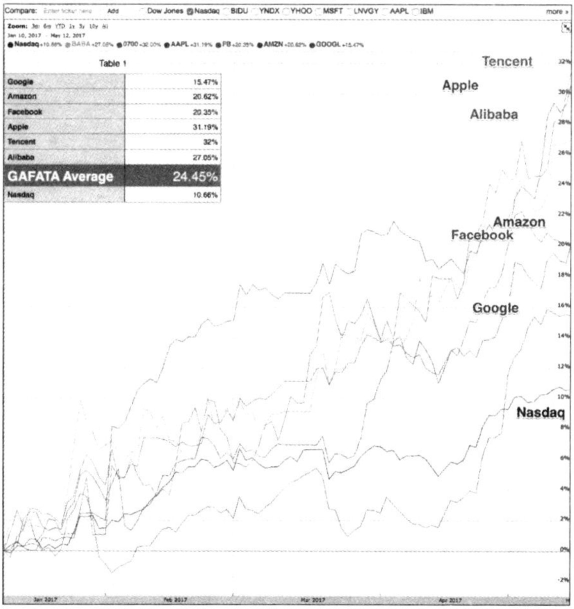

GAFATA（2017 年 5 月）

GAFATA 的平均增长率是 24.45%，而同时期纳斯达克指数的增长率只有 10.66%。在这段时间里，GAFATA 中表现最差的 Google，其增长率都比纳斯达克指数增长率高 50%！如果在 2017 年元旦前后，你已经买到了 GAFATA，假设你的本金是 100 万元人民币，那么在这段时间里，你的“睡后收入”已经有 24.45 万元人民币了——我的专栏读者里一定有人得到了这个收益（虽然人数不会很多，虽然本金金额不一定）。

若你暂时没有足够的资金去做投资倒也罢了，若你实际上有足够的资金却只不过因为“怕麻烦”而中途放弃了，或者当时只是想想而已，后来“没想到真的能涨”，那么，请问：没有得到那些收益，该怪谁呢?

想到（知道）、学到、做到之间有很远的距离——形象地讲，相差一个巴菲特，或者无数个李笑来。

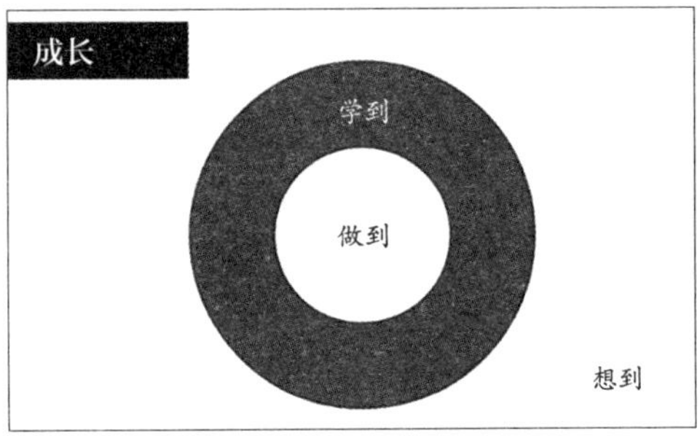

做到

成长究竟是什么呢？定义很简单啊——想到之后做到。如果想到之后不会做，那就去学，学到之后再去做，并且做到。为什么很多人的生命最终意义不大呢？很简单啊——想到了、说到了、知道了、学到了，可惜最终没有做到，于是，不了了之。

所以，没有什么是比“践行”更重要的了。我很喜欢一位读者在留言里说的一句俏皮话：“人至践则无敌”——确实如此。

在本书前面的内容中，我先是给出了“操作系统”的原型：

▷ 概念与关联

- ▷ 价值观与方法论
- ▷ 实验与践行

然后，给出了许多用来说明这个“操作系统”中各个要素的例子。现在，我又给出了一个“践行”构成差异的例子——还不够惊人？没关系，我有更惊人的例子。

大约从 1986 年开始，我很讨厌过春节，原因很朴素——太浪费时间。在那个时候，罗永浩就很不理解为什么我一到过年就找个宾馆躲进去——真是个怪人！

其实，那段时间是很安静的，可以连续几天安静地想自己的事，看自己的书，睡自己的觉……多年后回望，我最庆幸的是什么呢？就是 16 岁之后，我再也没看过中央电视台的春节联欢晚会。算下来，仅仅因为这件（小）事，我就比同龄人多活了至少 1 个月吧？

1995 年，我大学毕业。几乎是从毕业那一天开始，我变成了别人眼中的“工作狂”——我没有休息日，每天都在工作，连春节也不例外。这件事我身边的人都知道。

- ▷《TOEFL 核心词汇 21 天突破》最后的突击成稿是在 2003 年春节完成的。写《把时间当作朋友》的最初一稿（当时还叫《管理我的时间》）是在 2007 年春节。
- ▷ 2008 年年初，我和朋友合伙开了个留学咨询公司，在数码大厦租了间办公室，交完房租开始装修，装修得差不多了，就到春节了，于是大家都回去过年。等他们回来的时候，我已经接了几个客户，讲了一小期班，收上来的钱已经使公司产生了盈利。
- ▷ 2010 年春节，我一口气在两周内整理完《人人都能用英语》[1]，修订了《把时间当作朋友》[2]。
- ▷ 2013 年年初，我和两个小伙伴组建了 KnewOne，网站上线后没多久就到了春节。他们俩一个去了香港，一个去了柬埔寨，都是去度假。我留在家里充当客服……等两个小伙伴回来，网站的流量已经冲进 Alexa 全球排名前 5 万名了。

我就是这样一个人，**可实际上我并不讨厌给自己放假**，只不过我觉得法定节假日对我来说没有意义。那所谓“法定”是制约企业的，又不是制约我个人的，我什么时候该休息，应该是我自己说了算啊。手里本来有要做的事情，结果“法定”要休息，我就休息了，那手里的事情怎么办？在不得不与他人协同的时候，法定节假日更是气人，活生生把很多事情搅黄，而且每个人对此都不在乎——他们说他们有自己的生活。

> 以前在新东方讲寒假班，每期班快结束时，总有一些学生跑来理直气壮地索要最后一节课的讲义，说：“我要赶回去过年……”我就乐：“嗯，过吧，好好过，使劲过，以后你就年年都在家过年吧，还留什么学啊？”

你知道一年有多少个节假日吗？很多人还真不知道，也没去查过。算上周末双休日，一年下来，法定节假日大约有 115 天。

在从 1995 年到 2015 年的 20 年里：

> $115 \times 20 = 2300$（天）

也就是说，20 年下来，我比别人多了 2300 个工作日。所以，我多做了很多事情还有什么可奇怪的呢？

要是换个算法，别人的一年其实只有 250 天，我却有 365 天，那么，我相当于比别人多了 $2300 \div 250 = 9.2$ 年！也就是说，“长期”这个概念，对我和对别人来说是不一样的，我的“长期”比别人短很多！——你说划算不划算？（在后面你会理解“长期”这个概念有多重要。）

不接受法定节假日，并不意味着我就不生活了，事实上，**我很注重生活的质量**，也很乐意在生活中像在工作时一样，不断升级概念与方法论，不断改善生活质量。假设在多出来的“工作日”里，我每天只工作 6 小时（虽然实际工作时间肯定比 6 小时长，但也不可能是 12 小时甚至更长）——我也是干一会儿玩儿一会儿的啊，要不然我怎么能学会弹吉他呢？

想到，然后做到，差异就是这么大。

---

[1]《人人都能用英语》在这里：http://zhibimo.com/books/xiaolai/everyone-can-use-english。

[2]《把时间当作朋友》（第 3 版）在这里：http://zhibimo.com/books/xiaolai/ba-shi-jian-dang-zuo-peng-you。

35. 别闹——没有钱能不能开始投资?

“等我有了钱，就马上开始投资！”这句话的漏洞不仅在于：

> 你什么时候才能有钱呢？万一总是没钱呢？

放眼这个世界，很不幸，那“万一”还真的发生在了绝大多数人身上。所以，很多人一生都没有投资过，甚至，更多的人连“开始”都没有过——要知道，在“开始”投资的人中，绝大多数也是以失败而告终呢。

其实，之前提到：

> 钱（资金）本身不配被称作“资本”，因为“拿着钱”的人可能没有足够的智慧把自己的“资金”变成“资本”。不是“钱”不配，而是拿着钱的“人”不配站在资本之后。

所以，前面那句话的另外一个漏洞在于：

> 投资不一定要等到很有钱才能做。

投资这件事，真的不一定要等到有钱了才能做，没钱一样可以做投资——这是很多人从来没有想到，也从来没有因其感到震惊的事实。

我们先整理一下思路：

> 在投资这项活动中，最重要的元素是什么？

其实，我早就给出了答案：是投资者的“思考能力”（或者说“智慧”）。资金要想成为资本，需要具备“金额”、“时限”、“智慧”这3个要素。它们的重要程度，按照如下顺序排列可能是最合理的：

> **智慧 > 时限 > 金额**

为什么金额实际上是投资活动中重要程度相对比较低的因素呢？因为衡量投资成功与否的核心指标，并不是最终赚到了多少“钱”（绝对值），而是到了最终，起初那些钱的增长比例是多少（相对值）——增长比例才是更为本质的衡量指标。

另外一个原因是：当身在起点时，“金额”对每个人来说几乎是“无法由自己控制的因素”。若你是“富二代”，你就“直接”拥有了更多的“金额”；若你不是，你可能连“一定的金额”都未必拥有。

然而，“时限”这个东西，对所有人都是公平的，与在起点上的差异无关。我既不是“富二代”，也不是很有钱，但，我想，任何一个正常人，只要“主观上稍微坚定一点”，就可以拿出几千或者几万元，并给这笔钱“判无期徒刑”。只要做到这一点，一个人在投资领域，在“时限”这个维度，就与所有“合格的投资者”及“优秀的投资者”一起站在最高的位置上了——不能再高了。

想明白这个道理，需要的就是“智慧”——一个比“金额”和“时限”更为主观的东西。可这偏偏是任何人都能做到的，这真的是很违背直觉的事情。

> 最难的竟然是最简单的。之所以说它最难，就是因为它太简单了，以至于很多人干脆没想到。

再深入一点，“投资智慧”不大可能通过“遗传”获得（关于这一点，在后面会深入解释）。

所以，把我们的结论综合起来重述，就是：

> 投资活动里最重要的因素是“智慧”，在这一点上，没有任何人有“先天优势”。

在许多年前那个阳光明媚的下午，忽然想明白这一点的那一瞬间，我大汗淋漓，脑子却格外清醒。抬头，我看见了未来。

这是一个思考过程的复盘。我做过很多年的老师，我知道思考这东西在起步的时候会显得“多么不自然，多么吃力”。上面的思路对读过这本书前面的内容的你来说，显然是“老调重弹”。可我们都已经有了一定的元认知能力，运用元认知能力，我们可以审视自己的思考，再进一步，“高级一点的使用方法”是运用元认知能力去揣摩他人的思考（结果及其过程）。所有优秀的老师，都是这方面的高手（大多数老师其实不合格的原因也在这里）。

既然我们的结论是有3个维度在定义“资本”，那么在任何一个维度上“更进一步”，都是打造多维度竞争力的基本手段。既然在“金额”上受先天限制，既然在“时限”上很容易到达最高点，既然在“智慧”上每个人都没有先天优势——既然“智慧”是最重要的因素，那么：

> 为什么不马上开始锻炼自己的智慧呢？

就算你觉得自己没有钱，也可以开始锻炼自己的智慧。

如何开始锻炼投资智慧？

> 创建一个 Excel 表格（用 Mac 上的 Number 或者线上的 Google Spreadsheet 也行）。然后，设想你用 1 美元买了 Google 的股票，在每个月的月底，更新一下股票价格，算出相对最初投资 1 美元的涨跌幅——完事儿。
>
> | A | B | C | D | E |
> |---|---|---|---|---|
> | | | Google | iG | G-Chg% |
> | 1 | 2016.11.30 | 775.88 | 775.88 | |
> | | 2016.12.30 | 792.45 | 792.45 | 2.14% |
>
> 股票价格记录

当然，你也可以跟踪若干个公司的股价变化。不过，建议你不要关注太多，三五个已经足够，否则你的精力可能会不够用——即便是“虚拟投资”。过不了多久你就会知道，“磨炼大脑”这件事很实在，一点都不“虚拟”。

你反应过来了吗——开始投资活动的条件是什么？竟然只不过是：

> 只要你愿意……

这里有几个要点：

> ▷ 事实上，你在一开始跟踪的股票是不是 GAFATA 其实无所谓。如果你英语不好，那么在国内股票市场上选一个你有根据地认为可能会持续成

长的企业就可以了，因为接下来，你在闲暇时要关注这个企业的财报和其他新闻。

- 金额必须设置成1元——也就是最方便计算且金额最小的单位。事实上，1元、1000元、1000万元，抑或美元或者人民币，都无所谓，不是因为“反正是虚拟投资”，而是因为从一开始就要养成习惯：关注相对值，而不是绝对值——增长比例才真正重要。
- 每个月只更新1次数据。在每个月的其他时间里，绝对不要去看这个数据。看它不仅没有意义，更可怕的是会让你养成坏习惯。至于那个坏习惯究竟有多可怕，以后你会越来越明白的。（进一步的自我训练是：如果你有一次破例，没到月底就忍不住去看数据了，那你一定要想办法适当地惩罚自己一下。）

很多人都会不由自主地想：“这么做有什么意义呢？”如果你想得出来，你早就做了——你不是一直没做吗？也就是说，以你目前的情况，是不可能想出这么做有什么意义的。

让你做，你就做，少啰嗦。

因为前提很清楚：

- 你想学。
- 我有经验。
- 虽然我知道你想不出“这么做有什么意义”，但我猜你起码能想明白“这么做好像什么坏处都没有”。

持续至少12个月，才算是入门——这已经算是非常快的了，以后你会越来越明白这个道理。以后，你会见到无数的人在冲进投资领域的时候，连哪怕一点点的基础训练都没有，以至于他们以为自己冲进了市场，而实际上迈入了赌场。

我想，我已经想办法与你在一定程度、一定范围内建立了信任——假设你每周读这本书中的一节，耐心地、只字不差地读，那么，已经坚持了30多周的你，一定早就体会到了元认知能力的重要与强大，一定早就体会到了“知道”、“会”、“懂”、“深刻地懂”这些阶段之间的巨大差异。

这些年来，我与很多公认的投资领域专家深入接触过。到最后，若你有和我同样的机会，你也会发现：事实上，在各个层面总结下来，大家面临的最大问题是一模一样的：

> 如何才能使自己配得上那个机会？

如果你已经不是“入门级投资者”，而是在向更高的层级迈进，那么我在这里更要提醒你：

> 最终，每一个思维漏洞都必然导致决堤——你的资本越多，决堤效果就越惊人。

我经历过很多次，也吃过很多亏——都是很难言传身教的血淋淋的教训。那些教训对别人来说没有用——那些教训仅仅来自一个“属于你自己的特定的思维漏洞”。

我们在这本书里要做的事情很简单：想办法堵住一个又一个最常见、最普遍、最可怕的思维漏洞，甚至要在你还没有钱去投资的时候就启动这项工作，等你终于有钱进行投资的时候，你可能已经有了一年、两年甚至“一辈子”的经验，于是，在“机会真的来了”的时候，你不仅配得上，甚至比别人更配得上那个机会。

就这么简单。

36. 傻了吧——你以为投资是靠冒险赚钱的吗?

相信你从小到大一直被这样洗脑——反正我是被这样“洗”过的:

> 想赚大钱?那得有冒险精神!

这是最普遍也最有害的“坊间传说”，到了现代，可能得用“都市传说”这个词了。在所有的文化里，每个小孩子在长大的过程中，都以“胆怯”、“懦弱”为耻，也都以“勇敢”、“坚强”为荣，而“冒险”显然是最常用的彰显勇气的方式。

包括我在内，很多人在小时候都有过类似的“游戏”经历：看见马路上开过来一辆车，就飞快地跑着穿过马路，然后，一群小朋友在那里听着隐约传来的司机的骂声，洋洋自得、没心没肺地哈哈大笑……许多年后，当我学会了开车才反应过来，那司机更可能是吓坏了，而不是气坏了，所以才会使劲儿地骂我们。

关于“冒险”这个概念，观察者和行动者的理解可能非常不同，甚至截然相反——又是两个镜像的世界。

这有点像什么呢？脑外科医生在做开颅手术的时候，他的每一个动作“看起来”都是“危险”的，一点点的失误就可能造成很严重的后果——这是从观察者的角度来看。而从行动者的角度来看：第一，他的目标是成功，而不是冒险；第二，他通过高强度的训练，掌握了完成观察者不可能完成的工作的必需技能；此外，他是专家，他知道什么是危险的、什么是安全的，他知道怎么做是真正的冒险，他更应该知道怎么做才能有效地避险。

于是，在整个过程中，观察者时时刻刻“体会到”各种危险，心惊胆战，觉得行动者在不断冒险，最后是因为冒险才获得了成功。可实际上，**行动者的所有注意力都放在如何避险，而不是如何冒险上。**

请仔细想想，当我们看到有人完成高难度动作的时候（我们是观察者，他们是行动者），他们若“经验丰富”，那所谓“经验”，就更可能是“避险经验”，而不是“冒险经验”。如果没有人提醒，我们这些观察者就可能出现理解偏差，误以为行动者拥有的是丰富的“冒险经验”。

我在价格很低的时候买入了大量的比特币，后来大涨也没卖，再后来大跌也没卖……于是，就有人说：“笑来，你真大胆！”也有人评价：“唉，做大事的人就要敢于承担极大的风险……”

真的吗？真的像他们看到、想到的那样吗？

> “价格很低”是指相对于当前的价格很低。我买的第一批 2100 个比特币均价 6 美元（2011 年 3 月），现在比特币的价格是 700 多美元（2016 年 12 月）。另，比特币曾经涨到 1000 多美元，又经过两三次“腰斩”（其实那个时候人们同样认为它已经太贵了，赚不到钱了）……可实际上于我来说，在这样的时候购买并不是冒险，因为：
>
> > 如果它竟然是对的，那么它一定不止这个价格。
>
> 我只不过是把最初花费 4600 元人民币买入的股票，在其已经价值十几万美元的时候卖掉，再买入比特币。所以，即便一切都化为乌有，我也能承受。
>
> 我从比特币价格自十几美元一路下跌的时候开始反复买入，最后均价为 1 美元左右，直到预算花完，实在没钱再买了。在这个过程中，从我的角

> 度来看，我并没有冒险。当我看到人们恐慌，觉得“比特币已死”的时候（那是 2011 年下半年），我反复阅读各路报道和文章，没有看到任何站得住脚的理由——真的一条都没有（这很奇怪，也多少令我迷惑）。而到了 2014 年 12 月，大涨过后“腰斩”，网络上的文章再次完全重复 2011 年年底的论调（当然，他们没有剽窃别人几年前写的文章，只是没去了解比特币的历史）。于是，我认为他们是错的（即便他们人多势众，但“人多”和“理正”从来都没有关系）。按照我的思考结果，我就应该持续买入，买不动了就拿住，反正卖出肯定是错的。
>
> 在当时的情况下，按照我的逻辑，不买才是冒险呢！因为我当时的结论是：以长远的眼光来看，这个东西的价格能涨到多少是无法想象的。
>
> 而当时的情形反差很大，那些私下把比特币按照今天来看过低的价格卖给我的人，一方面对我说“谢谢”（因为竟然有人花钱买这东西），另一方面夸我“勇气可嘉”（因为他们当时在暗自庆幸自己终于解脱了）……再后来，比特币价格涨到 1000 多美元（这个上涨过程就发生在短短的 6 周内，甚至一度超过了每盎司黄金的价格），我没卖。再再后来，两三次腰斩，我也不动。
>
> 这真的是勇气吗？这真的是在冒险吗？其实对我来说不是，理由很清楚：
>
> > 离我的成本价还很远呢，对我来说哪里有风险？
>
> 请务必注意：以上的例子，是我当初对自己投资比特币的思考。它在本文中仅作为“行动者往往更关注避险”的一个例证，绝非投资建议。绝对不要把以上例子中的文字理解错了，而把它作为你的投资依据。下面这句话无论怎么强调都不过分：
>
> > **你的投资依据必须靠且仅靠你自己的深入思考而得到。**

所以，与很多人想象的全然不同，我其实属于风险厌恶型。我小时候可不是这样的，那时我常常以为冒险是勇气的证明。后来，书读多了、历史看明白了，才知道：

> “冒险”常常是他人对冒险者的理解，而不是所谓“冒险”成功的人的行动。

哥伦布之所以被人们称为“冒险家”，是因为只有他坚信“地球确实是圆的”（当时能真正理解这件事的人还不多），而且坚信到愿意用行动去证明、用商业去收获的地步。看的人觉得那是冒险，做的人则是在深入思考后不得不做——思考越深入的人，越倾向于坚定地遵循思考结果。

现在大家熟悉的“风险投资机构”（VC）就是一个被民众普遍误解的概念。连很多一线创业者在最初的时候都会或多或少地曲解从事风险投资的机构和个人，他们最常说的话可能是这样的：

> 你不是“风险投资”吗？没风险干嘛让你投资啊？！

这是最典型的“望文生义”。

风险投资模型其实很简单，通俗点讲就是：

> 锁定一个增长最为迅猛的领域，然后在那个领域里投资很多有可能超速增长的初期企业，以期在得到最大化的收益的同时，从概率上保证总体风险降到最低。

VC 其实是最懂如何“不冒险”的。风险投资的模型设计，也是为了避险，而不是冒险，目标有两个：

> ▷ 尽可能获得最大化收益。
> ▷ 尽可能降低系统化风险。

为了获得最大化收益，他们要先锁定他们认为增长最为迅猛的领域。例如，在上一个 10 年里，互联网领域的发展优势“天然”就是其他“传统”领域的成千上万倍。这种“锁定领域”本身也是降低系统化风险的基本手段之一。然后，他们要在这样的领域里去筛选“谁是第一”、“谁的增长速度最快”等，甚至“把前三名都投一遍”，还要和其他 VC“抱团取暖”、“同舟共济”……这些都是为了降低系统风险而采取的措施，而不是人们想当然的那样——“竟然是为了冒险”。

换言之，虽然名字里有“风险”两个字，但实际上，他们是“避险”高手，而不是“冒险”高手，他们不屑于充当“勇敢者”。虽然当别人那么称呼他们的时候，他们也觉得无所谓，反正“教育他人并不是首要任务”，他们中的一些人甚至乐得顺应大众的理解，不时说一些“风险我们去冒，你们专心把事情做好”之类的话，但实际上，“以更低的风险获得更大的收益”才是他们的核心价值观。这也是“资本”这个东西骨子里应该有的价值观，不是吗？

我们曾经讨论过：为了与他人合作，我们有必要“有意放弃部分安全感”，但这并不是鼓励盲目冒险。在如下两件事情上一定要注意安全，学习并积累避险经验：

- 资本安全
- 人身安全

可人们为什么普遍倾向于在资本上无视风险的存在呢？从总体上看，就是因为人类普遍没有资产管理经验，还没有机会对由资本风险造成的恐惧形成“基因记忆”。若一个小朋友看到桌子上摆着一把枪，他会好奇地拿起来玩，一点都不会害怕，当然也完全不知道那是可能致命的东西；可若在他背后出现一条蛇，哪怕他还没看清那东西究竟是什么，也早已吓得瑟瑟发抖、嚎啕大哭了。为什么会这样？因为我们每个人都有“基因记忆”，很多恐惧早已植入基因，无须讲解，无须教授，天然就懂，天然就会，天然就感受得到。

现在再来看看——人类对财富和资本的认识，实在是不多、不久、不够，甚至实在是太少、太短、太不够了！如下内容都是毫无疑问的事实：

- 人类对财富的认知历史其实没有多久。从人类开始使用货币至今不过几千年而已，这在人类的历史长河中是相当短的一段时间。
- 长期以来，在人类之中拥有足够财富的人群比例一直是非常低的，那比例其实低到甚至可以忽略不计的程度。
- 整个人类，除了一个民族（犹太人）之外，迄今为止都会或多或少地将“复利”这个概念“妖魔化”，而“复利”是财富领域最重要的概念（后面根本没必要跟着一个限定词“之一”）。
- 人类社会的动荡从未停止，古今中外都一样。每一次大的动荡，本质上都是对财富拥有者的杀戮，因此，关于财富的基因事实上很难传承。
- 人类真正认识到市场的好处（从真正的知识研究角度，而不是“凭直觉”）只不过是最近两三百年的事情（中国在20世纪80年代才重新开启了这方面的认知）。

> ▷ 人类真正研究经济的运作规律，从亚当·斯密开始计算，迄今不到300年。
> ▷ 人类对投资市场的探索，只不过是从200多年前开始的（美国的股票市场是从1792年华尔街边的一棵西印度常绿树下的露天交易开始的）。
> ▷ 人类对概率的真正认知，是从十六、十七世纪开始的。而将对概率的研究脱离赌博，应用到资本和风险评估上，要到20世纪初才算起步，迄今不到100年。

也就是说，在财富与资本领域，对于风险的认知，对整个人类来讲，根本不可能产生“基因记忆”，也根本不可能天然就懂、天然就会、天然就知道该怎么做。当然，最可怕的不是不懂，而是明明完全不懂却不知道自己不懂，甚至觉得自己很懂……

人类与大自然大面积共处的时间是数十万年，可谓经验丰富；然而，人类与资本打交道，却相当于全然没有经验。关于冒险的“基因记忆”，是人类在与大自然斗争的过程中养成的。现在，若把这些经验运用到“与资本打交道”、“与资本共处”上，则基本上是不适用的。

这是不变的生存法则，开车如是，生活如是，投资、创业亦如是。只要涉及人身与资本：

> ▷ 安全第一

然后才是下一条原则：

> ▷ 成为专家

锤炼自己的学习能力，需要什么就学习什么，成为那个领域的专家，然后像专家一样思考、决策、行动。专家不轻易冒险——虽然电影和小说里经常大肆渲染他们如何在关键时刻“冒险”，但那是大众娱乐，若不那么描写，大众就不相信。

别人也许会赞赏你的勇气，而你却要知道，“勇敢”从来都不应该是需要自我证明的东西。这真是跟整个社会唱反调——它教育我们要“勇敢”，却从来不告诉我们，那是它需要的，而不是我们需要的。

要知道，只有爱面子的笨蛋才需要证明自己有勇气。他们不懂的是，虽然一时的面子保全了，他们却早已因此成为被时间碾压的对象。所以，一定要认真仔细地：

> 看傻瓜们冒险。

看得多了，你的避险经验就丰富了。

结论是这样的：

> 在做事之前一定要想清楚，要深入思考到你的结论已经和绝大多数人不一样——要做到“特立独行且正确”才行。在这样的时候，你做出来的事情会把别人吓到。他们觉得你在冒险，你却知道实际上是怎么回事。

有一本必读书：*Fooled by Randomness*。这本书的作者是纳西姆·尼古拉斯·塔勒布（Nassim Nicholas Taleb），他也许是目前地球上最聪明的人之一。他还有两本书：*Black Swan* 和 *Antifragile: Things That Gain from Disorder*。前两本书是他为了让读者读懂最后一本书而写的“序”。

再深入一点——避险也是有方法论的。做什么都不能做“险盲”（这是我借用“文盲”这个词汇的结构杜撰出来的词汇，指那些不了解风险，不知道如何回避风险，更不懂如何控制风险的人）。文盲的一生其实很吃亏，险盲的一生更是如此。文盲可以通过（自我）教育得到解放，险盲也一样。

假设有两个人玩公平的抛硬币赌输赢游戏，规则是：

> ▷ 赌注大小恒定。
> ▷ 直至一方输光，游戏才能结束。

请问，最终决定输赢的是什么（单选）？

> A. 手气
>
> B. 谁先抛硬币
>
> C. 抛硬币的次数
>
> D. 游戏总时长
>
> E. 以上皆是
>
> F. 以上皆不是

实际上，风险教育应该是理财教育，甚至应该是整个教育中最重要的部分。也不知道是什么原因，它竟然一直被忽略，人们能见到的风险教育顶多是在学校或一些机构里进行的防火模拟演习。火灾其实只是风险的一种，有一个术语是“不可抗力造成的系统风险”，而这也是我们必须不断自我教育的原因。**仅靠别人教永远不够，要靠自己学才行。至于“活到老，学到老”，其实只不过是一种生活方式**。

如果你在做上面的选择题时多少犹豫了一下，或者选择的答案竟然不是“F”，那你还真的或多或少就是一个险盲。不过，一篇文章的光景，你就基本上可以“扫盲”了——这本身不是一件困难的事情。

首先，要平静地接受第一个事实：

第一，风险是一种客观存在。

风险就在那里，不离不弃，不会因为你怕或者不怕它就有所变动。甚至，从广义上来看，即便你什么都不做，还是时时刻刻有风险的陪伴。

为什么风险几乎永远存在呢？因为第二个事实：

第二，一旦有未知存在，就有风险存在。

为了了解风险、研究风险、回避风险，甚至控制风险，人们鼓捣出一个数学分支——概率统计。这几乎是所有人都应该认真学习的学科，只可惜，好像绝大多数人都只是应付一下考试就把如此重要的知识“还给老师”了。

在学过一点概率的人中，有一个普遍的误解，就是认为“风险的概率决定风险的大小”。可实际上，衡量风险的首要因素不是风险的概率。这就是我们要提到的第三个事实，也几乎是摆脱险盲的最重要的事实：

第三，衡量风险大小的决定性因素是赌注的大小。

关于之前的那道选择题，最终决定输赢的是谁的赌本更多。

由于赌注是大小恒定的，又由于抛硬币是概率为 1/2 的游戏，所以，如果双方赌本一样多，那么最终双方输赢的概率就都是 1/2。可是，如果一方的赌本更多，那么他最终获胜的概率就会更大。由于玩的是概率为 1/2 的游戏，所以，如果其中一方的赌本是另外一方的 2 倍以上，那么前者几乎必赢。也就是说，在这个游戏里，赌本相对越多，输的概率越趋近于零。

如果你参与这个游戏，一上来发现那个“恒定大小的赌注”比你的总赌本还多，那你就不应该参与。如果你的赌本只够下 1 注，虽然赢的概率依然是 1/2，但从长期来看，你没有任何胜算。

很多人看起来一辈子倒霉，可实际上，那所谓“倒霉”是有来历的——他们对风险的认识是错误的。他们倒霉的原因只有一个：

> **动不动就把自己的全部赌进去。**

赌注太大，则意味着结果无法承受。为什么赌本少的人更倾向于下大赌注呢？据说是因为自身越差的人梦想越大。在高速公路上把车开得很快还不愿意系安全带的人——险盲，因为这些人不知不觉就把自己的性命当成了赌注。经常做铤而走险之事的人——险盲。在股市里因为怕自己赚得少而拿出全部身家（甚至借钱，更甚至借钱做杠杆）的人——险盲。

上面的讨论其实涉及第四个重要的事实：

第四，抗风险能力的高低本质上就是总赌本的大小，尤其是在面临同样概率的风险的时候。

反过来看，当赌注恒定，赌本却相对无限大的时候，即便遇到 99.99% 的风险概率，玩家其实也全然无所谓——赌注相对太小，输了就输了吧。

还有一个现象需要注意：**在赌注相对大的时候，智力会急剧下降**。为什么高考的时候总有一些人考砸？就是因为赌注（自己的未来）太大，以致压力太大，进而无法正常发挥。

同样的事情也发生在国际台球大赛上。那些天天刻苦训练的选手，每一个在训练的时候都能经常打出“满贯”，但在整个赛季里也没有几个选手能在赛场上做到。为什么呢？就是因为赌注太大了。平时训练的时候没有赌注，也就没有压力。这也可以反过来解释一个常见的现象：历史上所有成功的庞氏骗局都有一个普遍的重要特征，那就是“加入费用惊人地高”，因为只有这样，进来的人才能普遍不冷静。

所以，人真的不能穷，不能没有积蓄，否则真的会在某一瞬间突然变傻。另外，永远不要“all in”，这在很多时候不是空话，真的要放在心上。

第五，冒险没问题，但尽量不要被抽水。

“抽水”是赌场里的术语，是指赢家要支付盈利中的一定比例给庄家。不要以为赌场太阴险，实际上，开赌场、保证公平就是需要开销的，所以，玩家支付抽水是合理的。也不要以为股票交易所太贪婪，实际上，它们收手续费也是合理的。这些就是无所不在、不可消灭的“成本”。

公平是有成本的。有抽水机制的赌局在本质上是倾斜的。因为即便是抛硬币的游戏，在加上抽水机制之后，从长期来看，所有的玩家都会输光，所有的赌注最终都会转化成抽水者的利润——就好像一个正弦函数被改造成阻尼正弦函数一样。

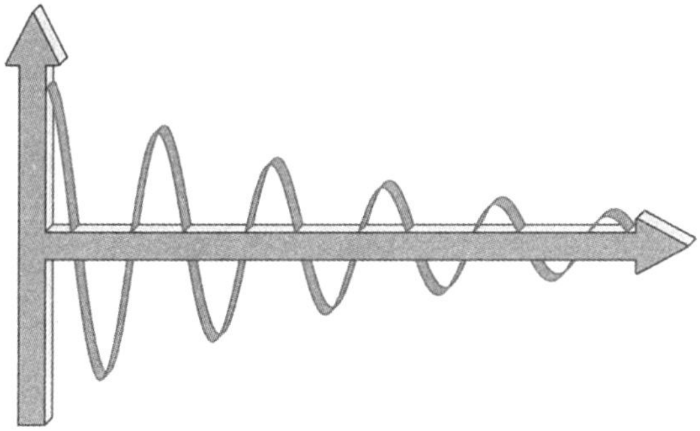

阻尼正弦函数

37. 为什么绝大多数人会“脑子一热就押上全部”？

我在第 13 节中提到了一个绝大多数人会终生背负的枷锁：追求 100% 的安全感。我猜，有很多人“必须”回去重读一下了。

追求安全其实总体上是正确的。可是，追求“安全感”（即，追求“安全的感觉”）往往是错的，因为感觉通常是原始的、未经斟酌的和未经教育的。教育是什么？教育的核心本质就在于“纠正原本并不正确的感觉”，也在于“科学地使用知识，打造升级之后更为靠谱的‘感觉’，然后不断校正”。

“追求 100% 的安全感”只能是错上加错，核心理由在于：

> 未来最重要的属性之一就是“部分不可知”。

当我们考虑未来的时候，事实上不存在 100% 的正确，于是，“不确定性”事实上就是在我们针对未来作出任何决策时必须在最基础、最核心的层面上考虑的因素。

投资是“面向未来的判断与决策”，所以“万一错了”的情况是永远不可能避免的。于是，我们只能退而求其次：

> 尽量去做胜算超过 50% 的事情——虽然无法达到 100%，但胜算越高越好。

“放弃一点点安全感”，或者说，“不去追求 100% 的安全感”，从本质上看只不过是“平静地接受现实”而已——虽然，一如既往，对大多数人来说，这一生最难接受的莫过于现实。

与对待其他领域不同，在投资领域里我们格外强调“避险”，也尽量不去“冒险”。

我们要躲避的最大风险是什么呢？排在第一位的风险莫过于：

> 从此再无机会。

套用赌徒们常说的一句话：“要想尽办法留在赌桌上！”因为一旦被清退，一旦离开了赌桌，就再无任何机会了。中国的古话“留得青山在，不怕没柴烧”也是同样的道理。

筹码越少的人，越容易“拼命”。早晚有那么一刻，他们会突然大脑充血，“决定”押上全部身家。之所以给“决定”两个字加引号，是因为那所谓“决定”并非经过冷静思考，也并非经过合理判断作出的，只是在那一瞬间倒向了某个选项——根本谈不上决定，也根本谈不上选择，完全是“鬼使神差”的被动行为。

“押上全部”之后发生的事情，在这世界的各个角落里重演了无数遍。在结果出现的那一瞬间之前还以为是“勇气”的东西，在结果出现的那一瞬间突然显得“那么明显且无以复加地愚蠢”……

中国还有句老话，“不怕一万，就怕万一”，通常是指“坏事万一出现了就很可怕”。

这是对“小概率事件发生”的最朴素的感知。例如，虽然某个事件发生的概率小到了 1/10000，但这并不意味着一定要到第 10000 次才出现，事实上，可能在第 100 次就出现了。又，事实上，第 1 次就出现的概率与第 10 次或者第 10000 次出现的概率是一样的——都是 1/10000。

国外也有相近的说法，只不过“老外”比较好玩儿，不管什么事，都想造个“理论”、“定律”出来。例如，墨菲定律是这么说的：

> **凡事只要有可能出错，那就一定会出错。**

有一个“玩笑版”是这么演绎的：

> 当放在桌子上的蛋糕落到地毯上的时候，有奶油的那一面冲着地毯的可能性与地毯的价格成正比。（也就是说，你越是心疼那块地毯，那“无生命力”的蛋糕就越倾向于把那块地毯搞脏且不容易复原。）

可是，当某个决策涉及很大的金额时，那“玩笑”就很可能是“生命不能承受之轻”了。若那个决策涉及“全部身家”，则结果注定是无法挽回的——仅靠勇气背负着那个结果活下去，往往是不够的……

所以，为了回避那个最大的风险（即，“从此再无机会”），作为投资者，你必须牢记且绝对不能触犯的铁律是：

> 永远不要押上全部！

可惜，这么简单的道理却很少有人重视。以后你会见到，有极大比例的人，大脑一充血，就什么都听不进去，甚至连打骂都不管用，非要“以身试法”不可。

很多人在看到“永远不要押上全部”这种“显而易见”的建议时，甚至会产生愤怒的情绪，因为他们觉得自己的智商受到了侮辱，他们脑子里的念头是：“难道我那么笨，连这么简单的道理都不懂吗？！”说来好笑，恰恰是这群人，更可能在某一天输红了眼，一激动就押上全部，然后彻底输光，只能离场。为什么呢？因为他们根本不知道自己身处另外一个镜像的世界，而在那里，即便是看起来一模一样的东西，事实上也很可能是截然相反的。

> 顺带说一句，开车不小心的人事实上都是根本不懂这个道理的人。因为那风险涉及的可是整个生命，押上去的比“全部资产”还要大不知道多少倍——你说是不是应该特别小心？可事实上，很少有人这么想——绝大多数人根本就无所谓！

接下来，我们再认真考虑一道“应用题”：

> 假设某人正在参与一个公平的抛硬币赌博游戏（胜负概率恒定为 50%），他的赌本是 100 元。
>
> 请问：此人合理的单次最大赌注是多少元？

我们已经知道，单次下注 100 元肯定违背铁律，那么下注多少才合理呢？

每次下注，输和赢的概率都是 50%，而连输 2 次的概率是 25%（0.5 × 0.5），连输 3 次的概率是 12.5%（0.5 × 0.5 × 0.5）。

连续输 n 次	概率
2	25.00%
3	12.50%
4	6.25%
5	3.13%
6	1.56%
7	0.78%
8	0.39%
9	0.20%
10	0.10%

连续输 n 次

> 这是一个特别容易混淆的地方，也是“赌徒谬误”的根源：
>
> - 每次抛硬币都是“独立事件”，即，这一次的结果不受之前任何一次结果的影响——每一次都一样，出现正面（Head）的概率是 50%，出现背面（Tail）的概率同样是 50%。
> - “连续出现某一特定结果”也是一个“独立事件”。用“H”表示正面（Head），用“T”表示背面（Tail），“HHHHHH”出现的概率是 1.56%（1/64），“HHHHHT”出现的概率同样是 1.56%（1/64），也就是说，虽然“HHHHH”已经出现了，但下一次结果加上之前的结果究竟是“HHHHHH”还是“HHHHHT”，两者的概率是一样的，相对来看是 1.56% : 1.56% = 1 : 1，还是相当于 50%。（仔细想想“关注相对值，而不是绝对值”的思考模式在这里的作用——若没有元认知能力可怎么办呀？）

换言之，即便单次最大赌注为 20 元，该赌徒依然有 3.13% 的可能性在 5 把之内全部输光；即便单次最大赌注为 10 元，该赌徒也有 0.1% 的可能性每把都输（**千万不要以为概率低到 0.1% 就肯定遇不到了**）。

当然，投资者是不会去“抛硬币”的——严肃的投资者怎么可能去玩胜率小于或等于 50% 的赌博游戏呢？合格的投资者无论有多少钱，都不会在这种游戏上下注。

有一个著名的公式——“凯利判据”(Kelly Criterion)。对“若赢了有收益，若输了下的注就一点都拿不回来”的赌局，有一个可以计算最优单次下注占比（相对于总赌本）的公式：

> $f=[p(b+a)-a]/b$
> - f是合理下注占比（相对于总赌本）。
> - a是单次下注金额。
> - b是每次下注 a 之后，若赢了能拿回的净利。
> - p是赢的概率。

请注意：

> 凯利判据**不能直接应用**在股票和房产投资行为上，因为股票和房产投资决策失误常常不会导致“投资”如同赌局下注那样“若输了下的注就一点都拿不回来”的情况。

假定赌局的设定如下：

> - 每次下注 1 元，赌赢的净利为 1 元（a=1，b=1）。
> - 玩家有 60% 的胜算（p=60%）。

那么，f=0.2=20%，即，若有赌本 100 元，那么最优单次下注最高金额是 20 元。

数学公式你可以慢慢消化，原理你也可以自行研究（请搜索维基百科，关键字为“Kelly Criterion”）。在这里举这个例子，要说明的是：

> 即便你有本事在抛硬币游戏中有 60% 的机会猜对（不是原本应该的 50%），你的最大下注金额也只能是总赌本的 20% 才相对安全。

换言之，在可能翻倍也可能赔光的投资中，若只有 60% 的胜算，那么将总资产的 20% 拿来投资本质上已经是“押上全部”了——这才是在这里要强调的重点。

当然，还有一个显而易见的重点：

> 对同样的事情，有些人可以有根有据地计算，而更多的人不仅不知道该怎么算，甚至连想都没想过，完全没想到“竟然还可以算”——这差别是不是有点大？

很多人实际上完全不知道自己在“赌”什么，再加上人们常常高估自己的胜算，而且越是没有知识的人越容易高估自己和自己的判断（所谓“无知者无畏”），因此，投入本金的20%就已经相当于“押上全部”了。可是，有很多人不仅要押上更多，甚至要押上所有，还有很多人，押上所有都嫌不够，还要借钱炒（dǔ）股（bó）——显然是“专业的自我悲剧制造者”啊！

另外，关于“杠杆”（另外一个需要很多基础知识才能弄懂的很大的话题），我的建议不是“绝对不能使用杠杆”，而是“等你有本事算清楚之后再用不迟”。这就好像对普通人来说，飞机不是不能开，只是要先用心学，再花时间练，等水平够了才能去开一样。还有一个朴素的建议是：事实上，入门级投资者在相当长的时间里完全用不着杠杆。

绝大多数人是从“根本就没有钱去投资”起步的（我就是如此）。在最初的时候，只能靠出售自己的时间来换取收入（请重新阅读第5节~第8节），而生活本身是有成本的，因此，单位时间里的收入要超过同样时间里的成本才可能有积蓄，而这积蓄还要优先应对生活中可能发生的意外，于是，在很久之后才有机会拥有可以“判无期徒刑”的资金。所以，我们更应该珍惜自己好不容易获得的资本。

在通往财富自由之路上，越是早期就越是重要。无论资本是正还是负，都具备复利效应，而且越往后这个效应就越明显。很多人因为不懂最基本的道理，从一开始就注定了败局。但你不能这样，因为我已经提醒过你：

> 永远不要押上全部！

克制自己的冲动，越是在早期，资本金额越少，克制的难度越高，克制不了的代价就越大——虽然证明起来很困难！想想是不是如此：

> 到了某一时刻，我们很容易衡量自己得到的究竟有多少，但几乎无法衡量自己没得到的究竟有多少，因为我们根本就没得到。

事实上，上面这段话是世界上所有安全专家（适用于所有领域的安全策略普及与教育，不管是医疗、健康，还是消防、交通，都是如此）不可避免地面临的长期难题：

> ▷ 在危险发生之前，如何向被教育者证明那尚未发生的危险有多可怕？
> ▷ 在避险策略生效时，如何向那些已经避开了危险的人证明那并未实际发生的危险（因为已经避开）有多可怕？
> ▷ 尤其是当那危险大到可以称为“灭顶之灾”的时候……

在“永远不要押上全部”（或者反过来说，“为了用不着押上全部”）的基础上，要做的最重要的功课是：

> 我应该如何尽量提高自己的胜算？

最简洁的答案是：提高自己的思考质量。最实际的答案是：每升级一个概念，就是比“之前的我”的思考质量更高一点。

耐心点吧。

38.“早知道”就能赚到更多的钱吗?

你是否有过这样的念头:

> ▷ 我怎么才知道呢?
>
> ▷ 我要是早知道就好了!

其实,这是所有人都有过的念头。不过,很少有人会认真反思和思考:这样的念头究竟意味着什么?它们究竟会有什么样的影响?若有不好的影响,应该如何做才能避免将来受到同样的影响?

绝大部分人至今都不能自然而然地接受一个简单的事实:钱这个东西,天然就是有利息的。

如果钱这个东西天然就是有利息的,那么知识这个东西是不是一样天然就是有“利息”存在的呢?从这个角度来看,答案是肯定的。可实际上,你能体会在今天这个世界里人们对此的无知程度究竟有多高吗?这么想你就能明白了:

> “钱这个东西天然就是有利息的”这件事,虽然很多人不能自然而然地接受,但毕竟相对于“钱”这个概念,在我们的语言文字里起码还有个对应的概念“利息”。而在我们的语言文字里,对应于“知识”的那个

> 本来应该存在的概念是什么呢？答案是：根！本！没！有！

人们对待知识的态度，实在是比对待金钱的态度狠多了——狠太多了！在人类史上，人们一直憎恨收取利息的人，觉得“借钱就借呗，你竟然还邪恶地收利息”——贪婪而又无知的人们总是理直气壮地指责对方贪婪。而对知识，人们的态度竟然是（如此地无耻）：

> ▷ 你要给我！
> ▷ 你必须给我！因为知识是全人类的！
> ▷ 你不仅要给我，还要免费给我！

是啊，既然“免费”，当然就谈不上什么“利息”了。而事实上，无论在哪种文化里，“望文生义”都是普遍现象。在英语国家里，有无数的人自顾自地把“自由”理解为“免费”——反正都是“free”！

大部分知识（例如，你会计算，甚至会精确计算概率）都不是可以直接赚到钱的，但确实有一些知识是有直接的商业价值的，而且知道得越早，受益就越大（前提是用行动去支撑知识的结论），这就是“知识的时间价值”（就好像“利息是钱的时间价值”一样）。

因为一些特殊的经历，我对这个问题感受尤其深刻。2017 年 1 月月初，比特币价格再一次达到历史高点，大约 1200 美元，几乎相当于 1 盎司黄金的价格。一夜之间，我的手机里充满了这样的消息：

> “早知道买点比特币就好了……唉，晚了！”

可是，仅过了不到一周，比特币价格在 3 天之内从最高点 8888 元人民币跌到了 5400 元——你可以想象这段时间在多少人身上发生了历史上发生过无数遍的事情。到了 2017 年 5 月，在我重新整理这段文字的时候，比特币价格涨到了 2000 美元以上——历史上发生过无数遍的事情又发生了，很多人早早地“割肉”，然后只能眼睁睁地看着价格一路上涨……所以，千万不要以为什么东西涨了，人们就一定能在那上面赚到钱——在牛市里赔钱的人其实很多！

很多人都说：“李笑来你真幸运，你接触比特币那么早！”实际上呢？比特币诞生于 2009 年，我在 2011 年春节前后才知道这东西。又，在我刚知道比特币的时候，很多人和 2017 年的人一样在慨叹：“唉，我知道得太晚了！

去年这个时候，比特币还几乎白送呢，现在竟然超过 1 美元了！太贵了！唉，早知道就好了……”

事实上，对我来说，真正的幸运并非我在 2011 年就知道了比特币——如果这也算幸运，那这世界上至少有 10 万人比我幸运，因为他们知道比特币的时间比我早。2010 年，比特币历史上第一笔实物交易完成交割——有个哥们儿用 25000 个比特币买了一张披萨饼！后来再也没有听说那个收了 25000 个比特币的人的消息，这或许说明，他最终没有留住那 25000 个比特币。

我很少有机会以正确的方式与人沟通我那些真正的幸运：

- 现在回头看，那当然是机会，可在当时，没人能确定那就是机会，但我莫名其妙地相信了那个机会。我绝对不能“事后诸葛亮”说自己当时已经研究透了，我确实是一边买一边研究的。在其后的若干年里，甚至到现在，我都在研究，而且总会发现研究得不够彻底、不够明白的地方。
- 基于过往的知识与经验，我基本上可以通过挣扎比较深入地理解那个机会了（按照百分制，我自认为应该在 75 分以上了），因此不至于“拿着火把穿过火药厂”。
- 在那个时候，我恰如其分地“富”，因为我没有“穷”到连十几万美元都拿不出来的地步。
- 在那个时候，我不缺钱，但实际上只不过是恰如其分地“穷”，因为我没有富到坐拥亿万资产的地步。若那时我已然拥有亿万资产，是不大可能对一个总市值不过几千万美元的“股票”感兴趣的（你可以把比特币想象成一个“去中心化无人管理的世界银行”的股份）。在 2011 年的时候，我和很多高人讨论过比特币。尽管他们瞬间就明白了它的原理和意义，但都在表示“哇，有意思”（WOW! Amazing!）之后一个都不买。这是为什么呢？绝对不是因为他们“笨”，而是因为那时比特币还是个特别小的资产（即便到了 2017 年 1 月，与那些上市公司相比，比特币的总市值依然连个“小盘股”都算不上）。
- 最大的幸运是，在 2011 年之后的几年里，我一直在成长，而且是以越来越快的速度成长，以至终于有一天，当“那实在是太大的变化”出现的

> 时候，我有能力“使劲拼一拼，居然撑得住”（或者用时髦的说法——“hold 得住”）。

一个铁定的事实是：“早”本身不是核心价值，因为我们要追求的是“长期增长”。2011 年年初很多人在 Twitter 上讨论比特币，到 2013 年就已经有了两次暴涨（后面跟着两次暴跌）——不过两年。有多少人在那之后继续持有呢？少之又少。转眼又是三年过去，到了 2016 年年底，大行情再次“貌似”启动的时候，那少之又少的持有者里又有多少被“洗”出去了呢？绝大多数呗！这是在所有交易市场里每天都会发生的事情，一点都不稀奇。

在回顾历史的时候，一切都是确定的，所以，对那些没有能力展望未来的人来说，幻觉“自然”产生了：如果我那么做，我一定会有这样的结果！但事实很残酷：实际上，即便他们曾经有机会那么做，后面的结果也依然很可能不会出现。

在展望未来的时候，没有任何事情是“理所当然”的，哪怕是一丝丝的不确定都可能以几何级数的量级放大恐惧的效果。还有一个因素是每个判断和决策涉及的金额——金额越大，对判断的影响就越大。前面提到了一个例子，把它放在这里也很合适：职业台球选手在练习的时候，随随便便就能打出“满贯”的分数，可在国际大赛中，尤其是进入 16 强之后，就很少有选手能打出“满贯”的分数了。这是为什么呢？因为涉及的奖金太高、荣誉太大，让他们感受到了无形的巨大压力（too much at stake）。所以，“想想”真的挺容易，若要做到，就是难上加难。

作为投资者，你在任何时候都要明白：在这个领域里，一切“自以为是的自高自大”都只不过是“还没走到那个地步”而已，绝大多数人“到时候”就明白自己究竟有多差、多弱了。然而，这世界的真正残酷之处是——根本不给那些人“到时候”的机会（也因为那些人不可能“走到那个地步”）。

我写的这些内容，面对的是“入门级投资者”，或者干脆是“未来可能的投资者”，所以有时会显得“过分模糊”，因为人在一些事情上都是“不撞南墙不回头”的愣头青。接下来，我就举一个“成熟之后依然愣头愣脑”的例子。

风险投资是投资创业公司的“早期”阶段（上市之前的阶段）。与之相对，股票市场常被称为“二级市场”。那么，“一级市场”的投资收益是不是普遍更高呢？答案是：并非如此。

虽然人们普遍认为风险投资机构的从业者是“相对更为精英”的群体，他们的职业本身就是“占据先机”的，但根据 Cambridge Associates（康桥咨询公司）的统计：在美国的风险投资行业中，有大约 3% 的风险投资机构“夺取”了整个行业 95% 的回报，而且，处于前 3% 的公司长期来看变化不大——就那么几家。若把表现最好的前 29 个基金去掉，剩下的 500 多个基金累计投资 1600 亿美元，最后只拿回 850 亿美元，也就是说，接近 95% 的风险投资机构的 10 年长期业绩其实是“亏掉超过一半的钱”！

假设（仅仅是假设）那些投资者在 2012 年把那 1600 亿美元换成 Facebook 的股票，然后一直持有，从不交易，到 2015 年（即，3 年之后）这些投资的涨幅是多少呢？应该是 301.33%。不用问他们为什么不那么做，在这里我只想问你：如果等到 Facebook 上市之后再给它投资，晚吗？答案显然是：一点儿也不晚！

这里还有一个明显的差异：在 Facebook 上市前，普通人能遇到且有机会投资吗？显然——不能，也没有。那是彼得·蒂尔（们）的机会。他们的基金长期位列前 3% 里的前 3 名，若普通人竟然想要那样的机会，实际上就是贪婪。Facebook 上市后，我们普通人就可以购买其股票了，若我们没买，只能是我们自己的问题。

在很多情况下，当人们懂得了一个道理之后，就会妄想把它应用到任何地方——手里有把锤子，看什么都觉得是钉子。不要笑话别人，每个人可能都是这样的，不是在这个领域，就是在那个领域，时不时就会掉进同样的陷阱——那个陷阱有化身无数的本领。

你看，有多少人在听说并理解了“先发优势”这个概念之后，就认为做任何事情都必须有“先发优势”，全然忘了“先发优势”只不过是“优势”的一种？而且，有些时候“后发优势”可能更厉害。

2016 年年底，我要求我的开发团队搞一个收费讲座工具。两周后，工具搞出来了，是一个微信服务号，叫作“一块听听”。这个微信服务号上线第一个月，付费用户累计 29 万，日活用户 3.2 万，累计交易额 303 万元人民币，看起来情况不错。可在刚开始的时候，我遭到了开发团队的集体反对——“已经有太多类似的工具了！我们根本没有先发优势！”于是，我问他们知道的最早的同类产品是哪一个，等他们回答之后，我告诉他们，还有一个他们根本不知道的更早的同类产品，是一个 App，其团队已经解散 3 个多月了。所以，“先发”可能是优势，也可能是劣势，有些时候，可能恰恰因为出现得太早了，才没能熬到明天。

所以，是不是“早”根本不重要，关键在于是不是“对”。事实上，更关键的点在于是不是“长期对”。所以，以后你就不用有幻觉了——好像如果早点知道你就会不一样似的。首先要接受现实，“刚刚才知道”就是冷冰冰的现实。接下来是个好消息：其实“后发”也可能有优势。至于优势在何时出现，要视当时的情况而定。

39. 为什么没有人能准确预测市场价格的短期走向？

在很多时候，**问题的质量决定了答案的质量**。不耻下问本身没有错，但若问得不好，“不耻”就是白费的。

首先，关于“准确”。究竟要到什么程度才算是准确？若进行问答，对话很可能是这样的：

> 甲：请问，股票价格的变动是否可以准确预测？
>
> 乙：请先定义“准确”。

其次，关于“是否”。这世间的绝大多数问题，就算简单，也没有简单到只用“是”与“否”就可以直接完整地回答的地步，所以，当这样的问题被抛出来的时候，最直接、最正确的答案是“不一定”或者“不知道”，因为无论“是”还是“否”，都是错的、不准确的。

最后，关于“预测”。缺少一个限定——谁来预测？不可否认的事实是，不同的人在预测能力上的差异是巨大的，此为其一；如果信息完整度决定预测质量，那么不可否认，有一些人基于种种原因比其他人拥有的信息完整度高出许多个量级，此为其二。

以上三点简要分析，在某种意义上可以算是一个“缜密思考”的最基本示例。然而，在很多不擅思考的人眼里——“你这不就是挑刺儿吗？”“你这不就是‘鸡蛋里挑骨头’吗？”显然，还是有一些人不这么想，他们只是习惯了认真、仔细。

我们看看另外一个问题：

> 现在的 Google 股票价格是 xxx 美元。如果让你预测 5 分钟之后这个价格是上涨还是下跌，你的预测准确率大概是多少？

无论是基于感觉，还是基于读过的一些理论（例如“概率论”、“随机漫步理论”，抑或别的什么），无论是谁，预测的准确率无穷趋近于 50%。50% 是什么意思呢？意思就是“实际上根本猜不准”。预测结果正确与否，实际上完全靠运气决定。

请注意：

> 预测的准确率要超过 50% 才有意义，否则还不如通过抛硬币来决定呢。

如果预测的准确率高到一定程度，例如 60% 以上（也就是说，10 次里有至少 6 次预测准确），那就一直预测下去。不仅要预测，还要用钱去“赌”——从长期来看，一定会赚钱，赚很多钱。你应该能明白，其实准确率不需要高到 99%，哪怕是确定高于 50%（例如 51%），从长期来看，也“一定会赚钱，赚很多钱”。

可事实上，对“5 分钟之后的价格是比现在的高还是比现在的低”这个判断，几乎可以肯定，无论用什么样的方法或策略，从长期来看，预测准确率只能是 50%。换言之，无论怎么努力，这个预测都是没有意义的。而且，这个结论早就被实践无数次验证过了。

这有点违背直觉，就像“抛硬币的结果已经是连续 32 次正面了，下次抛硬币的结果是正面的概率依然是 50%（因为每次抛硬币都是一个‘独立事件’）”一样违背直觉。

现在有一种所谓“投资品类”，叫作“二元期权”（binary option）。虽然很多国家早已禁止这种东西的经营，但在网上还是能找到很多。尽管这种东西出现的时间不长，但也已经有10多年了，从本质上看，它就是股市版的“赌场游戏”——“猜大小”。

> 给“投资者”一个实时的价格数据（可能是某个股票价格，或者某个股指价格，抑或黄金价格、期货价格等），让“投资者”预测1分钟（或者5分钟、10分钟、15分钟）之后的涨跌，“投资者”可以“买涨”或者“买跌”。若猜对了，“投资者”可以连本带利获得总计180%的回报，若猜错了，则全部赔光——相当于“赌场抽水20%”。

这种设定，使所谓“投资者”的预测准确率必须达到70%才可能“长期稳定地赚钱”。于是，这么多年过去，从来没有人在这种所谓“投资品类”（实际上是抽水比例很高的赌博）里赚到钱，都是很快就输光了。

> 简单一点描述就是：你拿10元钱开始“预测”（“猜”、“赌”），平均来看，5次之后，你已经输光了（因为总体上相当于每次被抽水2元）。
>
> 事实上，很多人在第1次就输光了，因为他们一上来就猜错了；还有很多人第1次猜对了，手里还有18元，然后连续2次猜错（一次押10元，另一次押8元），也就把钱输光了……把所有“赌徒”的数据集中起来（相当于把所有“赌徒”看成一个“大赌徒”）——在平均“猜”5次之后，他们的钱就会输光。

在赌场里，一个赌徒的“赌资”和“总投注金额”是不一样的，因为他有时赢、有时输，所以，最后的“总投注金额”一定远远大于他的“赌资”。从总体上看：

> 总投注金额 ≌ 赌资 ÷ 抽水比例 ×［1+（预测准确率－50%）］

这就意味着，从总体上看，“总投注金额”越接近“赌资 ÷ 抽水比例”这个数值，预测准确率就越趋近于50%。我们再看看这些“赌场”的数据，结论是：汇总这么多年来那么多“二元期权”“投资者”（其实是赌徒）的“战绩”，他们的“总投注金额”基本上等于“赌资 ÷ 抽水比例”这个数值。也就是说：

> 总体上，对“预测几分钟之后的价格”来说，无论用什么样的手段，无论用什么样的理论，最终都是无意义的，其预测准确率和抛硬币一样，顶多是50%。

请注意上面文字中反复出现的“总体上”这个词。不是说没有人赚到钱，而是说总体上所有人都输了。统计数据告诉我们，参与“二元期权”这个“投资”（实际上，它是最差的“赌博”品类，因为抽水实在是太狠了，竟然达到了 20%）活动的“赌徒”们，就算是其中的一部分“赢了钱”，数量也相当有限，都在一定的“偏差允许范围内”，根本就没有“离群值”（outlier，统计学里的一个概念，是指那些与普遍数据模型偏差极大的样本）。

> 在这里需要补充一下：统计概率知识是最基础的“赚钱思维工具”（没有“之一”）。我认为，任何希望自己将来进入投资领域的人，都应该补上这个基础知识。
>
> 事实上，这是大学的基础课程，只不过绝大多数人没有从觉悟上理解统计概率基础知识有多么重要，于是，这一辈子就好像别人带着完善的装备下海潜水，而自己却赤身裸体直接跳了进去一样——看上去也不是不行，可就是处处吃亏却永不自知。

“麻烦您推荐一本书呗……”——我知道你脑子里刚刚闪过这个念头。我的建议有两个：

> ▷ 大学课本就已经很好了。
>
> ▷ 挑书这件事，一定要自己做，不要找别人推荐，因为那会让自己的“挑书能力”永远差，而且越来越差（“用进废退”是无论在哪里都适用的道理）。

金融学里有一个假说，叫作“随机漫步假说”（random walk hypothesis）。

> 这个假说认为，股票市场的价格是随机漫步模式，因此它是无法被预测的。

早在 1863 年，法国人朱利·荷纽（Jules Regnault）在他的书中就提到过这个假说。1900 年，法国数学家路易·巴舍利耶（Louis Bachelier）在他的博士论文中也讨论过这个概念。又过了许多年，到了 1973 年，这个假说才因为普林斯顿大学伯顿·墨尔基尔（Burton Malkiel）教授的 *A Random Walk Down Wall Street*（中译为《漫步华尔街》）一书出版而广为人知。

100 多年过去，今天在“随机漫步”这个词后面跟着的词，依然是“假说”，而不是“理论”，因为其争议实在是太大了。其支持者甚至做过各种各样的实验。例如，让一个参议员用飞镖去扎财经报纸，以此选出 20 支股票作为投资组合，若干年后，发现这个投资组合的表现竟然和股市整体表现相若，不仅不逊于所谓“专家”推荐的投资组合，甚至比相当数量的所谓“专家”推荐的投资组合表现更为出色。在更夸张的版本里，负责选股票的不是参议员，而是猩猩，使用的工具不是飞镖，而是被猩猩撕碎的财经报纸碎片（从中选出名称依然完整的 20 支股票）。

然而，这并不能使另外一群人信服，就好像即便是在今天，神创论和进化论的支持者依然旗鼓相当一样（如果你认为进化论早就战胜了神创论，那你就太天真了）。

一切与概率相关的推论，都是很难被普遍理解和接受的。这很正常。因为人们要看的是“长期总体的结果”，但眼前只有“此时此刻的某些特定案例”，所以，从总体上来讲，理解概率论的难度不见得低于理解进化论的难度。

但，我个人的观察有些不一样。我觉得“随机漫步假说”争议的关键在于预测的时间期限，如果做如下描述，争议很可能几乎没有：

> ▷ 短期价格预测是不可能的。
> ▷ 长期价格预测是很可能的。
> ▷ 预测时间期限越长，预测难度越低。

对短期价格的预测，“随机漫步”应该就是“理论”，而不是“假说”。从本质上来看，无论用什么样的理论和工具，预测下一分钟、下一小时甚至第二天的价格，结果都不会优于“抛硬币”“撞大运”的结果。

然而，对长期价格的预测，实际上是很容易做到的，因为“基本面”就在那里：

> ▷ 股价最终体现的是企业价值的增长。
> ▷ 世界一直在进步，经济一直在发展——这是大前提。
> ▷ 有些企业就是能做到与世界共同进步，与经济共同发展。当然，也有相当数量的企业根本做不到。

于是，一个“诡异的结论”出现了：

> 预测某些股票的价格变动，在短期根本不可能，在长期却很容易——越是长期，预测结果越容易做到准确。

如果我去“赌”5 年后 Google 的股价“一定”比今天高，并且高出很多，我想，我的胜算是非常大的，预测准确率应该远超 50%，以至事实上几乎没有人愿意在这件事情上和我“对赌”。

有一个概念，叫作“赌徒谬误”（gambler's fallacy），是指：

> 绝大多数赌徒倾向于相信之前的下注结果对当前下注有影响（至少是有一定的影响）。

赌徒之所以是赌徒，其实就是因为他们欠缺知识，无力理解和接受概率论中的那个重要概念：独立事件。就好像某个操作系统里缺了一个概念，于是，那个操作系统的运转结果自然不同。

有统计表明，无论是否学过概率论，真正不受“赌徒谬误”影响的人，比例总是低于总人口的 20%，也就是说，至少有 80% 的人或多或少会受“赌徒谬误”影响——别震惊，事实就是如此。另外一个“惊人”的数据是：70% 的人根本看不出“如果 P 发生了，那么会出现 Q；现在 Q 出现了，那么 P 一定发生了”中的逻辑谬误（Eysenck, Keane, 2000）。

所以，若你能理解并理性地接受“随机漫步理论”（请注意：这次我用了“理论”，而不是“假说”），说不定你已经“刷”掉了 80% 的“对手”；若你进一步厘清了这个“理论”的应用范围——不是长期，而是短期——那么你又“刷”掉了剩下对手中的至少一半，于是，你很可能已经是个“优秀”选手了。

我在第 35 节里提到了一个细节——“每个月只更新 1 次数据”，背后的原理是：

> 从一开始就要习惯于避开“短期思考”。

思考，常常是不由自主的。对不必要的事情，一旦不小心开始思考，然后竟然停不下来的话，我们就会不由自主地无法把注意力放到应该思考的重点上去。

虽然这不是容易的事，需要很久才能“习惯成自然”——起码一年？但我觉得，若能在一年之内做到“习惯成自然”，已经是非常快、非常划算的了，不是吗？

40. 10分钟教会你判断趋势，你信不信?

许多年后，身边的朋友开始这样评价我：

“笑来，现在看来，你在判断趋势上真的很厉害呢……”

相信我，我真的不是在用上面的话显摆自己，了解我的人也知道，我确实完全没有显摆的需求。在消除了可能的误会之后，我要请你把注意力放到上面评价中的一个措辞上——“现在看来”。

这个措辞的意思是说，在此之前的很长一段时间里，他们并不认为我是对的——是呀，谁能对未来有那么确定的判断呢？我又不是传说中算命的！反过来，证明“自己对未来的判断是正确的”之所以难上加难，是因为：第一，要到很久之后才能有确定的结果；第二，即便判断是对的，现实也不一定会当场给你正面反馈；第三，就算结果站在你这一边，你也不能保证没有运气因素的存在，而完全都是你的判断在起作用；第四，最终每个人都会明白，没有谁的正确判断本身就能改变世界，除非伴有不顾一切的行动。嗯，“人至践则无敌”。

首先，让我们深入研究一个看似简单，貌似每个人都早就明白的概念：周期。

周期是理财投资活动中最为关键的考量因素，是在实践之前必须学习、研究、掌握、遵循的理念和现实——可惜，它总是被忽略。它也是市场上大多数理财书籍中干脆不提，或者放在最后一笔带过，实际上却最为基础、最为关键的知识点。

如果不深入了解周期，就无法对趋势进行有效的判断，整个投资活动基本上就是没有判断的行为，甚至不如两个人抛硬币赌博——而在这样的时候，墨菲定律一定会显灵：

> **如果一件事情可能变坏，那么它一定会变坏。**

以后你会明白，这世界上所有的事情其实都是投资：成长是用自己的注意力向自己投资；婚姻是双方共同投入自己的各种资源去创造一个更好的家族；工作是投资；创业是投资……一切都是投资（从另外一个角度看，我也认为这世界上的一切活动都是销售）。

周期这个概念，在很多投资者嘴里，通常由"**趋势**"这个词代替。他们会说：

> ▷ "现在是上升趋势。"
> ▷ "现在是下降趋势。"

这种描述尽管有时候还算管用，但更多的时候是肤浅的、危险的——因为一个上升趋势要加上一个下降趋势才构成一个完整的周期。而实际上，**真正的趋势常常需要在多个周期（至少 2 个）之后才能真实展现。**

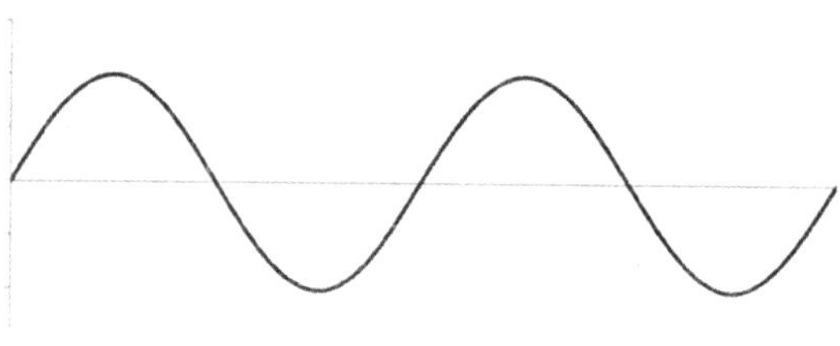

周期 1

如果我们探究的是真正的趋势，就会发现，上升与下降只不过是一个真理的表象：

现实的经济里没有直线，只有波（动）。

在一个很长的波段中，在任何一个点上向前或向后望，看起来都像自己处在一条直线而不是曲线上——就好像我们站在地球上却很难感知自己其实是站在球面上而不是平面上一样。

一个上升与一个下降构成一个周期。2 个或多个周期之后，如果我们发现曲线就好像数学课本里的正弦曲线，那么所谓“趋势”实际上就是一条水平线而已。而我们常常说的且在寻找的所谓“**趋势**”，应该是一条要么上升、要么下降的线条才对，因为“水平”等于“无变化”，**无变化就无趋势**。

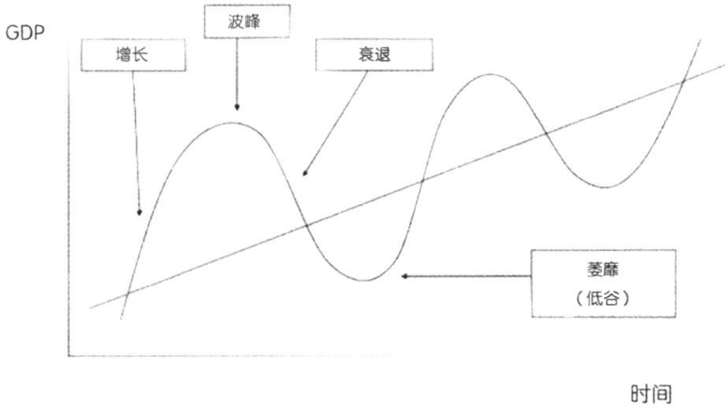

周期 2

这就解释了为什么有些人认定的所谓“趋势”在另外一些人眼里根本谈不上是趋势，因为后者重视的是 1 个以上的周期之后所显现的真正的趋势，而前者看到的只不过是在一小段时间里的表象而已。

这也解释了为什么“追涨杀跌”的人必然很吃亏，因为他们看到的并不是实际的趋势，他们看到的和把握的只不过是幻象而已。

在交易市场里，有一种人被称作“韭菜”。为什么呢？因为韭菜总是割掉一茬再长一茬，交易市场里的“韭菜”就是指注定会被“收割”的人。如何判断自己是不是“韭菜”呢？其实很简单，当你身处交易市场时，脑子里存在以下闪念中的任何一个，你就是“韭菜”——确定无疑的“韭菜”。

- ▷ X 靠谱吗？你怎么看？你说 Y 能涨吗？
- ▷ X 已经太贵了，买不起，我去看看 Y 吧。
- ▷ 真倒霉，一买就跌，一卖就涨！
- ▷ 刚才没看到你们说什么，我错过了什么吗？
- ▷ 都一整天了，怎么不见涨呢！
- ▷ 赚了赚了，我这就去换辆车！
- ▷ 跌惨了，媳妇要跟我离婚！
- ▷ 唉，等我借来钱，已经涨上天了！
- ▷ 他们运气真好！我运气真差！
- ▷ 骗子！你们都是骗子！

顺带说一句，**许多年前，这些闪念我都有过！**

如何把自己变成“另外一个物种”，而不再是“韭菜”呢？方法之一是：在判断趋势的时候，看至少 2 个周期——多简单啊！可惜，当初没人给我讲透，所以我被“收割”了很多次。想明白之后，虽然“交了很多学费”，但我再也不是“韭菜”了。

若我们真的能够看到多个周期，趋势就会明显到我们无法忽视的地步。

下图是 1800 年至 2012 年股票和债券的收益比较图，上面那条线是股票指数（SPXTRD），下面那条线是债券指数（TRUSG 10M）。

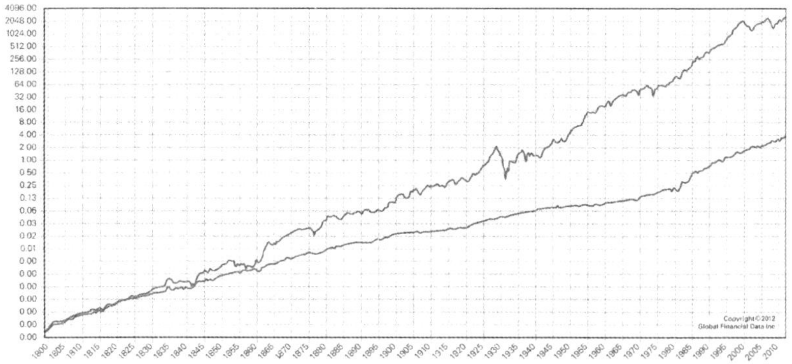

周期 3：股票总收益指数与债券总收益指数（1800 年 – 2012 年）

起起落落这么多年，股权投资和债权投资的**趋势**其实是一样的，都在上升，只不过虽然债权投资“看起来更稳定”（即，波动相对比较小），但涨幅落后于股权投资。

而通过下面这张图你就会发现，从长期来看，投资黄金、美元什么的，与投资股票相比，简直“弱爆了”——不管你是否同意。这也是现在越来越多的人认为**“股权收益时代来了”**的重要原因——其实早就存在了。

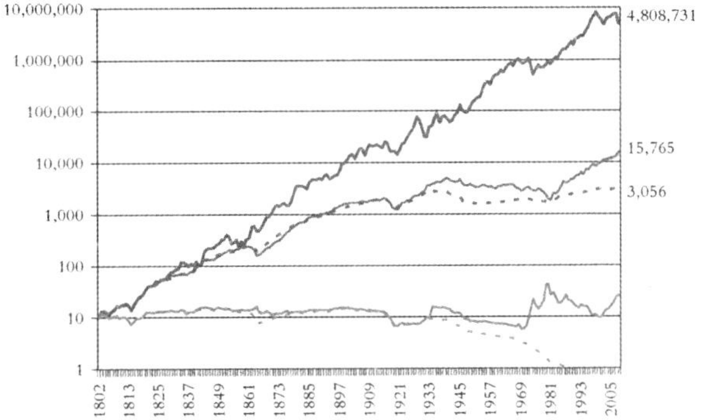

周期 4：10000 美元本金投资的实际总收益（1802 年 - 2008 年）

才过了几分钟，你竟然已经可以从一个趋势中看到其他更深层次的趋势了。人是可以进步的——不仅如此，进步有可能是非常快的，而且，有一些进步可以在瞬间完成。而那些没机会想到的人，弄不好一辈子都被无知和不进步耽误且完全不自知。

所以，**关注周期，以及多个周期背后显现出来的真正趋势，会给你一个全新且更为可靠的世界和视界**。

进而，几乎一切事物，无论是抽象的，还是具体的，都有自己的周期，只不过它们的周期不大可能一致。于是，几乎一切机会和陷阱都隐藏在周期与周期的差异中。

据说 GDP 和股市的周期轮换是这样的：

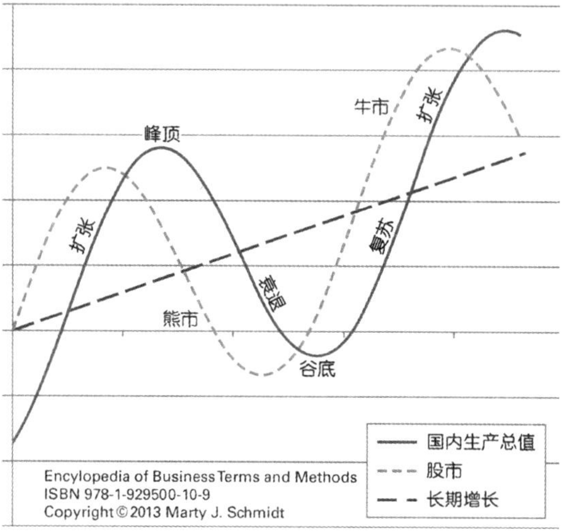

周期 5：GDP 和股市的周期轮换

还有一个"库伯勒 - 罗丝改变"(Kübler - Ross change curve)，特别好玩儿，它看起来是这样的：

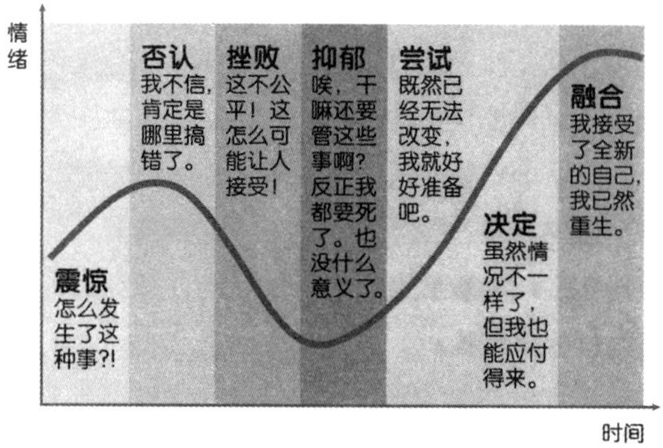

周期 6：库伯勒－罗丝改变曲线

更进一步，人们发现任何新生事物的发展过程也是差不多的（transition curve）：

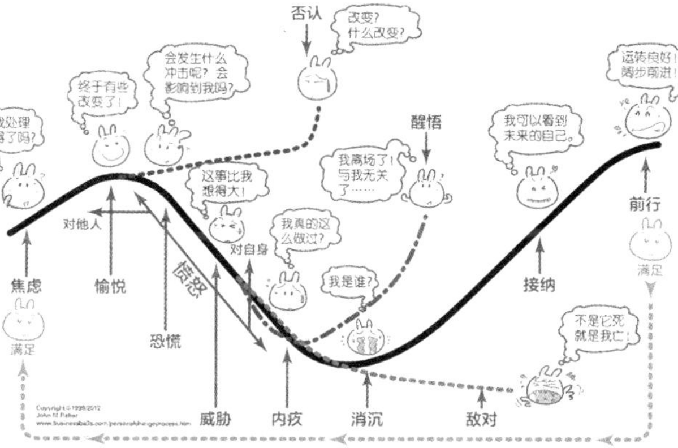

周期 7

于是，我们可以反思这样的现象了：

> **每当巨大的技术变革出现时，都有一批投资者“死”在路上。**

为什么？因为他们看到了所谓“趋势”，却忘记了或者不知道真正的趋势需要经过 1 个以上的周期才会真正显现。回顾一下，互联网、NetPC（后来的所谓“云”）等都是如此。

刚刚闯入交易市场的人，往往不知道一个冷冰冰的事实：

> 在牛市里赔钱的人其实很多，在熊市里赚钱的人其实也很多。

读到这里，你可能会愣一下：“在牛市里怎么可能赔钱！”“在牛市里傻子都能赚钱！”仔细观察一下，你就会知道，事实并非如此。当然，不排除有在牛市里赚到钱的“傻子”，但也确实有很多人在牛市里担惊受怕、追涨杀跌——因为一个回调就“割肉”，又因为不甘心而加上杠杆，到最后落得无法诉说的下场。

他们为什么会这样？理由很简单：他们的眼光穿不透周期，看不到真正的趋势，有的只是最肤浅的理解，于是，他们的一切行动都像是乱打乱撞的“无头苍蝇”，事实上比“拿着火把穿过火药厂”还可怕——因为他们“拿着火把四处乱窜”。

对周期的深入理解，甚至可能影响一个人的性格。在我看来，所谓不屈不挠，所谓坚持不懈，在更多的时候，只不过是因为对自己在所处的周期中的位置非常了解，才更容易作出的决定。

为什么你的很多计划最终无法落实，不了了之？背后最深刻的原因很可能是：你当时所处的生命周期与世界的种种周期（例如经济周期）都不相同，于是，没有人能帮你具体定制完全适合你的计划。所以，人生规划这种东西，听不得别人的，必须自己来，否则也没法“后果自负”。

人各有别。就好像在一个动物园里，有老虎、狮子，有鹦鹉、孔雀，有鳄鱼、蛇，还有很多不知藏在哪里的昆虫，它们都有自己的生存之道，都有自己的优势和劣势，没有太多实际上有意义的、通用的、普适的优势策略。

如果非要挑出一个，就是：

> **繁殖能力强是王道。**

用投资领域的话来说，就是：

> **赚的方式越多越好。**

太简单了吧？是的，简单到好像没必要教育或学习似的。其实，这也是在传递重要知识时所面临的困惑与困难：

> **越是重要的东西，越是看起来并不相关。**

很多人问我：“笑来，你现在的主业是什么？”我笑嘻嘻地回答：“‘得到’专栏作家啊！”可是，在这个专栏里，我会告诉你为什么我总是能用各种各样的方法赚钱：

> 因为我必须有投资以外的各种赚钱方法，才能确保自己能给自己的投资金额“判无期徒刑”（至少是“判”更长的“有期徒刑”）。

如果我只凭投资赚钱，也不是不好，但我觉得自己很可能做不好——因为我的心态会变，会患得患失，会不由自主地把眼光和注意力从远方挪到眼前，变成“近视眼”，看不透周期，看不到趋势，能看到的只剩下涨跌，于是，必然会退化为“韭菜”——那又何苦？

41. 最安全的投资策略是什么?

投资成功的核心方法论，简单到令人发指的地步：

> **低买高卖。**

没了！没了！！除此之外，真的没有任何更为重要或者同等重要的核心方法论了，真的只有这 4 个字！这就是那种典型的“世人皆知的秘密”。

时间久了，经验多了，总结够了，你就会发现，这世界处处都是这样的：

> 成功算什么？成功不重要，那只是某个里程碑而已。人生还要继续，所以，从来都是成长更重要。可成长有什么呀？不就是“每天进步一点点”嘛！

对啊！所谓成长，就是“每天进步一点点”而已——哪怕是每周进步一点点，也比没有进步强一万倍，因为后面还有“复利效应”呢。这也是**世人皆知的秘密**，而绝大多数人偏偏就是做不到。

这世界就是处处如此：

> 最简单的事情，往往最难做到。

某一天进步很大其实很容易，也经常发生，可是，每天进步一点就很难，甚至每周进步一点或者每年进步一点都很难——看看身边，有多少人的今天和许多年前的今天是一模一样的！

“**低买高卖**”，说起来简单，试试就知道了，真的很难做到——**要多难就有多难**。

一切“世人皆知的秘密”之所以最终真的成了秘密，是因为那秘密实际上是“**如何做到**”，也就是说：“what”通常算不上是秘密，因为每个人都知道；“how”才是真正的秘密，只因为“即便把那秘密是什么全都告诉你，你还是很难做到”，换言之，只因为“你就是不知道如何做到”。

首先是对“低买高卖”这 4 个字中的每一个的理解：

> ▷ 这里的“低”与“高”，是指相对值，而不是指绝对值，即，相对于当前的公司实际价值（虽然很难计算，但确实是因为很难计算，才有不同的人给出不同的价格，才有了“投资”或者“投机”的机会）。
>
> ▷ 这里的“买”与“卖”，不一定是全部买入或者全部卖出。更深入的问题在于：买的时候，拿多少比例的资本去买呢？卖的时候，卖出多少比例呢？（这些都能算出来——算得对不对另说，但肯定是能算出来的。）

实际上，这样的理解还很肤浅，再稍微深入一点研究，就会发现，“公司实际价值”实在是太难计算了。这世上有无数“理论”（其中还有很多相互冲突、甚至相互矛盾的理论）和“公式”号称自己可以算得更准，但要命的是，无论如何，你都得选择其中的一种，然后用自己的行动去承担那“不一定准确”的后果。

还有更要命的——面对那些充满争议甚至相互矛盾的理论（还记得吗？“有争议”不代表“不正确”），你绝对不能问别人，别人的理解、解释、选择都是别人的，“拿来主义”在投资领域里早已被证明为“必败”，“伸手党”注定是投资领域里的“被捕食者”。

> 我一直觉得，对一个人最大的惩罚莫过于“让他以后赚不到钱”。“伸手党”在日常生活中的嘴脸，以及他们给别人造成的麻烦，比起“投资世界的本质就决定了‘伸手党’不仅根本赚不到钱，还必然赔钱”这个事实，实在是太微不足道了——想想就非常解气。

于是，那些从一开始就挣扎着想要成为“合格投资者”的人，要从一开始就养成“尽量靠自己”的习惯。每一次对他人的无脑依赖，都是对自己能力磨炼的进一步弃绝。如果你是不能自己研究、不能自己思考、不能自己选择的人，那么你从一开始就不应该进入投资领域——这里是“丛林”，是现实生活中罕见的达尔文主义绝对适用且肯定适用的领域。

那么，有没有所有人都能做到、都能理解、都可以轻松上手，且只要做到就必然足够有效的手段呢？**还真有。**

> 定投策略：定期等额购买某一支（或几支）成长型股票。

假设，基于种种原因，根据知识与判断，最终你选择了某支股票，认定它是个“成长型公司”。之后，你就可以开始行动了。

> ▷ 设定一个期限，可以是每周，可以是每月，也可以是每季度。
>
> ▷ 在每个期限到达时，无视股价的变化，购买相同金额的该公司股票。

	投资金额	股票价格	股票数量
一月	1	10	0.1
二月	1	15	0.067
三月	1	13	0.077
结果	3	12.32	0.244

按月定投

请注意，因为是定期且**定额**购买股票，所以，最终你“买到的均价”不一定恒等于“那个期间的均价”，甚至可能低于“那个期间的均价”。例如，在以上的例子里，3 个月的股票均价大约是 12.67，而你“买到的均价”却是 12.32。

定投策略的好处是，除了定期且定额购买之外，你什么都不用做，不用研究 K 线分析技术，不用天天看它的股价，不用关心它的新闻，不用打听它的种种内幕——**真的什么都不用管**。甚至，如果你能给你的资金“判刑”超过 7 年，读年报的必要性都不大了（这是个很“吓人”的结论），因为相对来看，“**年**”这个期限实在太“**短**”了。

人们在获得任何知识的时候，都可能有一个“普遍顺序”——一个不知不觉被整个社会打造出来的“顺序”。仔细回想一下，你就可能反应过来：

> ▷ 中国人第一次认识“umbralla”这个词，很可能是通过《新概念英语》教材，因为在中小学英语课本里这个“生词”很晚才出现。

> ▷ 在校学生若认识“abandon”这个词，说明他很可能背过某本词汇书（不管是否坚持到底），因为这个词几乎是每本词汇书里的第一个单词。

绝大多数已经身处投资领域的普通人，第一次听说“定投策略”很可能是因为接触了基金，因为基金销售人员大都是在推销几分钟之后就会启动“定投教育”的。

可实际上，这个策略其实最好从一开始（甚至开始之前）就知道，因为它不仅适用于购买基金，也适用于购买股票；不仅适用于购买单支股票，也适用于购买“一篮子股票”（股票组合）；最重要的是，它基本上适用于每一个投资者——因为它是一种朴素的“避险工具”。

定投策略是很好的“避险工具”。因为在出手购买的那一瞬间，几乎没有任何 100% 确定的方法可以判断“当前时间点的股价是否处于低点”，以及“购买之后的一小段时间里股价是上涨还是下跌”等。采用定投策略，则相当于确定地“捕捉”了一段时间里的均价。

现在，问题来了：

> 如果定投策略如此有效，岂不是人人都应该这么做？为什么最终很少有人能真正采用并贯彻实施这么简单有效的安全投资策略呢？

一句简单的“大多数人根本熬不住”事实上没有给出太多的本质解读。如果我们有能力穿透表象看到实质，就会发现，定投策略的关键，不是“定期”，不是“定额”，甚至不是“长期坚持定投策略”。

那么，关键在哪里？关键在于：

> 在开始之前，你通过深入的研究得到了相当确定的结论：这是一家成长性极强的公司。因为——
>
> 你的收益 = 公司成长性 × 定投策略效用

如果事实上该公司的成长性是零，那么定投策略的效用等同于无；如果最终证明，该公司不仅没有成长，甚至干脆衰落了，那么定投策略的效用事实上等同于放大了损失。

只有对“成长性极强的公司”采用定投策略，才是不仅有意义，而且具有“倍增效应”的做法。更为关键的是，如果这一步做对了，那后面就太省事儿了——你甚至不用考虑“退出策略”，因为退出策略很简单：

> 只要公司还在成长，就没有太大的必要退出（或者，没有必要退出全部）。

这个道理和我在《把时间当作朋友》里评价所谓“效率”是一样的：

> 所谓“成功”，就是用正确的方法做正确的事情。如果做的事情是对的，即便效率差一点，结果也是好的；如果做的事情是错的，则效率越高，就越倒霉。

把注意力放在“正确的事情”上，要多重要就有多重要。很多人只不过是肤浅地理解定投策略，然后把注意力放在“定期”和“定额”上，而不是放在“正确地选择成长型公司”上，所以，最终，那简单、有效、安全的“策略”，在他们身上无法起作用，甚至会起反作用。

这其实是所有投资活动的最关键之处：

> **所有的投资“功课”都是在投资之前完成的**——买什么，什么时候买，怎么买，达到什么指标之后卖，怎么卖……这些都是要在投资之前完成的“功课”，而不是在投资之后再去“补”的“作业”。

在上学的时候，99% 的人做作业（做功课，do your homework）是为了交作业（即，给别人一个交代），这样的习惯决定了绝大多数人在很小的时候就给自己“埋了一颗雷”（或者说“挖了一个坑”）：

> 他们此生压根儿就没有过“**提前做功课**”的习惯，他们的习惯是“实在不行了才手忙脚乱地补作业”。从这个角度来看，你可以轻松地想象：事实上，绝大多数人在投资领域里从一开始就背负着满身的“劣势”。

在投资领域里：

> **“功课”是做给自己的，**还要在做完之后用自己的资金去“践行”它。然后，要用 5 年、10 年甚至更长的时间去等待“成绩”。

我知道，当读到这里的时候，绝大多数人早就着急了，脑子里在想：

> “我如何才能有更大的可能选择一个甚至多个在未来更有可能成长的公司呢？”

第一，这个问题是全世界所有投资者都在苦思冥想的问题；第二，这个问题显然没有“唯一标准答案”；第三，这绝对不是一两篇文章就能写完的东西；然而，更重要的是：

> ▷ 这是你在此后必须终生研究的问题——活到老，研究到老。
> ▷ 即便你已经有了一些“猜想”、“理论”、“定律”，你也要知道，它们依然需要不断打磨、不断验证、不断修订。
> ▷ 最终，你的研究结论是由你自己负责的。

在过去的半年里，我改变了很多人。这些人起码养成了一个新的习惯，一个过去可能完全不当回事儿，现在却知道它无比重要的习惯：**只字不差地阅读**。其实，我还有一个习惯要灌输给大家：

> **逐步彻底脱离“伸手党”**。

事实上，从这本书的开始，我就在潜移默化地向你灌输这个习惯，这也是在设计《通往财富自由之路》这个专栏时就定下的目标。如果你是这个专栏的读者，不妨想想每一篇末尾的“思考与行动”的目的是什么。最终，我希望绝大多数读者都成为**“遇到问题时能够自己默默地找到解决方案的人”**，这是“合格投资者”的必备基本素质——如果连这个基本素质都没有的话，仅仅有“几百万”是没用的。

在前面，我给你留了个要花一年时间才能完成的“作业”：每个月更新1次股价。在你读完本节之后，我要给该“作业”加上两条：

> ▷ 在你的表单里加上定投策略。怎么加？别问我，也别问任何人。自己想，自己琢磨，自己总结，自己调整，自己优化……
> ▷ 开始思考和探索成长型公司的属性与特质。同样，别问别人，也别做“伸手党”。经过搜索、思考、判断，每个月往你的表单里添加至少1个新的公司。随着时间的推移，你的判断会有变化。别急，也别怕。反正，能使用一生的东西，我们都愿意用半生去磨炼。（一切都可以从Google开始——我的意思是，使用Google搜索引擎。）

一年很快就会过去。相信我，一年之后，你一定会有很大的变化。无论你是否有投资经验，定向聚焦的思考必然带来的“穿透表象看到实质”的效应，都能格外地让你感觉到“意外惊喜”（serendipity）的存在。

42. 如何提高你的选择质量？

先说个貌似在题外的话题：

> 你知道“剩男”和“剩女”是怎么“剩下”的吗？

许多年后，他们都一样，会发现自己可能有过 1 次以上的机会（虽然不一定吧）。可当初他们为什么没有“出手”呢？再跟他们聊聊，也都一样，他们都认为自己的要求并不高（例如，不求最有钱、最好看）。他们是这样想的：

> ▷ 长相不能太丑吧？
>
> ▷ 个子不能太矮吧？
>
> ▷ 人不能太无趣吧？
>
> ▷ 收入不能太低吧？
>
> ▷ 学历不能太差吧？
>
> ……

看起来，每一条都是很一般的要求，没要求最好，只要求在 1/3 以上——怎么就找不着呢？这是一道简单的数学应用题，对每个要求都只剩下 1/3 的选择，最终只剩下差不多 4‰ 的选择，而事实上，每个人在适龄阶段能进行足够深入了解的人不超过 150 个（包括同性），所以，算下来得活上“三辈子”才有可能真的碰到满足条件的人——这还没有考虑另外一个因素：对方也在挑！

然而，那些“没剩下”的人，好像在这方面也没花多少心思，就直接没有了另外一些人的烦恼——感觉真是“不公平”！那些“没剩下”的人是怎么想的呢？他们在这方面的思考模式大抵是这样的：

> 对方只要能满足最重要的一条就够了。

这就是“价值观决定命运”（或者说得轻一点，“价值观决定生活质量”）的一个绝佳例子。

> 什么是价值观来着？价值观就是思考“什么更重要”和“什么最重要”，然后盯住重要的，而不是那些不重要的——就这么简单。

那么，正题来了。请问：

> 人生中什么最重要？

答案也很直接：

> **选择**最重要。

就是这样。人生的头等大事只有一件：**选择**。进一步仔细看，人这一辈子需要拼了命去选择的机会，也就那么几个——上大学选择什么专业，毕业了选择什么工作，到时候了选择和谁结婚，如果创业的话选择什么“赛道”，等有闲钱了选择什么项目投资。所谓“大事”，大抵就是这些，也许还有别的，可是**数量并不多**。

因此，我们要把大智慧用到这些大事上。至于别的事，“难得糊涂”其实是个好建议。

之前我们已经提到过，**每个人作出选择的根基就是他的价值观**。价值观不同，作出的选择就会不同。我的《通往财富自由之路》专栏，每一期都是从各个角度和维度锤炼自己的价值观，我们要思考“什么更重要”、“什么最重要”，进而在那个角度或者维度上作出选择。我们知道了注意力更重要、更宝贵，就会作出很多不一样的选择；我们知道了决定价格的最重要因素是需求，就会作出很多不一样的选择；我们知道了投资的刚需是避险而不是冒险，就会作出很多不一样的选择……

所以，锤炼自己的价值观就等同于提高选择的质量。再进一步，作出选择的更深层方法论是什么呢？一句话就能说清楚（我个人超级迷恋那种一句话就能说清楚的原理）：

> **添加必要的条件。**

我给你讲讲另外一件事。

亚马逊（Amazon.com）已然是互联网巨头，也是地球上第一个真正成功的电商企业（亚马逊 1995 年成立，eBay 1995 年成立，Netflix 1997 年成立，阿里巴巴 1999 年成立，京东商城 2004 年成立）。亚马逊选择的第一个商品是什么呢？大家都知道，是书。

你有没有认真想过，为什么亚马逊选择的第一个商品是书，而不是别的呢？杰夫·贝索斯曾在一次私下分享中提到为什么他们当年选来选去，最终选择书作为主营产品。他们当时的选择条件是这样的：

> - 市场一定要足够大。
> - 品类必须有长期成长性。
> - 消费者复购率要足够高。
> - 关键在于，要选择一个售后成本很低，甚至干脆不需要售后服务的商品。

这又是一道简单的数学应用题：如果在每个条件中都严格地去掉 90% 的选项，其结果就是在 10000 个商品里只有 1 个能够满足条件。复盘时，所谓“秘密”就显得过于简单了。可是，**“简单”不等于“容易”**，能够作出这种高质量选择的团队，做不成大事才怪呢。

我们把选择的深层次方法论重新断句，再次理解一下：

> 添加 | 必要的 | 条件。

每增加一个条件，选项就会大幅减少；如果有没必要的条件掺杂进来，就会提前使自己“全无选择”。这很可能是绝大多数人最终放弃深入思考的根本原因。他们总是不由自主地在选择的时候掺杂大量的不必要条件，搞得自己似乎“根本就没有选择”，于是觉得那种“深入思考”根本就没有意义——笨一点的，直接成了“伸手党”；聪明一点的，不自觉地进入了另外一个“坑”，整天讨论“人到底有没有真正的选择”这类因为含糊其辞所以不可能有明确答案的“哲思”。

现在，我们知道了所谓“选择”就是增加条件，也明白了那条件必须是“**必要的条件**”。选择，是在我眼里“奥卡姆剃刀法则”（Ockham's Razor）最应该严格贯彻执行的地方。

> 如果有兴趣，你可以去维基百科上看看“奥卡姆剃刀法则”究竟是什么，“如无必要，勿增实体”只是其中一个层次的解读。事实上，奥卡姆以多种方式陈述过这个法则，而我在“选择”上选择应用奥卡姆剃刀法则，就是用“类比方法论”思考：这个道理还可以用在什么地方？结果我发现，在选择的时候：
>
> > **要尽量“只考虑且不遗漏那些最为必要的条件”**。

说回“剩男”和“剩女”。他们之所以会“剩下”，很可能是因为把太多没必要（或者“没那么必要”）的条件放了进来，进而导致选项全部过滤。而亚马逊当初的选择最终被证明为是极为明智的，肯定是由于他们在选择的时候只放进了那些最必要的条件并确实严格依据那些最必要的条件进行筛选，从而找到了那个“难得的选项”。

当我们讨论成功案例的时候，一个很普遍的说法是：

> 我就不信这些他们当初都想到了！

事实上，高质量选择者，不是“什么都想到了”，而是尽可能做到了“想到那些必要的条件”。无论是谁在什么时候作出的选择，最终都要面对不确定的未来，所以，即便选择足够正确，最终也不一定会成功，但是胜算会更高——这是显然的，是吧？

我个人是每天都有一点进步的，但不断进步也有坏处，那就是经常不太愉快，因为我总是感觉昨天的自己蠢死了（真是恨不得用更狠的脏话）。例如，我在 2017 年看自己 2016 年的投资决策（2015 年的就更别提了），发现有些项目早就“死”了，复盘自己的决策过程，结论总是一样的：

> 当初我在选择的时候，要么干脆忽略了某个必要条件，要么没有在某个必要条件上做到足够苛刻——就这两个原因，没有其他理由。

观察别人，反思自己，四处求教，海量阅读，反复研究，结论都一样：

> 绝大多数人在重大选择上毫无能力。

绝大多数人甚至回避认真思考重大选择（无非就是“筛选必要条件”和“用条件严格筛选”），然后把自己有限的宝贵注意力放到鸡毛蒜皮的事情上——纠结一切。从这个角度来看，还是一样的结论：绝大多数人（包括“两辈子”之前的我）根本不配做投资——因为投资是最看重行业选择的啊！因为绝大多数人会回避真正有意义的思考啊！因为绝大多数人就是不回避也想不出所以然啊！……其实，古人常说的“当断不断，反受其乱”，也是在描述绝大多数人的状态。

在对待重大选择的态度越来越严肃、越来越认真之后，怨天尤人的念头就被根除了。在年轻的时候，我偶尔会顾影自怜，觉得自己运气太差、老天对自己太不公平，可是随着时间的推移和思考的深入，我越来越觉得，我的境遇都是自己的选择能力差造成的，甚至得到这样一个结论：现在我面临的所有尴尬局面，都是当初自己选的。而且，时间拉得越长，这个结论就越确定。

在前面提到过，我以前在新东方的同事、后来创办 CoBuild 基金的铁岭，曾经对我说过这么一句话：

> 所谓“创业成功”，无非就是解答题高手做对了选择题。

然而，在 10 多年后，我这么一个勤于反思、勤于思考的人，依然经常为自己以前的一些选择而懊恼。所谓“知易行难”——难，真的很难。

铁岭还给我讲过一个创业方向的选择原则：

> ▷ 高频
> ▷ 刚需
> ▷ 大市场

后来，我在看创业项目时和创始人聊天，常常会这样聊一阵子：

> 都说创业方向的选择要满足高频、刚需、大市场这么几个条件，你怎么看？你觉得你的项目满足这些条件吗，为什么？如果有不满足的地方，你能告诉我为什么即便不满足也无所谓吗？

接下来的 10 分钟谈话，能给我一个大致的判断依据，告诉我这个创始人是不是一个认真、严肃、深入地对待自己的重大选择的人——屡试不爽。而且，如果一个项目最终失败了（其实失败的比例总是比成功的比例高很多），当我复盘的时候就会发现，100% 是因为那 10 分钟谈话里的一些蛛丝马迹被我忽略了，这只能说明我也缺乏修炼——路漫漫其修远兮！

显然，选择能力不是天生的，它属于只能通过后天习得与锻炼的能力。所以，选择能力肯定是在平时一点一点锻炼出来的，练习的方法也很简单：

> ▷ 面对任何选择，哪怕是很小的事情——当然，要从小事练起——都可以拿出纸和笔，罗列筛选条件。
>
> ▷ 为每个条件的重要性打分（可以是 1～5 分），然后将它们重新排序。
>
> ▷ 考虑每个条件的必要性，打分只有 1 和 0（要么有必要，要么没必要）。30 分钟之内，结果就会一目了然。但，别急，还有下一步。
>
> ▷ 第二天再花 30 分钟重新考虑、打分。如果选择本身的重要性很高，那么这个过程可能要重复更多次。

做记录很重要。很多人之所以纠结，是因为他们从来不做记录，总以为自己聪明到什么都记得住。而事实并非如此，我们总是会忘掉很多东西，尤其是重要的东西，而且，记忆力与大智慧（或者说“真聪明”）并不是完全正相关的。

只要有记录，就可以回顾，就可以反思，就可以改进，就可以提炼，就可以通过不断雕琢最终形成完善的价值观体系，而这恰恰是绝大多数人彻头彻尾欠缺的好品质。另外，保持做记录的习惯很可能是解决绝大多数人“遇事乱纠结”的最简单、最有效的手段。不要小看积累的力量，时间久了，那些我们曾经使用过的筛选原则总是可以在“意料之外”的地方用上——不信？走着瞧。

43. 无论是创业还是投资，你必须了解的概念是哪一个？

事实上，关于“万众创业”的争议，本质上只不过是“词汇之争”。我们早就知道，每个人的大脑就好像一个操作系统，而所谓“思考的操作系统”则是由一个个**概念**构成的。因此，在概念不同的人之间，无法产生有效的讨论。

我从来不认为“聪明”这东西是天生的。我更倾向于，所谓“聪明”，是习得的，是积累的，是可以不断成长的，甚至可能是完全没有上限的。这样的理解来自我对“**聪明**”这个**概念**的定义：

> 看一个人是否聪明，可以从两个层面入手：
>
> ▷ 看他的脑子里有多少清晰、准确、必要的**概念**。
>
> ▷ 看他的脑子里那些清晰、准确、必要的概念之间，有多少清晰、准确、必要的**关联**。

这不就是操作系统是不是“高级”、是不是“干净”的问题嘛！

读到这里，想必你早就发现了，尽管我们反复提炼、矫正、修正、添加、删除自己的概念，但我很少对某个重要的概念直接套用词典释义。词典（甚至包括百科）只是入门工具，只能给出最基本（事实上在关键的时候还不一定正确）的解释。而对我个人来说，要想理解那概念意味着什么，只能靠自己的不断探求。所谓“路漫漫其修远兮，吾将上下而求索”，在我眼里说的也不过是如此朴素的行动。

于是，我们一起全方位定义了很多概念（用俗话说就是“吃透了那些概念”）：“财富自由”、“注意力”、“安全感”、“资本”、“抱怨”、“刚需”、“避险”、“未来”、“长期”、“给自己打工”……事实上，这本书中的每一节都是在打磨一个概念而已，然而，这个“而已”经年累月（甚至偶尔会是“瞬间”），最终一定会给经历了“升级”的人带来巨大的变化——我经历过，我清楚。

差别其实很大。在有些人的脑子里，一个概念是一篇完整、清晰、例证丰富的文章，甚至是一本厚厚的书，而在另外一些人的脑子里，那个概念模糊不清，或者不存在，抑或干脆是另外一本“烂”书。

让我们先看看“万众创业”中的“创业”，至于“万众”，我们一会儿再说。什么是创业？满足哪些条件才叫创业？那些正在创业的人知道自己做的事情是否算得上是创业吗？

我们先研究一个更为朴素的词汇：生意。什么是生意？好像谁都懂。至于生意的分类，貌似也很简单：**好**生意和**差**生意。那么，有没有坏生意呢？你可能已经想到了：坏的不叫“生意”。

也不是不能进一步细分——生意大抵有如下几个层次：

> ▷ 满足温饱的生意。
>
> ▷ 能够赚钱的生意（温饱之外还有富余）。
>
> ▷ 能够成长的生意（富余越来越多）。
>
> ▷ 具有成长率的生意（包含一个很多人从来都没想过的概念：成长率）。

你看，从第一条开始，绝大多数人就已经有分歧了。绝大多数人在考虑生意的时候，对所谓“好生意”，只能想到“能赚钱的就是好生意”这个层面。而事实上，赚不到钱的不叫生意，赚得不够多的都是差生意。难道生活没有成本吗？难道生存没有成本吗？果腹纳税都是成本，而且是很高的成本——哪怕做过一点点生意的人都能深刻地理解这个“道理”。

理论上，做以满足温饱为目标的生意，真的谈不上是“创业”，因为这种“生意”总体上就是脆弱的，甚至可以说是脆弱无比的，它从一开始就只能与各种事实上无法战胜的敌人作对。

> ▷ 从微观上看：不动产成本（例如房租）不断上涨；人力成本不断上涨；竞争者数量越来越多。
>
> ▷ 从宏观上看：社会的每次经济结构变化对它们来说必然是一场浩劫。

所以，人们很快就会发现，绝大多数能够满足温饱的生意，最终被证明为“不会长期赚钱”。“长期”本就很难做到，若长期只能满足温饱，又有多大意义呢？

于是，从这个角度来看，我们得修订一下“创业”的概念了：

> 不能不断成长的生意，谈不上是“创业”。

所以，真正的创业者拼命思索的不是“怎样赚钱”，而是**“怎样成长”**——如何才能做到今天赚 100 元，明天赚 110 元，后天赚 121 元（这里只是简单粗暴的举例，数字只是为了示例方便）？如果没有成长，那就退回去了，变成“温饱生意”了，因为有一个每个人都看不到但都受其影响的东西——**通货膨胀**（虽然有些“冷静”的经济学家会告诉你，他们认为通货膨胀其实是个“伪概念”）。

接下来我们还要做一件事：

> 在我们的思考上添加一个维度：**长期**。

	短期	**长期**
满足温饱的生意		
能够赚钱的生意		
能够成长的生意		
具有成长率的生意		

真正厉害的创业者，考虑的不仅是“怎样成长”，更是“不断成长”（即，长期成长）。想想就能明白，能够成长事实上是很难做到的事情。你看这世

界展示的结果：貌似每个生意都有机会成长，可最终绝大多数生意并没有成长……（这和人一样吧？）要做到长期成长，岂不是难上加难？

不用深究下去，只是读到这里，估计你就已经有结论了：

> 如果“创业”是这么定义的，那就很难是“万众”的事情了。

所以，当鼓励“万众创业”的时候，其实是在鼓励“万众”自寻出路，自力更生。事实上，这种选择也真的没有负面作用，因为无论是成功还是失败，有心的人总是在不断吸取经验和教训，并多多少少有一些进步，不是吗？从这个角度来看，身处逆境的人更应该“创业”（在这里，“创业”的意思是“去做能满足温饱的生意”）——难道应该鼓励他们“如果满足不了温饱就当减肥了”吗？！

然而，那些已经摆脱了温饱束缚的人，为什么要选择去做“以满足温饱为目标的生意”呢？事实上真的有很多人这么选择了，因为他们追求“安全感”，所以把成长放到了（起码）第二位，或者干脆忘记了更重要的东西：**应该（只）仔细考虑成长**。

让我们再看看什么是“成长率不断提高的生意”。今天赚100元，明天赚110元，后天赚121元……这是在成长，但是**没有**成长率（每天的成长都是恒定的10%）。那成长率10%是什么样的呢？今天赚100元，明天赚110元，后天赚122元，大后天赚148元……成长率10%其实是个“很吓人”的数字——如果你已经习惯于“复利”思考的话，不用算也猜得出来那有“多吓人”！

于是，你可以反过来判断：

> 那些天天琢磨如何保持“**成长率**”的创业者才是真正的佼佼者。

请注意，都不一定是“提高成长率”，“**保持**成长率”已经是**难上加难再乘以难**了吧？到这里，就有一个很严肃，甚至可以认为是很深刻的结论了：

> 没有“成长率”的创业公司，不值得风险投资进入。

再翻译一下，就是：

> 在风险投资者眼里，“成长率”是最重要的。

我个人是很敬畏“关键知识点”的。在很多时候，“关键知识点”明晃晃地放在那里，貌似所有人都能看到，可大多数人就是“视而不见”——我不是在说你，我是在说自己！我当初也对这个“关键知识点”视而不见，直到我在亏了很多钱（至于亏了多少钱，我不好意思告诉你）后复盘时才发现，那些钱就是我对“关键知识点”（“成长率”）缺乏敬畏而付出的代价。

之前我提到过，每次我复盘自己的决策过程，结论总是一样的：

> 当初我在选择的时候，要么干脆忽略了某个必要条件，要么没有在某个必要条件上做到足够苛刻——就这么两个原因，没有其他。

如果我在投资决策过程中，对“成长率”这个**最必要且最重要**的指标不够苛刻，就只能“自己选的自己受着”了——即便侥幸获利了，也只不过是“拿着火把穿过火药厂”而不自知的傻子。

“关键知识点”的奇妙之处也在这里。它太宝贵了，以至“无价”。“无价”的另外一个直白的意思就是“没有价格”，或者更直白一点——“没办法有价格”。你想想就知道了：我想把自己亏了那么多钱才深刻理解的道理卖给你，你会出多少钱买？你能出多少钱买？第一，你出多少钱都可能没用，因为前提是我愿意讲给你听。第二，更为重要的是，我想要多少钱也没用，因为那“关键知识点”通常是“公开的秘密”，每个人都知道，或者说，“每个人都感觉自己早就知道”。例如，之前我告诉你 GAFATA 的秘密，你真的愿意为此付钱给我吗？事实上，无论是多少，我都能理解，因为你我都知道那结果的意义，所以我当然从一开始就没想过要为一件“无价”的事情标价收费。

然而，以上的文字，如果你仔细思考过，“反刍”过，可能会得到一个非常严肃的结果：

> 当研究一个创业点子的时候，如果你能调用自己的元认知能力，把自己的注意力放到对“成长率”的验证上，哪怕只是用 1 小时去思考，你得到的结论的质量，也很可能与国际顶级投行专家得到的结论的质量相差无几。

这绝对是事实，也是“关键知识点”力量的体现。在“关键知识点”面前，立竿见影的效果真切地存在着。

硅谷的投资大神彼得 · 蒂尔在他的 *Zero to One*（中译为《从 0 到 1》）一书里提到，餐厅也好，电影也罢，都是“烂生意”（shitty business）。很多人对此不解，纷纷表示："那就把'烂生意'都交给我吧！"而从彼得·蒂尔的角度看，他所描述的都是事实，基于他的标准，那些生意很难有"成长率"——虽然可能会做到"长期"，虽然可能会有"成长"，但那些生意就是不适合他那种投资人，以及他那种资本。

简单明了。

然而，即便是餐馆这种在彼得·蒂尔眼里的"烂生意"，也不见得是每个人都能做的。市场早就证明，所有的餐馆（全世界都差不多），1/3 赚钱，1/3 维持，1/3 赔钱，也就是说，别说"成长率"和"成长"了，即便是做"维持温饱"的生意，也至少有 1/3 的从业者不合格。

好了，你可要天天想了：

> 你曾经考虑的"生意"，究竟属于哪个类别？它为什么属于那个类别？你有没有更好的选择？

之前你可能没有思考依据，但现在有了。你会发现，这个看似不起眼的问题，可是相当地"烧脑"呢！

44. 你的“长期”究竟有多长?

本节中的表格，你最好在 Excel（Windows）、Numbers（Mac）或者 Google Spreadsheet 里做一下，以便自己反复把玩。

在如下表格中，第 1 行是年化复合收益率，左起第 1 列是投资年限。如果你的年化复合收益率达到 30%，那么在第 1 年结束的时候，你的本金加收益应该等于 1.30……到第 10 年结束的时候，你的本金加收益应该等于 13.79——是本金的将近 14 倍。

> 请注意：别去算绝对值，也就是说，别想着“我要是最初投资了 xxx 钱，那么现在应该是 xxxx 钱……”——只看倍数就好。

	10%	15%	20%	25%	30%	35%
0	1.00	1.00	1.00	1.00	1.00	1.00
1	1.10	1.15	1.20	1.25	1.30	1.35
2	1.21	1.32	1.44	1.56	1.69	1.82
3	1.33	1.52	1.73	1.95	2.20	2.46
4	1.46	1.75	2.07	2.44	2.86	3.32

续表

5	1.61	2.01	2.49	3.05	3.71	4.48
6	1.77	2.31	2.99	3.81	4.83	**6.05**
7	1.95	2.66	3.58	4.77	6.27	8.17
8	2.14	3.06	4.30	5.96	8.16	11.03
9	2.36	3.52	5.16	7.45	10.60	14.89
10	2.59	4.05	6.19	9.31	13.79	20.11
11	2.85	4.65	7.43	11.64	17.92	27.14
12	3.14	5.35	8.92	14.55	23.30	36.64
13	3.45	**6.15**	10.70	18.19	30.29	49.47
14	3.80	7.08	12.84	22.74	39.37	66.78
15	4.18	8.14	15.41	28.42	51.19	90.16
16	4.59	9.36	18.49	35.53	66.54	121.71
17	5.05	10.76	22.19	44.41	86.50	164.31
18	5.56	12.38	26.62	55.51	112.46	221.82
19	**6.12**	14.23	31.95	69.39	146.19	299.46
20	6.73	16.37	38.34	86.74	190.05	404.27

表注：第 3 行第 2 列单元格里的公式是“=B2*(1+B1)”。

这个表格里的数字能够直观地告诉我们一个事实：

> 对不同的人来说，“长期”的长度区别很可能非常大。

在表格里找找吧：对年化复合收益率高达 35% 的人来说（先忍住，不要去想自己能不能做到），投资 6 年的效果（6.05）相当于年化复合收益率为 10% 的人投资 19 年才能达到的效果（6.12）；即便是年化复合收益率比 10% 仅仅高出 5%，即 15%，也可以“提前 6 年”达到差不多的效果（6.15）。

一个比较直接的结论是：

> 你越弱，你的“长期”就越长。

再翻译一下，就是：

> 你竟然可以通过提高能力来缩短“长期”的长度！

“什么?！”我知道这个说法常常让人忍不住从椅子上跳起来（我亲眼见过很多次），“为什么我从来没有认真想过这事儿呢？”原因在于，这世上只有很少的人愿意通过自己的“深入”思考提高自己的选择或行动的质量。我之所以给这里的“深入”加上了引号，就是想提醒你：那所谓“深入”真的很深入吗？那所谓“深入”真的很难吗？那所谓“深入”真的是一般人根本做不到的吗？显然不是——其实很简单，其实很容易做到，甚至，其实人人都可以做到！

实际上，弄不好你“跳早了”，因为我还有更狠的翻译：

> 学习使人“长寿”。

因为刚刚的结论相当于：越有能力的人，其“长期”的时限越短，于是，在“长期”过去之后，他们相对于别人有着更长的“自由”时限——何止是“长寿”，分明是：

> 学习使人拥有质量更高的“长寿”。

这只是开始。

如果把定投策略加进来，那么我们看到的将是另外一个表格。第 1 行还是年化复合收益率，左起第 1 列还是年限，而左起第 2 列变成了累计投资金额（假设每年都追加 1 个单位的投资金额）。

		10%	15%	20%	25%	30%	35%
0	1	1	1	1	1	1	1
1	2	2.10	2.15	2.20	2.25	2.30	2.35
2	3	3.31	3.47	3.64	3.81	3.99	4.17
3	4	4.64	4.99	5.37	5.77	**6.19**	6.63
4	5	**6.11**	6.74	7.44	8.21	9.04	9.95
5	6	7.72	8.75	9.93	11.26	12.76	14.44
6	7	9.49	11.07	12.92	15.07	17.58	20.49
7	8	11.44	13.73	16.50	19.84	23.86	28.66

续表

8	9	13.58	16.79	20.80	25.80	32.01	39.70
9	10	15.94	20.30	25.96	33.25	42.62	54.59
10	11	18.53	24.35	32.15	42.57	56.41	74.70
11	12	21.38	29.00	39.58	54.21	74.33	101.84
12	13	24.52	34.35	48.50	68.76	97.63	138.48
13	14	27.97	40.50	59.20	86.95	127.91	187.95
14	15	31.77	47.58	72.04	109.69	167.29	254.74
15	16	35.95	55.72	87.44	138.11	218.47	344.90
16	17	40.54	65.08	105.93	173.64	285.01	466.61
17	18	45.60	75.84	128.12	218.04	371.52	630.92
18	19	51.16	88.21	154.74	273.56	483.97	852.75
19	20	57.27	102.44	186.69	342.94	630.17	1152.21
20	21	64.00	118.81	225.03	429.68	820.22	1556.48

表注：第 3 行第 3 列单元格里的公式是“=C2*(1+C1)+1”。

可以看出，10% 的年化复合收益率与 30% 的年化复合收益率，在第 3 年和第 4 年的时候，数据看上去没有太大的差异。

这是一个特别明显也特别经典的例子，可以用来说明：

> **在一定程度上，策略可以弥补能力上的不足。**

这就是明智的投资者比起相信自己的智商与能力来说更相信策略的力量的核心原因。

正确的策略，力量是非常大的。对比两张表格，同样是 10% 的年化收益率，在第一张表格里，要等到第 19 年才能达到 6.12，而在第二张表格里，第 4 年就能达到 6.11。

我知道你在想什么：

> 在第二张表格里，我的投入总计是 5 个单位啊！

关键在于，那多出来的 4 个单位（5-1=4）分明是你贯彻执行策略的结果！

到了这里，有一个关于投资的“秘密”终于“浮出水面”，你“不得不”也“肯定”看到了：

> 投资的重要秘密之一在于：你最好有除了投资以外的稳定收入来源。

若你是那种总是不得不把投资收益中的一部分拿出来花掉的人，那你就惨了。我们看看第三张表格。

> 在以下表格中，假定投资者每年必须花费 0.2 个单位的资金。

	10%	15%	20%	25%	30%	35%
0	1.00	1.00	1.00	1.00	1.00	1.00
1	0.90	0.95	1.00	1.05	1.10	1.15
2	0.79	0.89	1.00	1.11	1.23	1.35
3	0.67	0.83	1.00	1.19	1.40	1.63
4	0.54	0.75	1.00	1.29	1.62	1.99
5	0.39	0.66	1.00	1.41	1.90	2.49
6	0.23	0.56	1.00	1.56	2.28	3.17
7	0.05	0.45	1.00	1.75	2.76	4.07
8	-0.14	0.31	1.00	1.99	3.39	5.30
9	-0.36	0.16	1.00	2.29	4.20	6.95
10	-0.59	-0.02	1.00	2.66	5.26	9.19

表注：第 3 行第 2 列单元格里的公式是“=B2*(1+B1)-0.2”。

这张表格都没必要列到 20 年，因为即便是年化复合收益率高达 35%，翻倍都需要至少 4 年，坚持 10 年也不过是 **9.19**，更何况能做到年化复合收益率 35% 的人事实上少之又少——难上加难！

总结一下：

> ▷ 对能力越强的人来说，“长期”越短。
>
> ▷ 对能使用正确策略的人来说，“长期”更短。
>
> ▷ 对有能力在投资之外赚钱的人来说，“长期”更短。

回过头来，我们其实有一个可以计算“长期”的公式，叫作“72 法则”：

> $x \cong 72 \div$ 年化复合收益率值

如果你的年化复合收益率是 10%，那么你需要 72÷10 年（大约 7 年）的时间让你的投资翻倍；如果你的年化复合收益率是 25%，那么你需要 72/25 年（大约 3 年）的时间让你的投资翻倍。

在此基础上，你可以这么理解：

> ▷ 能让你的投资翻倍的时间，相当于“中期”。
> ▷ 能让你的投资翻倍再翻倍的时间，相当于“长期”。

于是，最终一切都是可以倒着算出来的。你现在能理解为什么巴菲特认为至少 10 年才算是“长期”了吧？因为他给自己定下的目标和事后长期的要求是：

> 买到年化复合增长率至少 15% 的股票。

在这个目标下，5 年翻倍，10 年翻倍再翻倍。而事实上，巴菲特的表现比当初的设想更好，他做到的是：

> 运用自己的能力（和能力的提升），把 5 年缩短成 3 年多一点，把 10 年缩短成 6 年多一点……

所以，当我们讨论“长期”的时候，虽然使用的是同一个词汇，但事实上对每个人来说，那“长期”都是不一样长的。你的“长期”究竟是多长？你需要自己算算，掂量掂量——毕竟现在多了一点点的依据，不是吗？

最后，我要再叮嘱你一句：

> 你越年轻，就越觉得“长期”长。

除了我在《把时间当作朋友》里提到的那个道理：

> 对一个 5 岁的孩子来讲，未来的一年相当于他已经度过的一生的 20%；而对一个 50 岁的人来讲，未来的一年只相当于他已经度过的一生的 1/50，即 2%。所以，感觉上，随着年龄的增加，时间的流逝速度越来越快。

而在投资这个领域，时间还给几乎所有人带来了一个感觉：

> 你越年轻，欲望就越多，也越强烈。

年轻的时候有太多（事后可能觉得不必要的）花钱的欲望和需求，这使那“长期”感觉上更难熬，可问题在于，那只是“感觉”，而不是事实——除非你自己选择把那“感觉”活成事实。

更重要的是，越是在年轻的时候，投资所需要的特定思考能力越差，以至那个“长期”在感觉上更长。还好，投资所需要的特定思考能力是可以逐步习得的，也是可以逐步增强的，这让人生重新充满了希望。

45. 年轻人是否应该“不那么看重金钱”？

先讲个段子：

> 一个眼科医生和一个牙科医生喝酒聊天。
>
> 眼科医生喝了口酒，开始叹气：“年轻的时候不懂事儿，凡事都不知道细想……你看，你是牙科医生，赚得就是比我多……为什么呀？一个人只有两只眼睛，坏了还不能换……可一个人有多少颗牙齿啊！坏了还能换，换了还能再换；要长起码两拨，第二拨还不是一口气长完的——这得多赚多少钱啊！

第一次听到这个段子的时候，我乐坏了。不过，它虽然只是个段子，却给了我一个机会来解释一个特别重要的道理，且听我细细道来。

人的终局，常常不是由“是否在乎金钱”决定的，而是由其他因素如何与“是否在乎金钱”搭配决定的。是什么因素呢？“起点”与“终点”。

	在起点在乎金钱	在起点不在乎金钱
在终点在乎金钱		
在终点不在乎金钱		

在这个段子里有一个细节值得注意：这位眼科医生的悲伤究竟来自哪里？

> ▷ 在起点作选择的时候，他没有用“将来能赚多少钱”来衡量。
> ▷ 在终点看结果的时候，他却用“现在赚到了多少钱”来判断。

于是，现在面对当初万万没有想到的结局，这位眼科医生痛不欲生！

如果一个人在起点就不在乎金钱，在终点依然不在乎金钱，那么他的终局怎么可能会被金钱的多少所影响呢？

如果一个人在起点就在乎金钱，万一到了终点时真的已然不在乎金钱，那么他的终局会如何被金钱的多少所影响呢？

所以，我们实际上要比较的是如下两种情况：

> ▷ 在起点不在乎金钱，在终点却在乎金钱。
> ▷ 在起点在乎金钱，在终点依然在乎金钱。

仔细观察一下就知道了，绝大多数人都是一样的——年轻的时候无所谓，到了一定的年纪都逃脱不了金钱的束缚与限制，都是到了“不得已”的时候才开始重视金钱，那“惨淡的结局”其实是从一开始就注定的，并不像大多数人以为的那样，直到“中年”才遇到所谓“中年危机”——那危机从一开始就注定了。而且，最令人气馁的是，在已经没有机会时，切肤之痛在于“还不知道是怎么回事，却发现自己已经输了”。所以，从策略上看，在年轻的时候认真思考金钱、重视金钱才是实际上的优势策略。

最终，你不得不承认一个事实：

> 那些认真对待金钱的人获得金钱的能力更强，而且会越来越强。

国内有个收藏家，名字叫刘益谦，大家都知道他。这个人到底多有钱，他自己都不知道——这是实话，因为他所拥有的古董都是没有定价的，而且必然会增值。你看，想赚钱，做古董生意比炒比特币容易多了，因为古董必然会涨价——嗯，比比特币“必然”多了。每次有人问我：“怎么可能有东西永远涨价呢？”我都懒得解释。生活中这种例子多了去了，股票和艺术品就是活生生的例子。

曾经有人认真地问刘益谦：“你为什么比我有钱？”刘益谦想了想，认真地回答道：“你想不想赚钱？”对方说：“当然想啊！”刘益谦说：“那你每天花多长时间想赚钱？我天天想怎么赚钱，每时每刻都在想，早上起来就在想，坐在马桶上也在琢磨……你呢？你就是想想，想一下，然后就干别的去了，想别的去了。咱们花的时间不一样啊，怎么可能一样有钱？”

你看，在一些人叫嚣“生命不息，折腾不止”且引以为荣的时候，另外一些人（极少数人）是“生命不息，赚钱不止，琢磨不断”——反正就是很不一样。我觉得刘益谦的话很有道理，也很实在。大多数人都想赚钱，却不愿意琢磨如何赚钱——难道老天会专门给你下一场“金雨”吗？

如果你不承认“那些认真对待金钱的人获得金钱的能力更强，而且会越来越强”，或者仅仅是不愿意承认，那么接下来的讨论就完全没有意义了。可若你想了想，觉得这的确是事实，那么下面的结论就是很自然的了。

> ▷ 那些“在起点不在乎金钱，在终点却在乎金钱”的人，由于在“琢磨如何赚钱”这件事上花费的时间和精力相对更少，于是，他们的赚钱能力很可能更差，所以，他们有更大的概率在终局到来时“没赚到多少钱，却很在乎金钱”——怎一个“惨”字了得！
>
> ▷ 那些“在起点在乎金钱，在终点依然在乎金钱”的人，由于在“琢磨如何赚钱”这件事上花费的时间和精力相对更多（毕竟他们从一开始就在使劲琢磨），于是，他们的赚钱能力很可能更强，所以，他们有更大的概率在终局到来时“已然赚到很多钱”——对这种人来说，“是否在乎金钱”很难影响他们的幸福感，不是吗？

你反应过来了吗？在4种组合里，“在起点不在乎金钱，在终点却在乎金钱”竟然是最可能导致不幸终局的组合！事实上，这就是那个沮丧的眼科医生在许多年后只能无奈叹息的原因——回不去了，没法重新选择了！

顺带说一下，“复杂二分法”是一个很好用的分析工具。凡事都可以从一个维度上“二分”，也都可以从另外一个维度上“二分”，于是就可以产生4个组合，每个组合都可以拿出来仔细分析。

给你讲两个好玩儿的例子（仅仅是好玩儿）。

> **第一个玩笑是“聪明愚蠢”与“勤奋懒惰”的组合：**

	聪明	愚蠢
勤奋		
懒惰		

- 聪明且勤奋的人，适合做团队里的中层，因为他们的执行力强。
- 聪明且懒惰的人，适合做团队里的领导，因为他们更擅长琢磨。
- 愚蠢又懒惰的人，你肯定不会要，对吧？
- 可是，对那些愚蠢却勤奋的人，你就要小心了。若在团队里发现这样的人，要马上开掉。为什么呢？因为你不知道他们会做出什么事情，而且他们在犯错的时候一定会达到极端严重的地步！

第二个玩笑是用来说明“相信上帝更划算”的：

	相信上帝存在	不相信上帝存在
上帝并不存在		
上帝真的存在		

- 如果上帝并不存在，那么你是否相信“上帝不会影响你”（反正上帝并不存在）——起码那个并不存在的上帝不可能真的惩罚你，是吧？
- 但是，如果上帝真的存在，那么，你相信，你听话，你就会上天堂；可若你不信，那你就惨了，你必然会下地狱！

于是，在大家都弄不明白上帝是否真的存在的情况下，在这 4 种情况里最惨的是“上帝真的存在，而你竟然不相信”。

玩笑归玩笑，现在你明白这个“复杂二分法”有多厉害了吧！当然，你在之前已经多次见过它，而且，你一定会不时地在经济学、心理学等书籍里见到这个工具的使用实例。

下面，让我们看看如何用这个工具彻底想明白“人生中最重要的一个选择”究竟是什么。

	有趣	无趣
有用		
无用		

你一生要做的事情可以分为“有趣的”和“无趣的”两种，从另外一个维度看，也可以分为“有用的”和“无用的”两种。于是，就有 4 种情况。

> ▷ 谁不希望自己做的事情都是“既有趣又有用的”呢？只可惜，这种事情太少了。不过，总有一些人有好运气。你看“歌神”张学友，喜欢唱歌，就唱一辈子歌，因为唱了一辈子歌而衣食无忧！你看“拳王”泰森，喜欢“打人”，就“打一辈子人”，因为“打了一辈子人”而衣食无忧！——羡慕死了！
>
> ▷ 千万不要以为那些“既无趣又无用”的事情没人做。其实，不仅有人做，还有很多人做。最常见的例子就是那些“烟鬼”（很不幸，我就是其中之一）——天天抽烟有什么用啊？有意思吗？吸一口，吐一口，弄不好还被呛到，有什么意思啊？可这种事情偏偏就是有很多人去做，不仅如此，还要冒死去做。
>
> 最终你会发现，你必须在“有用却无趣”和“有趣却无用”之间作出抉择。

别的不说，“年轻的时候在乎钱”有意思吗？真的很没意思！理由也非常清楚：在年轻的时候，无论如何用力，都处在那条平缓的、甚至看不出斜率的直线上，即便再努力，赚到钱的实际上也很少——你说，这能有意思吗？说实话，谁不知道谈谈理想、讲讲情怀看起来更“高大上”呢？

我太了解这种感受了，因为我从头到尾全都经历过。假如，你的父亲在医院里随时可能病危，你在外面拼命赚钱，可无论怎么努力，你赚到的钱总是不够用——那个辛苦，那个难受，那个无处诉说……可问题在于，“去赚钱”几乎是对没有财富可继承的人来说最有用的事情啊！尤其是当父亲躺在医院里，你知道自己是在“用钱抢命”的时候，“孝顺”可不是挂在嘴边上的，要想做到，得有实力，如果没有实力，就只能流泪了，不是吗？不管是有意思还是没意思，都得去做！虽然这对每个人来说都是看起来理所当然的事，可实际上却是人生最艰难的抉择。

我不反对年轻人有理想、有抱负、讲情怀、讲格调——越是年轻，就越自然，不是吗？但是，我不主张年轻人不重视金钱，**尤其不主张年轻人不重视赚钱的能力**。我也不认为那些动不动就奉劝“年轻人不要那么在乎金钱”的人心怀深刻的恶毒——我猜，他们的终局也会因为自己当年没想明白而实际上并不美妙吧。

我只是想从逻辑上证明给你看：“从一开始就重视金钱”可能是更划算的策略。而且，我还会用自己的经历告诉你：到最后，若你真的赚到了很多钱，你其实是没有办法“依然在乎金钱”的；更为重要的是，若你竟然真的赚到了很多钱，你很可能会变成更有理想、更有抱负、更讲情怀、更讲格调的人（我真的见过这样的人）。

我们不是认为“金钱至上”的人，恰恰相反，我们知道还有比金钱更为宝贵、更具价值的东西，例如时间，例如自己的注意力……我们只是因为元认知能力比较强，才习得了一个更好的策略，“在起点重视金钱”比“在起点不重视金钱”更划算、到达终点时痛苦更少。

如果你在起点不在乎金钱，那么我希望你到终点时不要像段子里的眼科医生那样“忽然间开始在乎金钱了”——那样不漂亮。

当我开始写专栏的时候，有很多人以为《通往财富自由之路》是“标题党”——我懒得解释。但在这本书里，我可以认真地解释一下。

> 首先，名不副实的、“金玉其外，败絮其中”的才是“标题党”。
>
> 其次，若专栏销售数量最多是因为“财富”这两个字，那并不是坏事。
>
> 再次，若订阅者是年轻人，那说明他运气好，很可能因此纠正了一个连他自己都不知道自己正在实施的“劣势策略”。
>
> 最后，我猜那些只因为看到“财富”两个字就“避而远之”的人，在许多年后会发现真相。

所以，我们应该认真、冷静地对待“财富自由”这 4 个字，尤其是还处在起点的年轻人。在人类平均寿命不断增加的今天，50 岁以下基本上都可以算作年轻人——即便是 50 岁的人，后面也还有至少二三十年的寿命呢！

46. 如何才能练就融会贯通的能力?

在回答这个问题之前，让我们重新认识一下“知识”这个概念。首先，我们需要认真定义一下“知识”这个概念。

> 所谓“知识”，指的是能够指导我们作出更好的决策，且从长期来看更可能给我们带来更好结果的那些信息。

也就是说，所谓“知识”，最终只不过是一些信息。然而，它们也不是任何信息，而是“能够指导我们作出更好的决策”且“更可能给我们带来更好的结果”的信息。

> 方法论总是相通的。“信息”若要称为“知识”，需要具备两个条件，而绝大多数的信息会被就此剔除。之前我们说过，所谓“选择”，无非是添加条件——你看，它们背后的机理是否完全相同、相通?

因此，绝大多数的“信息”算不上是“知识”。

例如，就算你知道“㒳”这个字怎么读，通常情况下这件事本身也很难成为你作出人生重要决策的依据，而且，这个字的存在与否，以及你是否会因为认识它而改变自己的生活，答案非常明确：皆为“否”——无论是短期还是长期（当然，若作为消遣，则无可厚非）。

> 话说，我用“卺”这个字做例子 10 多年了，对我来说，这个字真的实现了它特殊的价值。

我们可以简单地把“能否指导我们作出更好的决策”简化为“是否有用”，这么说也许更为简单明了。

定义清晰会使我们有不一样的选择和行动。例如，我会不时在我的微信订阅号里分享看过的好电影，虽然这明显是娱乐类内容，但从我的定义角度看，这是知识，实实在在的知识：

> ▷ 它肯定会影响读者的决策——大多数读者真的会看，看完之后真的会很爽，因为我只推荐我真的认为是极好的电影。
>
> ▷ 从长期来看，它肯定会给读者带来更好的结果——起码品味与品位都提高了。品味与品位，和耐心一样，都是长时间积累的结果。若品味与品位都提高了，那么将来的输入质量只会越来越高。

于是，分辨“知识”就很容易了，无非是问自己两个问题：

> ▷ 在知道这些之后，我的哪些决策会随之改变？
>
> ▷ 从长期来看，这些东西可能为我带来哪些想得到或者想不到的好处？

你应该见过很多人，在 40 多岁的时候说类似这样的话：

> “唉，年轻的时候不懂事儿，早知道就多读一点书了……”

有这种想法的人在人群中的比例很高，但他们已经没办法了，他们彻底回不去了！然而，他们还有更为无奈的事情：

> 他们之所以把这样的话讲给自己的孩子听，显然是出于真诚的劝说，但他们却没有任何可能让自己的孩子明白这些话的含义。

一代又一代的人，大部分都是如此。问题出在哪里？我的观察与结论是这样的：

> 他们在思考知识价值的时候，只考虑“有用”与“没用”，却忽略了一个更为重要的维度：“短期”与“长期”。

大多数人在判断知识的用处时，心里都有很“理性”的依据，例如“我想学有用的东西，而不是没用的东西”——这很好，没有错。但与此同时，他们忽略了一个可能更为重要的理性依据：时间。你想啊，“短期有用”的东西不见得“长期有用”，“短期没用”的东西不见得“长期没用”。

而上面提到的那些无法让自己的孩子信服的、因为自己已经“反应”过来而“无奈”的人所面临的无法言说的尴尬在于，他们只体会到了痛，却不知道问题究竟出在哪里，他们甚至到死都不明白，他们只不过是因为从未认真对待过“长期”这两个字才搞得自己“死因不详”。

很多人在小学毕业之后就不读书了，另有一批人在初中毕业之后就不读书了，还有一批人在高中毕业之后就不读书了……绝大多数人直到大学本科毕业，也没有分清“上学”、“读书”和“学习”，于是，他们分分钟都有可能停止进步——你看，概念不清晰的危害有多大！

> 当年我上大学的时候，学的是会计专业，这是我的父亲替我决定的。他和这世界上的绝大多数人一样，望文生义地以为经济学是研究怎么赚钱的学科，然后进一步想当然地认为会计是离钱最近的专业……
>
> 要知道，我的父亲并不是没有文化的人——他是黑龙江大学俄语系的高材生，“文革”后为延边医学院创办外语系的知识分子啊！
>
> 不过，我父亲那个年纪的人，在那样的世界里挣扎着生存，真的不明白什么是商业，不明白什么是经济，更不明白什么是经济学。事实上，经济学研究的对象真的不是钱，完全不是钱，反正不是钱（真正直接研究钱的专业可能是金融）。许多年后，当我从事留学咨询工作的时候才“发现”，若本科读的不是数学或者计算机专业，那么去美国读金融专业的机会几乎为零。唉，选专业真的是大多数父母完全搞不懂的事情！

绝大多数人在判断知识有用与否（或者换个说法：“是不是‘干货’”）的时候，希望那信息马上有用、立竿见影，希望在了解新东西的时候瞬间就能脱胎换骨。于是，他们相当于主动剔除了很多“短期没用”但绝对“长期有用”的知识。二三十年过去，到了 40 多岁，他们被动地意识到了一个灾难性的结果，却完全不知道自己当初错在哪里，他们能表达出来的只有含混的措辞，即，“年轻的时候不懂事儿”。若他们真的能想明白、说清楚自己当初怎么不懂事、做错了哪些决定、有什么样的方法能让自己的孩子避免遇上和自己一样的“报应”，他们就不会那么绝望。可事实上，他们并没有，他们很可能终生都不明白这是怎么回事——虽然那原因不能再简单了。

从“**大多数人从不认真考虑长期**”这个事实出发，我们很容易理解为什么绝大多数牛人都一样，不怎么在意绝大多数“新闻”（因为实际上那一地鸡毛的琐事对他们而言，不仅在短期内没用，从长期来看也没用，而且一点都不稀奇）。但是，在特定领域里，他们却有“火眼金睛”，无所不知，无所不晓（起码比别人知道得多）。沃伦·巴菲特说他“从来都不看新闻”，大抵是指他从来不看小事件。至于那些与他的人生选择相关的大事件，他比任何人知道得都早，于是，他也就用不着看别人发出来的“新闻”了。

然而，即便是满足那两个条件（有用、长期）的可以称为“知识”的信息，也有不同的能量和价值。我有一个专门杜撰的概念用来区分它们：有繁衍能力的知识。

> 有些知识能繁衍出更多的知识，于是，它们显然更高级，也更有价值。

逻辑学就属于这一类，它可以用来判断某个知识是否站得住脚，也可以用来预知一些结论。概率论也属于这一类，它与逻辑学结合在一起，就能作出相对更为接近事实的预测。英语更属于这一类，掌握它显然（即便是在听、说、读、写中只掌握了“读”这一项）能让你接触更多的知识。再想想看，编程是不是属于这一类？这类知识有一个专门的术语，叫作“通识”，即，无论在哪里都用得上的知识。

最后，我们看一个人们最近频繁提到的词：

> **碎片化**

知识是否可以碎片化呢？这显然是误解，也是概念不清晰而造成的混乱。事实上，被碎片化的只是时间，而不是别的。

碎片化的信息无法直接构成知识。这像什么呢？这就好像，**虽然房子确实是由砖头构成的，但若仅仅是一堆砖头摞在那里，我们完全不可能称之为房子——这个类比好像无论在哪里都用得上！** 正如房子是有构架的一样，知识是有体系的。碎片化的信息顶多是一块块的砖头而已，要让它们成为房子的一部分，除了构架之外，还需要很多东西，例如水泥、钢筋……

再说，即便是学习的时间被碎片化了，学习的过程实际上依然是长期、持续、连贯的，否则也不可能产生进步。而且，碎片化也不是今天才产生的，事实上从来都有。回忆一下，在我们上小学的时候，是不是上午上 4 节课，通常每节课都是不一样的科目？在绝大多数情况下，不会是星期一全讲语文，星期二全讲数学，星期三全讲自然……在离开学校之后，我们就很难有整块的时间学习了（其实所谓“整块的时间”，不过是满满的 45 分钟而已）——不都是“抽时间”搞定的吗？例如，我学习 Python 编程语言时，阅读第一本书的时间基本上是每天在马桶上的 15 分钟，花了整整一个月才搞定。所以，时间碎片化并不代表学习碎片化，恰恰相反，真正擅长学习的人，都擅长利用碎片化的时间完成长期、持续、连贯的学习。

于是，一个很明显的结论出现了：

> 体系化的知识是更高级的知识。至于碎片化，则和知识完全没有关系。

那么，对普通个体来说，体系化又从何而来呢？我有一个理论：在知识的海洋里，最佳策略是“漫游”——对普通人来说更是如此。

许多年过去，当我回头看的时候，最庆幸的事情只有一件：

> 我好像从一开始就没操心过“学它有什么用”，不仅如此，我好像从一开始就觉得学习本身很有趣。于是，我无论学什么都觉得很有趣，甚至，在学不会、学不好的时候，我依然觉得学习很有趣！

你看我的微信订阅号名称——“学习学习再学习”（先把“学习”这个本领“学习”好，“再”继续“学习”）。再看看我的签名——“一生只有一个职业：学生”（它在许多年前就放在那里）。我不是说说而已的人，我也不是今天才开始说的人，我是那个多年来一直在那么做的人。而那么做的直接结果就是：我一直在“漫游”，常常毫无目的，甚至根本就不想有目的。

在其他领域，这也许不被认为是好策略，但在知识面前，这绝对是个好策略，因为你会越来越频繁地产生这种幸福感：

> 真没想到，我学过的那个东西在这样的地方用得上！

这种幸福感在英语里叫作“serendipity”（意外的好运）。我若从另外一个角度解释，你就会发现，这里的所谓“意外”其实一点都不意外，而完全是必然。

我学很多东西的理由是：谁知道它在什么时候会有什么用处呢?！在《把时间当作朋友》里，我专门提到过一个例子：很多时候，人们会出于相同的原因作出截然相反的决策，很多人在面对“谁知道它在什么时候会有什么用处呢”这个理由的时候，作出的选择是截然相反的——“除非你确切地告诉我它在什么时候有多么明确的用处，我才会去学！”

人们经常会提到“融会贯通”这个词。“融会贯通”究竟是什么呢？从本质上看，所谓“融会贯通”，无非就是在两个貌似原本不可能产生联系的节点之间产生了“意外的联系”，然后竟然发现那个联系足够重要，足够有用，甚至达到令人震惊的地步。

融会贯通的前提是什么呢？很简单：可产生联系的节点数量足够多。在只有两三个节点时，没有什么连接可能是意外的——2 个节点之间能有 1 个连接，3 个节点之间能有 3 个连接，4 个节点之间能有 6 个连接……随着节点数量的增加，可能产生的连接数量也会增加。

节点数量	1	2	3	4	5	6
连接数量	0	1	3	6	10	15

其实，可以直接用公式计算：

> 连接数量 = 节点数量 ×（节点数量 − 1）÷ 2

翻译过来就是：

> 只有博学的人才有融会贯通的能力（甚至机会）。

于是，在学习的时候，“莫问前程，但行好事”是最优策略，因为肯定会有一个天然的回报：融会贯通。而且，一旦融会贯通的效果出现了，就说明另外一件天大的好事同时出现了：体系化自动形成。想象一下吧：人和人的差别真的很大，一些人的脑子里只有一堆砖头（当然，有些人更惨，脑子里只有零星几块砖头碎片而已），另外一些人的脑子里有一栋房子，还有一些人的脑子里有高楼大厦，更有一些人的脑子里有整座城市……

更进一步，我们会意识到：

> 所谓“融会贯通”，本质上就是在那些“清晰、准确、必要的概念”之间建立“清晰、准确、必要的关联”的过程——这不就是让我们变得更聪明、让我们的操作系统变得更高级的过程吗?

错误的概念和错误的关联会影响整个操作系统的正常运转。再举一个例子——虽然这本书里已经有太多的例子了。

> 很多人不知道“自信”这个概念应该如何与另外一个概念关联起来：
>
> > 一个人所要自信的对象，应该是未来的自己，而不是现在的自己，更不是过去的自己。
>
> 然而，绝大多数人最想要的是“对现在的自己自信”。于是，他们的生活中就出现了很多的扭曲，可他们毫不自知。

可怕吧?

除了增加节点数量之外，还有一个重要的方法：**主动增加连接**。主动增加连接的方法倒也简单，就是经常问自己这么一个问题：

> 这个概念、这个道理，还能用在什么地方?

在第 6 节里，我提到过一个例子：尽管中学物理课本里“串联”与“并联”的概念很简单，但绝大多数人从没想过这个概念还可以用在什么地方，可另外一些（少数）人却如此这般地琢磨了一番——想想看，许多年后，这两种人的生活还可能在同一个水准上吗?

47. 人生的终极问题到底是什么？

我在长大的过程中，听说人生的终极问题是：

> ▷ 我是谁？

与之相关的问题还有两个：

> ▷ 我从何而来？
> ▷ 我要去向何方？

后来，我发现这些并不是最重要的问题，因为“未来的我究竟是谁”取决于我今天做了什么、过去做了什么……换言之，“我”并不是一个固定的、一成不变的存在，因此，琢磨“我是谁”很可能完全是徒劳的。

但是，有一天，我发现了一个更有意义的终极问题：

> 什么更重要？

事实上，你可能早就注意到了，在这本书里全部都是思考“什么更重要”的范例。因为在我的体系里，“什么更重要”就是用来锻造价值观的问题，而价值观是操作系统的核心要素之一，几乎一切决定都来自这个问题的答案。

> **什么更重要？**

反复认真地把这个问题问下去，深究下去，到最后会直接出现另外一个更重要的问题的答案。这个问题是：

什么最重要？

这是我多年来最有效的“武器”，我都记不起有多少次用它解决学习、生活、工作中的重大问题了，反正总是“一刀砍下去，结束战斗”——很难想象吧？

当年，别人考 TOEFL 是为了出国，而我是为了去新东方当老师（因为我的父亲躺在病房里，我需要一份收入相对高而又稳定的工作）。我以为，去新东方当老师，一定要有个好成绩，就开始研究 TOEFL 考试。所谓“研究”，从本质上看，就是这把“刀”——要想研究“什么最重要”，就从“什么更重要”问起！

嗯，单词量很重要！那么，有没有比它更重要的呢？一定有。为什么一定有呢？因为我发现，无论如何，你在下一次考试当中都会遇到一些不认识的单词（因为那是设计出来的考试，所以，找几个你肯定不认识的单词放在里面，实在是太容易、太基本、太必须的了），例如“phlogiston”这种单词，即便是美国人，若有一点偏科，不喜欢化学，估计也不认识。那么，什么更重要呢？琢磨来琢磨去，我发现 TOEFL 考试考的不是单词量，而是通过基础词汇揣摩上下文逻辑的能力。这一“刀”太狠了——别人以为通过 TOEFL 考试要背 12000 个词汇，我可好，随便通篇搞定了 10 篇 TOEFL 阅读文章之后，就开始研究上下文逻辑去了——我竟然没有专门背单词就通过了 TOEFL 考试，还拿了个很高的成绩！当上老师之后，我把这个思考结论写成了一本书：《TOEFL 核心词汇 21 天突破》。这本书卖了很多年，让我跨过了“财富自由”的“里程碑”，而且直到今天还在卖。

这是学习上的例子。生活上的例子呢？我在很多场合都说过，我和老婆 20 多年没有吵过架（这件事我身边的朋友都知道）。我是如何做到的呢？其实，不是“如何做到”的，而是从一开始就注定如此。因为我很认真地想过“择偶标准”这件事——长相重要吗？重要，但显然有比它更重要的考虑因素。身材重要吗？重要，但显然有比它更重要的考虑因素。学历重要吗？重要，但显然有比它更重要的考虑因素……通过反复探究“什么更重要”，我终于找到了一个“最重要”的因素：

> 对方是不是一个能讲道理的人？

在我看来，这是唯一最重要的因素，因为若满足这一条件，就几乎没有不能解决的问题了。而后来，我一不小心遇到了一个不仅各方面都不错，竟然还“能讲道理”的女生，那就直接在一起呗！只一“刀”，终生幸福。

在工作上也一样。现在，我每周都要跟很多团队开会，会议流程很简单：

> ▷ 我们当前最重要的事是什么？为什么？
>
> ▷ 如果我们确定这是当前最重要的事，那很简单——把一切注意力都放在它上面！

带团队也一样。我曾认为自己缺乏“管理能力”——刚开始我也认同这一点，因为许多年来，我确实一直在“单打独斗”。后来我是如何解决这个问题的呢？还是那把“刀”。我花了好几年时间去琢磨：在带团队这件事上，什么更重要？得到的结论是：

> 选一件发展迅速的事情去做最重要。

如果团队正在做的事情发展迅速，那么即便是大家各有缺点，又能怎样呢？反正大家都很忙，忙着发展，忙着“打仗”，忙着“救火”，甚至忙着“数钱”，哪里有空想别的事情啊？可如果团队正在做的事情进展极其缓慢，那么各种问题就都出现了，且问题的作用会被放大。于是，在决定带团队之前，我会穷尽精力去琢磨：他们到底做什么才能有最迅速的发展？如果琢磨不出来，我就干脆不做了；如果琢磨出来，我就知道，那一“刀”已经结束了“战斗”。

后来，我完全是误打误撞进入了投资领域。当时，我还不知道自己一脚跨进了一个镜像的世界，我的操作系统里还没有“左侧世界”、“右侧策略”等概念，所以当然是跌跌撞撞，头破血流……经过一段时间的实操之后，我又把那把“刀”亮了出来，开始躲在家里琢磨：

> 什么更重要？到最后，什么最重要？

结论是：

> 在买到可维持长期成长率的可增值资产之后，一直握着——不动最重要。

顺着这个“发现”，我想透了很多这个新世界里的重要原则：

> ▷ 自己对自己负责。

> ▷ 成长率决定价值增长。
> ▷ 一定要投资比自己更牛的人。
> ▷ 一切的功课与努力都要在钱打出去之前完成。
> ▷ 在金融的世界里，没有什么可以打败钱这个东西。
> ▷ 自己不懂的东西，无论看起来多好，都不能胡乱参与。

我送过你一把“钥匙”，再送你一把“刀”——这本书是否“价值连城”，就看你的了。为什么？！凭什么？！为什么到最后我没有责任，做不好反倒要怪你呢？——好问题！

你有没有想过，在“教育”或者“学习”这件事情里，什么最重要？最终，环境比老师重要，你自己比环境重要。于是，到最后，在“教育”或者“学习”这件事情里，自己最重要。否则，就无法解释：为什么在同样的环境里，总有一个脱颖而出的人？由同样的老师去教，为什么总有人比别人做得更好？

自己才是最重要的决定因素。

那么，在你身上，什么素质最重要？坚强，勇敢，聪明，还是耐心？仔细想想吧。这么多年来，我只看到一个素质比其他素质都重要：

> 干一行，爱一行。

这是我们人类的基因设计：

> ▷ 你只能做好你热爱的事情。
> ▷ 你不可能做好你讨厌的事情。

“爱”与“不爱”，貌似是前置条件，可这种理解绝对是肤浅的。你以为自由恋爱的婚姻就一定幸福吗？你以为这世上就没有“先结婚，后恋爱”且过得很幸福的家庭吗？你看，“爱”与“不爱”，并不一定是前置条件。

而在人群之中，就是有少量的“另外一个物种”，他们很厉害，因为他们无论做什么，到最后都能爱上什么。若有能力爱上，就有能力持续去做；若能持续去做，又怎么可能做不好？我对“执行力”这个东西有另外一个定义和判断：

> 判断一个人是否有很强的执行力，只要看他在做得不好的时候会不会继续做下去就可以了。

如果不喜欢做，怎么可能接着做下去？如果不热爱，怎么可能坚持到最后？所以，在“执行力”这个东西里，一个很重要的因素就是热爱程度。爱到无以复加，就没有人可以阻挡，也就没有任何挫败会导致放弃。

之前提到过，无论做什么事、学什么东西，我都要想尽办法为它赋予极大的意义，如此这般，我就把“坚持”和“努力”之类的概念都从我的操作系统当中删除了。此外，我还有更“狠”的策略：

> 我事实上在与我的每一个技能谈恋爱。

呵护她，关心她，哄她开心，跟她一起“high”……爱得要死要活。想拆散我们？没门儿！

这把“刀”我用了不知道多少年，在可预见的未来，我还是会频繁地使用它。我最近一次使用这把“刀”是这两年在琢磨未来的时候。事实上，我在第 3 节提到过：

> 很多事情，好像明摆着就在那里，但不走到一定地步是不会认真思考它们的。在穿越成本线之后，我才明白那真的只不过是起点（过去只是猜测“那应该是个新起点”）。只有走过去才有机会看清楚：“个人财富自由”真的只是第一步而已，后面还有很多步呢！下一步是“家族财富积累”，后面还有“财富管理”，再后面还有“家族传承”——你要考虑的不仅是如何把财富传承下去，更重要的是如何把方方面面的能力传承下去。

亮出那把“刀”，琢磨来琢磨去，我才发现，还有比财富自由更重要的事情。到最后，我找到了一个概念：家族传承。传承什么更重要？传承什么最重要？传承能力最重要。事实上，这是非常朴素的思考过程，不是吗？想想也挺好——进入了一个没人教、没书看、只能靠自己的领域，结果还好——我们不是没有学习能力的人，是吧？

前面说的貌似都是“大事”，不过，那把“刀”几乎可以用在任何地方。下面我会耗费一点篇幅，举一个关于“小事”的例子。

你是否尝试着学过 PPT 设计？你可能想不到，我这么好学的一个人，却经常劝别人：“别学那玩意儿了！”意外吗？为什么呢？理由有很多，我只说最重要的一个。在整个宣讲过程（向上是报告，向下是演讲）中，幻灯片是最重要的吗？显然不是，显然有比幻灯片更重要的东西：内容。

这是有明证的。[1] 2013 年，LinkedIn 的创始人雷德·霍夫曼公开了他在 2004 年向 Greylock 基金寻求 B 轮融资时制作的宣讲幻灯片。他的那次宣讲说服了 Greylock 基金，使 LinkedIn 成功获得 1000 万美元的投资。

这个称得上“字字千金”的宣讲幻灯片长什么样子呢？毫无美感！

然而，请注意，对宣讲对象来说，这根本不是重点。他们是投资人，他们关心的完全不可能是这种东西：

> ▷ 呀！字体太难看了！
>
> ▷ 嗯？这个配色实在是太乱了！
>
> ▷ 啊！这是哪儿来的插图？这么不搭！
>
> ▷ 唉！谁做的？怎么完全没有设计基础呢？

投资人关心的只有事实和逻辑——这是肯定的。手里拿着真金白银寻找机会的投资人，当然不可能被“金玉其外，败絮其中”的东西所迷惑。

于是，我们已经有一个很重要的结论了：

> 内容 > 幻灯片设计

然而，有一个更重要的因素：宣讲者是雷德·霍夫曼，而不是某个他们完全不认识的人！

有句话很有道理：你不知道并不可怕，你不知道你不知道才可怕。

2004 年，雷德·霍夫曼已经 37 岁了。1990 年，他从斯坦福大学毕业，拿了双学位，一个是符号系统，另一个是认知科学。1993 年，他在牛津大学拿了哲学硕士。1994 年，他参与创建 eWorld（该公司于 1996 年被 AOL 收购）。1997 年，他创建了 SocialNet.com，开始专注于互联网社交领域。与此同时，他是 PayPal 的早期联合创始人之一，后于 2000 年 1 月离开 SocialNet，全职加入 PayPal，担任 COO。2002 年，当 eBay 以 15 亿美元收购 PayPal 时，他已经是 PayPal 的副总裁了。2002 年年底，他重拾自己的互联网社交梦想，于是组建团队，LinkedIn 于 2003 年 5 月 5 日正式上线。此时，雷德·霍夫曼早已经成为硅谷最著名的天使投资人之一，江湖人称“人脉王”。

想象一下，你是投资人，坐在雷德·霍夫曼对面听他的宣讲……不是说讲了什么不重要，而是说，讲的内容固然重要，但更重要的是，这是雷德·霍夫曼，不是别人，不是随便一个“Mr. Nobody”——他可是整个硅谷风投圈都想投资的对象啊！至于幻灯片设计水平嘛……呵呵。

于是，我们的结论应该改进了：

> 人 > 内容 > 幻灯片设计

简言之，最重要的是人，你要做的更重要的事情是“成为能说那话的人”！大约 10 年前，我写过一篇文章，发表在网上，题目就是《成为能说那话的人》。那时我发现，人微言轻——若你是个举足轻重的人，那么你的话就会被重视；否则，你的话就会被忽略。不是幻灯片不重要，也不是内容不重要，而是——有更重要的事情等着我们去做！

所以，我从不在制作幻灯片上浪费时间。可我也喜欢漂亮的幻灯片——怎么办？用钱换时间啊！我到国外网站买一些很漂亮的模板，通常只要花 15~30 美元（也就一两百元人民币）——难道我做一场讲演连这点钱都赚不回来吗？不可能！

还有更重要的问题需要你认真考虑：

> 你到底想成为谁？
>
> ▷ 你想成为一个使用幻灯片的人。
>
> ▷ 你想成为一个为别人设计幻灯片的人。

你自己选吧。

这把“刀”实在太好用了！请你收好它，因为它会让你在变成“另外一个物种”之后，为你配上一个“外挂”。

另外，我专门写了一本书，叫作《别再学习幻灯片制作了！》，并为它设计了一个巧妙的销售方式。若你有兴趣，可以到网上搜索“别再学习幻灯片制作了”，不管是用 Google 还是用百度，估计很容易就能找到。我想，若用这本书里讲述的各种原理创造出一个能“大卖”的产品，也是个很好的故事。等有空时，我会给这本书出个“有声版”（到时你就知道我会怎么做了）。

---

[1] http://www.reidhoffman.org/article/2135。你可以自己访问这个网址，为了节省篇幅，我就不在这里放图片了。

48. 执行力差的根源究竟在哪里？

不管你的执行力是不是强，你都知道总有一些人的执行力很强，是不是？即便你的执行力不强，你也知道执行力很重要，是不是？当我们面对一项任务的时候，所谓“执行力”其实有另外一个定义：

> 所谓“执行力”就是指一个人是否清楚地知道要怎么一步一步做下去。

如果你会做，直接去做就是了。如果你不会做，当然要去学了！学会了就开始做。而如果你学不会，那原本就应该接着学，可绝大多数人在这里却选择了“不了了之”。还有更狠、更气人的情况：

> 明知道事情应该怎么做，甚至很清楚每一步应该怎么做，可就是不做、没做。也不是不想做，但反正不是今天做——明天再说呗……

最气人的情况是这样的：

> 也不是没做——做过，很早就做过，但就是没有持续做……反正也不知道是为什么。

在如下这幅图里，虚线部分实际上是绝大多数人终生不断循环的路径。虽然每个人都知道自己应该走那条实线的路径，可真的不知道为什么，最终就是没能走在那条路径上——我都听见你们心里的叹息了！

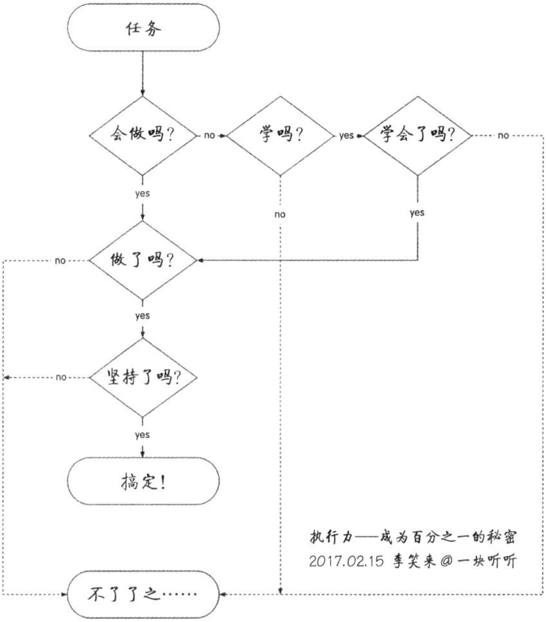

所谓执行力

事实上，我们每个人都有执行力，而且都有很强的执行力。只不过，比较奇怪也比较让我们生气的是：

> 我们都格外擅长把没必要的事情做到底。

例如，我是“烟鬼”，我也知道抽烟事实上完全没必要，但我就是很自然地坚持抽烟，而且，我甚至可以很冷静地得出符合逻辑的结论，告诉自己，也告诉别人：我“没必要”戒烟。你说我傻也好，说我愣也罢，我根本不在乎。

千万不要笑话我，因为没人有资格为这件事笑话我，因为每个人都有这种能力，而且每个人都有很强的这种能力——你也一样。例如，你是女生，你在当前这种文化里长大，受这种文化的熏陶，于是，你在很大的概率上每天都要问你的男朋友或者老公“你爱我吗”、“你是不是最爱我”，诸如此类。有必要吗？事实上没有必要。但感觉上呢？反正，你就是会天天问，恨不得每天问几万遍。再如，现在90%以上的人每天手机不离手，可能在一分钟内就要打开手机好几遍，其实打开手机也不会做什么，但就是觉得若手里没有手机，心里就空荡荡的。有必要吗？事实上没必要。但，那又怎样？自从手机有了大屏幕，变成了所谓“智能手机”之后，人们丢手机的概率都大幅降低了，因为手机已经彻底变成了每个人身体的一部分。

你看，每个人都很擅长把很多没必要的事情做到底。所以，我们每个人都有很强的执行力，只不过，总是在必要的事情上，我们的执行力就好像失灵了一样……

这也许是个公开的秘密：

> 我们的身体里有不止一个自我。

为什么说这是“公开的秘密”呢？因为关于我们的身体里“好像”有不止一个“自我”这件事，人们很早就意识到了，只不过长期以来没有足够合理、精准的解释。

在2000多年前，苏格拉底和斐德罗就讨论过这件事，柏拉图还做了记录。苏格拉底很聪明，他相信聪明人是不用做记录的，只要用脑子记住就可以了——幸亏柏拉图觉得自己笨，于是把苏格拉底的对话都记了下来……

当时他们认为，人的灵魂有三重本质，还为此画了一幅图：一个骑手，驾着一辆由一黑一白两匹带着翅膀的马拉着的战车。黑色的马代表欲望灵魂；白色的马代表意志灵魂；骑手代表理性灵魂，要驾驭这两匹神驹勇往直前。

在心理学发展的早期，弗洛伊德把这个类比改头换面，其实就是“偷懒”换了个不一样的类比：完整的人格由三大部分组成，分别是本我、自我和超我……不细说了，没必要。

最近二三十年，一个叫作“脑科学”的领域发展迅猛。现代科技让我们有了足够的技术手段去研究大脑的构造和运行机理，以至我们今天对自己的那种好像是天然的精神分裂症状有了清楚和彻底的解释。

人类的大脑分为3层。最里面的那一层在爬行动物时代就发展好了，我们不妨把它称为“鳄鱼大脑”，它用来指导我们的身体完成各种应激反应——就像鳄鱼那样。鳄鱼只有这一层大脑，它们没有情绪，没有理智，只有5种应激反应（都可以用以“f”开头的词汇描述），就在地球上生存了这么多年。

> ▷ 如果入侵者是同类，同性，且不如自己强壮，那么“fight”！
> ▷ 如果入侵者是同类，同性，且比自己强壮，那么“flee”！
> ▷ 如果入侵者是同类，异性，那么“fuck”！
> ▷ 如果入侵者不是同类，不管它是同性还是异性，只要不如自己强壮，那么“feed”！
> ▷ 如果以上皆不是，那么“freeze”。

人类的第二层大脑在哺乳动物时代就发展出来了，我们不妨把它称为“猴子大脑”。简单地讲，这层大脑用来生成各种情绪，包括最基本的恐惧、兴奋等。这样的情绪实际上是对各种外部刺激的高级综合反应：感受到危险要产生恐惧，以便迅速逃离；见到猎物要足够兴奋，以便身体的各部分协调起来，足够有效率……顺带说一句，家里养的宠物虽然没有理性，但有情绪，它们也会开心，也会难过，也会兴奋，也会害怕……

人类最终发展出了几乎独一无二的第三层大脑，学称“前脑额叶”。不夸张地讲，人类文明都是建立在前脑额叶之上或者之中的。

我们每个人都多次经历过“突然之间大脑一片空白”的情况，你知道那个时候你的体内发生了什么事情吗？大抵是这样的：

> ▷ 我们的脑细胞活跃是需要大量能量的，例如氧、糖等。
> ▷ 我们的心脏位置决定了大脑所需的能量会先输送到“鳄鱼大脑”（即，最内层的大脑），然后输送到“猴子大脑”，最后才能抵达“人类大脑”（即，前脑额叶区域）。
> ▷ 当我们突然受到惊吓，或者突然情绪激动的时候，内两层的脑细胞最先活跃起来，消耗了大量的能量，因此，外层负责处理理性的大脑区域完全没有能量供给，只能“暂时休眠”。

所以，从现代科学的角度解释，所谓“更为理性的人”其实是前脑额叶区域相对发达的人。

这样看来，像苏格拉底、斐德罗、柏拉图那样的人，直觉惊人地准确。那匹黑马对应着“鳄鱼大脑”（直觉），那匹白马多少有点不准确地对应着“猴子大脑”（情绪），而那个骑手（理智）则好像清楚地对应着“人类大脑”（理智 / 元认知）。

你可以这样理解——在最初的时候，我们的“战车”是这样的：

> ▷ 黑马很强大（直觉）。
>
> ▷ 白马次之（情绪）。
>
> ▷ 骑手只不过是个孩子（理智 / 元认知）。

请注意：在这本书的语境里，“元认知”与“理智”常常可以互换。

所以，我们的“战车”其实挺烂的，跑起来歪歪扭扭，弄不好就会兜圈子，马不听话，骑手年幼……可一旦如此理解，我们马上就能反应过来，我们真正的任务是：

> 用一切办法改进战车的性能！
>
> ▷ 想办法让骑手尽快成长。
>
> ▷ 想办法让白马和黑马一样强大。
>
> ▷ 想办法让骑手和马配合好。

首先要纠正一个普遍的错误认知。在过去相当长的时间里（甚至包括现在），人们常常错误地把理智与情绪、直觉对立起来，搞得好像：

> ▷ 理智最高级，我们只需要理智就够了。
>
> ▷ 情绪一点用都没有，有也只能是害处。
>
> ▷ 直觉都是错的（尽管我们不得不承认——少数人的直觉非常厉害）。

这其实非常荒谬，就好像骑手、白马、黑马原本是一家人，现在非要离间他们一样——还要“科学”地、“有理有据”地让这一家人分崩离析。于是，连带出现了一系列貌似合理，却不仅不起作用，还会起反作用的理论与建议。例如，“最大的敌人是自己”、“一定要战胜自己”这样的说法不仅是错误的，还是有害的，更是违背事实的。骑手、白马、黑马根本不应该以“干掉对方”为目标。那应该以什么为目标呢？合理的目标是：和睦相处。

我们必须接受一个事实：最终，黑马、白马、骑手谁都干不掉谁。想象一下：如果黑马和白马被“干掉”了，骑手驾驭谁去，战车还能跑吗？

还有，不应该用先入为主的道德判断来衡量他们。人们常常为黑马的想法和行为感到羞耻，但这其实是不对的，是违背事实的，当然也是有害的。历史上有很多记载，例如，某个传教士因为自己的性欲太强烈，总是在不合时宜的场景勃起而羞愤难当，最后只能采取极端的方法，用石头砸烂自己的性器……对黑马，我们应该采取成年人对待小孩子的态度——耐心调教，而不是“哎呀，这孩子太烦人了，我不管了”。

有的时候，在我们的脑子里会产生一些奇怪的、甚至非常邪恶的“闪念”，那并不是因为我们已然变成了坏人，而是有科学解释的：只不过是我们大脑中的一些原本没有关联的脑细胞（活用“神经元”这个词也可以）突然相互关联了一下。你可以把这些“闪念”想象成“大脑在和自己玩儿，天马行空，弄出来的一些‘意外’的念头”——它就是在好奇地左一下、右一下地“试”着玩呢。而当那个“闪念”出现之后，你吓到了，想：“我怎么这么邪恶啊！”在这个时候，这不仅不是坏事，反倒是好事，这说明你的元认知能力在正常工作，它在审视自己的每一个操作步骤和操作结果，然后作出判断——“这个念头不好”（即，“这个关联是没用的、不必要的”）。反应过来了吗？邪念和灵感的产生过程其实是一样的，你要做的不是“消灭邪念，克服诱惑”，而是让元认知正常工作，让它知道什么是好的，什么是不好的，什么是更好的，什么是最好的。

再进一步，你要明白，黑马有黑马的用处，白马有白马的用处，它们不仅谁都不能消灭谁，而且恰恰相反，它们是互相需要的，谁离了谁都不行。也就是说，直觉有直觉的用处，情绪有情绪的用处，元认知有元认知的用处，它们各司其职，相互配合，才真的厉害。

真正有意义的深刻理解是：

> ▷ 情绪是理智的快捷方式。
>
> ▷ 直觉是情绪的快捷方式。

直觉（黑马）的反应比情绪（白马）快，情绪的反应比理智（骑手）快。这是由生理结构造成的，因为黑马离心脏最近，所以最先获得血液和各种养分，然后是白马，最后才是骑手。这也是“在刚开始的时候，连唤醒骑手（理智 / 元认知）都很难，让他成长就更难”的原因。

不过，随着骑手的成长，他会直接给自己已经习得的本领建立“快捷方式”并将其固化到白马身上。显然，这样处理起来速度更快，相信你已经有过深刻的体验。

> ▷ 过去，你以为金钱最重要，而不知道注意力的宝贵，于是，你整天浪费自己的注意力而不自知，在“人生三大坑”里幸福地活着。那时的你，凑热闹、随大流、为别人操碎了心，而且，你并不知道自己身在“坑”里，于是你常常情绪不错，只是在元认知偶尔审视自己的现状时有点难过而已。
>
> ▷ 后来，你的元认知升级了，你建立了新的价值观，知道了“注意力 > 时间 > 金钱”，你从“人生三大坑”里爬出来了。你会发现，你关掉了朋友圈，不再关心所谓“热点”，不再随便好为人师，把自己的注意力放到了更合适的地方（例如，自己的成长）。你的情绪开始反过来了（在另外一个镜像的世界里）——有人和你讨论所谓“热点”，你开始觉得无聊；有人随大流，你却一点都不浮躁；有人为别人操碎了心，你却觉得那很可笑……

所以，事实上完全没有必要“控制”情绪，也没有必要“消灭”情绪。最有效的调教白马的手段很简单：让骑手不断学习新的概念，打磨、更新旧的概念，锤炼更好的价值观，反复思考，重复应用，然后把它交（教）给白马（即，建立正确的情绪）。最神奇的是，对那新知识、新技能，若白马用得多了，还能把它们传递给黑马，而黑马的反应速度更快……

那些被评价为“看人很准”的人，通常都会表示：“不知道为什么，我第一次见到那人就知道他是那样的……”事实上，这不是他们天生的直觉，而是后天习得的——先是骑手学会并多次重复应用，然后传递给白马，继续重复应用，到最后连黑马都学会了。而这个过程发生在很久以前，于是，他们真实的感受总是：“不知道为什么，直觉告诉我……”

所以，虽然都叫“直觉”，但不同人的直觉，质量却相差很多。这是物种之间的差异，因为绝大多数有效的直觉是要让元认知（骑手）先学会才能逐步建立的。“跟着感觉走”也不是很多知识分子肤浅地认为的“肯定是错的”——万一那情绪是专家通过训练自己的元认知进而建立的快捷方式呢？

建立更重要、更有效的快捷方式（情绪与直觉）本质上就是把学到的东西内化的过程，所以，情绪与直觉也都是习得的。2017 年，当“美联航事件”发生后，群众都很愤怒——这也没错。而沃伦·巴菲特呢？他不仅不愤怒，还挺高兴，因为直觉告诉他：机会来了。一个垄断企业的股票价格悬崖式下跌——还有比这更好的机会吗？于是，他理智地大幅度加仓。当然，他不是没有社会责任感的人，他冷静地批评美联航，希望他们改进。而如此这般，美联航的股价也可以回到正常水平。学吧，学吧！看看人家的白马和黑马，看看人家的骑手！

还有，要知道黑马、白马和骑手最终都不是完美的。人们总是幻想自己能够“改头换面”，“重新做人”——这依然是错的，也是根本做不到的。从一开始，他们就不是完美的。在成长过程中，他们和现实中的所有东西一样，都是连滚带爬地成长的，不时犯错，不时犯下一些“无法弥补”的错……他们和我们一样，不是电脑，没有“格式化硬盘，重新安装干净的操作系统”的功能，都只能将就着继续，忍受着历史造成的结果执拗地向前。而且，他们是“一家人”，虽然都有缺点，但也都有优点；虽然有时配合不佳，但还是要相互容忍，相互促进，出错了一起承担后果，做好了再接再厉。

最后，要深刻理解“快捷方式”的建立过程，即，新习得的知识的内化，需要很长的时间，需要很多次的重复，需要很多次的应用，直至能够不假思索地完成。

很多人对“教育”只有肤浅的理解，当然也不可能对“自我教育”有正确的理解。人们总是以为“告知”就是“教育”，以为“知道”就是完成了“自我教育”，却不知那只是表面上的步骤。他们完全忽略了另外两个重要的环节：“内化”与“生产”。

前面反复提到两个词：“重复”与“应用”。

“重复”就是“内化”的过程。例如，开车的人从刚开始的笨拙到后来的熟练，最终达到方向盘就好像长在手上，刹车、油门就好像长在脚上的程度，就是内化的过程。而卖油翁说的“无它，唯手熟尔”，就是内化完成的结果。

“生产”就是反复“应用”那些通过重复而完成了内化的新技能，通过产出反过来进一步强化那些新技能。最明显的例子是写作。写作是反复思考并反复输出思考结果的过程，在这个过程中，更强的逻辑能力被内化，更强的表达能力被内化，更强的沟通能力被内化，更强的感染力和影响力被内化，而且发生这一切的原因和结果都是元认知能力的不断强化与内化。在《通往财富自由之路》专栏的每一篇文章下面都有很多留言[1]，只要稍加留意，你就会发现，很多人的留言质量极速上升，在最初的时候不过是只言片语，很快就变得篇幅更长，逻辑更严谨，例证更有力，表达更丰富……不夸张地讲，这个专栏用一年的时间培养了几万个潜在的作者——我也很开心呢！

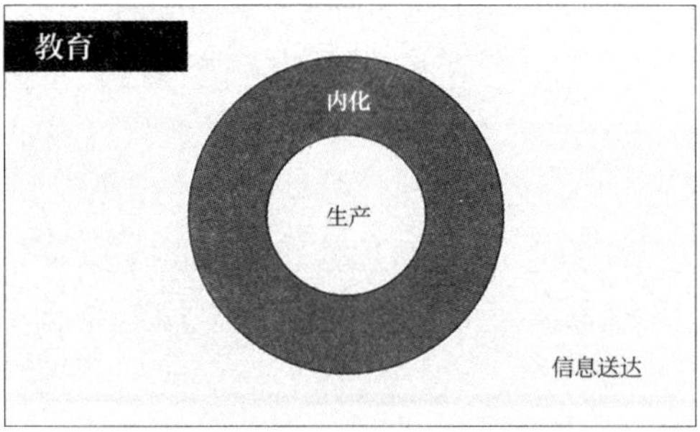

所谓教育

于是，没有产出的教育是没有任何意义的（这就是过往的教育总是失败的根本原因）。“自我教育”失败的原因也是一样的：你不生产，就实际上什么都没有——能识字，能看书，却什么都做不出来，还有比这更失败的吗？

我一向认为，能“想明白”的人都有很强的执行力，执行力不是独立存在的，它只是“想明白”这个动作的自然结果。而一切的“半途而废”，其最合理的科学解释，也是最朴素的解释是：重复与应用的次数不够，内化过程没有完成，大脑皮层沟回构建失败，应该建立的神经元关联不够强以致断掉，回到了原本没有关联的状态。

执行力差的另外一个解释，也是更重要的解释，是我们早就讲过的：执行力强的人和执行力差的人是两个完全不同的物种，他们各自生活在与对方截然相反的镜像世界里。虽然你觉得跑步累，但不见得所有人都觉得累，总有“另外一个物种”愿意到健身房里跑步，大汗淋漓，让自己精神焕发；虽然你觉得做某件事很无聊，但不见得所有人都觉得无聊，总有“另外一个物种”兴致盎然地做着你完全不能从中体会到快乐的事情；虽然你觉得做某件事很辛苦，但不见得所有人都觉得辛苦，总有“另外一个物种”就算不吃不喝也要把它做完——谁拦着他，他就跟谁急！

如何提高执行力？进化成“另外一个物种”就可以了。到时你就会知道，那根本就不是逐步提高的过程，而是从零起步，在开始的一瞬间就达到“满血”的状态。

[1] 你可以在 http://caifu.xinshengdaxue.com 上查看所有留言，我没有对这些留言进行任何删减或编辑。

49. 如果真正让你赚到钱的不是知识，那究竟是什么？

之前我们说过，概念之间的关联是操作系统的基础核心，胡乱的关联只会让操作系统跟着胡乱运转，清理操作系统的主要工作之一就是把那些乱七八糟的关联“干掉”。

我们先看一个概念：知识变现。

如果不仔细研究，“知识变现”这个词汇看起来没什么毛病。从理论上讲，古今中外几乎所有的人都在想办法通过知识去变现。假如你是一个白领，通过读一个更高的学位找到薪资更高的工作，算不算知识变现？假如你是一个农民，凭借比别人高的文化水平，使用现代化的工具充分提高生产效率，算不算知识变现？假如在古代，你的家族有所谓“传男不传女”的秘方，以至生意就是比别人更好，算不算知识变现？哥伦布找女王“融资”，后来找到新大陆，算不算是知识变现？

所以，“知识变现”根本不是新现象，它一直就在那里，只不过长期以来，有相当高比例的人的操作系统是混乱不堪的，他们分不清“上学”和“学习”、

“信息”和“知识”、“知道”和“做到”等浅显的概念之间或细微或重大的区别，愚蠢到相信“知识无用”的地步。

不过，若看大趋势，我们必须承认一个事实：

> 一切知识都正走在通往免费的路上。

在互联网高度发达的今天，一个人只要拥有正常的学习能力，就可以通过 Google 抵达大量的知识入口（例如 Wikipedia、Quora、YouTube、Stack Overflow）。若你完全不懂英文，只能看懂中文，也起码可以通过百度抵达“知乎”和“优酷土豆”。

而“被死亡”的传统出版业最近正在复苏。为什么呢？当然是因为有越来越多的人买书看了。为什么买书的人多起来了呢？除了比过往更注重知识之外，更重要的原因很可能是“生活必需”消费在收入中的占比逐步降低，也就是说，虽然书价好像涨了，但相对于涨得更多的收入来说，书其实“更便宜”了，于是，人们会购买更多的书。也就是说，连需要纸张成本的“印刷版知识”，也正在变得越来越“廉价”。

所以，知识本身的变现能力不是很强，甚至从大趋势来看，知识的变现能力正趋近于零。更何况，即便是知识，也能分成“正确的知识”和“错误的知识”，即便是“正确的知识”，也能分成……还记得吗？我们认真讨论过一个论断：正确本身并无太大价值。若你是正确的，大家也都是正确的，那你就没有任何相对优势；若你在正确的同时还能特立独行，那你就很可能有很大的价值。

能够变现的也不一定是“认知”。知识放在那里，很难自动变现，而对同样的知识有了认知之后，也不一定能自动变现。没有什么例子比 GAFATA 更精准、更惊人了——将同样的、正确的知识传递给同一个人群，结果呢？结果和过往我们在教育场景里看到的没有区别：总是只有少数人真正受益；总是有绝大多数人不了了之。

那么，真正能够变现的东西究竟是什么呢？我想，真正能够变现的是“认知差异”。

> 人们在面对同样的信息、知识、现象、事实、数据等的时候：

> ▷ 不仅对它们的认知不同，例如，有少数正确的，有大多数不正确的——这里有差异；
>
> ▷ 而且，即便是在认知正确的群体中，还有认知高度、认知深度的不同——这里还有差异。

在我的专栏《通往财富自由之路》和这本书里，你已经看到“无数”个这样的例子了：

> ▷ 对“法定节假日”这个概念，我和绝大多数人的认知差异很大，最终大到我的“长期”比别人短一半的地步。
>
> ▷ 对“时间管理”这个概念，我和绝大多数人得到的结论截然相反。我意识到“时间是不可管理的”，于是，我不仅在行动上发生了巨大的变化，甚至干脆写了《把时间当作朋友》这本书，在赚到很多稿费的同时改变了很多人的生活路径。
>
> ▷ 同样是思考“创业”，在阅读我的专栏《通往财富自由之路》或这本书之前，很多人从未听说过“成长率”这回事。那么，在此之后，你和他们对“创业”的认知差异会有多大？
>
> ▷ 与我同时“撞见”比特币的人其实有很多，但他们中的大多数要么没买，要么只买了几个，要么买了很多却早早抛掉了……为什么呢？归根结底，这是我们对同一个东西的认知差异很大造成的。

人与人的认知差异是巨大的，甚至大到好像物种之间差异的地步。在生活中，经常有人拿类似“你连这个都不知道”或者“这个你才知道啊”的表述四处刷存在感，而这本身很可能就是巨大认知差异的表现。因为他们不知道，事实上“知道”（即，“认知”）本身的作用不大，真正起作用的是“比别人更有高度的认知”或者“比别人更有深度的认知”，用我的专栏和这本书里的专门词汇来讲，就是“**升级过的认知**”，而真正有巨大作用的是“**经过多次升级的认知**”。

也许你会好奇，能实现不断升级的最重要工具是什么呢？还真有一个：

> 行动中的思考。

在很多时候，单纯的思考不仅价值不高，而且能量不足。事实上，“纸上谈兵”说的就是这个现象。用行动刺激思考，用思考改良行动，才是最有效的方法。在行动中产生的思考，不仅质量高、数量多，意外惊喜也特别多。很多想法，很多总结，很多灵感，若非处于行动之中，是不可能存在的，而这是那些疏于行动的人永远无法理解的。

在这个方面，我印象最深刻的经历是这样的：

> 当你握住一笔资产，等它上涨 100 倍甚至更多之后，别人所关注的涨跌“1 个点”，对你来说就是涨跌“1 倍”——每上涨 1 个点就是多 1 倍。

按理说，这是个极其简单的事实，只需要最基本的算术能力就能理解，就算想到，好像也没什么稀奇的。可说实话，在我做到之前，我从来没有想过这个问题。我也必须承认，在做到之前，我即便想到了，也很可能会忽略它的意义。而后来，我知道了这个事实并为此感到震惊，我之后的行为模式也由此获得了巨大的指导。但是，对那些上涨 10% 就“握不住了”的人来说，即便我把这个不仅极其重要，甚至在做到之前根本就想不到的道理告诉他们，又如何呢？这个道理不会改变他们的行为模式，因为他们正在思考的是“他们的行为模式所刺激出来的思考”。

没有践行，就没有可变现的东西；没有行动中的思考，就没有真正有价值的认知升级。没有认知升级，就没有认知差异；没有足够的认知差异，就根本不可能白手起家——是啊，不是“富二代”，不是“官二代”，凭什么拥有可“继承”的“资本”呢？

50. 为什么“共同成长”才是最好的出路？

对很多人来说，教科书里的概念是学来应付考试的，考试过后，那些概念就被他们扔掉了，美其名曰“还给老师了”。这样的习惯使大多数人从不审视自己正在使用的概念。其实，生活中的每个概念都需要审视、清理、升级、重新审视、重新清理、再次升级……

再一次，让我们从一个特别简单、特别基础，也是我们一生都在使用的概念开始：

> 朋友

什么是朋友？我就从自己说起吧。以下提到的“我们”其实都是指我自己，如果你有共鸣，那你就属于“我们”。

在最初的时候，我们虽然朦胧，但实际上是有所定义的：

> **朋友就是那些与我们共度时光，让我们感觉到温暖的人。**

这里有个词：“感觉”。对，友情就是一种感觉，它让我们温暖。我想很多人都和我一样吧？

然后，我们慢慢长大。在这个过程中，我们的操作系统有一些基于历史和文化习惯的细微的渐进升级。慢慢地，我们对朋友多了一个标准：

朋友就是那些与我们共度时光，让我们感觉到温暖，让我们心甘情愿地付出的人。

在这里我使用了一个很中性的描述：“让我们心甘情愿地付出”。你也知道，在很多时候这其实是不可能的。

在我们东北老家，这叫“够意思”。小孩子们在交往中慢慢学会另外一个概念，叫“义气”，然后不由自主地把这个概念和“朋友”这个概念揉在一起。在那个时候，我们还不擅长思考，不会意识到“够义气”、“够意思”这样的概念其实是一种“毒药”，虽然它看起来是那么美好。

尽管我现在说那是“毒药”，但在当时却真的不知道。为什么说那是“毒药”呢？因为我们不由自主地在一个纯净的概念里加入了“公平交换”的机制。问题又来了：对于“什么是公平”，我们根本没想过。人就是这样，即便不知道什么是公平，但当不公平发生的时候，却可以瞬间体会。

于是，开始有了背叛，开始有了欺骗，开始有了伤害，开始有了失望和愤世嫉俗。于是，我们进入了一个相对混乱的时期。

过了一段时间，我发现人和人是特别不一样的。大多数人的生活空间是相当有限的，很多人出生、成长、结婚、生子直至死亡，都在一个地方。即便是在大城市，也有这样的人——北大幼儿园、北大附小、北大附中、北大本科、北大研究生、北大博士、北大工作……我真见过这样的人，还不止一个。

我呢？我出生在黑龙江省海林县，在 8 岁的时候跟随父母搬到吉林省延吉市，小学转学一次，初中转学一次，高中复读一次，然后离开老家去长春读书，毕业后没有回老家，而是去了沈阳，后来回老家待了一段时间，又辗转广州，而后定居北京。对我来说，被动且长期好像是不存在的。回望从前的岁月，虽然从小交下的朋友不多，但几乎每一个都是因为我主动与之保持联系才一直有联系的。维系交往是要耗费时间和精力的，在两个人的交往过程中，一定至少有一个人是主动的，而我就是那个主动的人，因为我觉得这些“成本”是必然存在的，也是我必须承担的。

所以，朋友的定义在我这里开始发生变化。在我这里，所谓“朋友”是这样的：

> 朋友就是那些与我们共度时光，让我们感觉到温暖，让我们心甘情愿地付出的人。而这里所说的“付出”，常常是指我愿意花时间和精力主动与之联络，主动与之维系友情。

与此同时，因为我的人生轨迹发生了变化，所以我对朋友的定义也开始分化。由于其稀缺性，“老朋友”成了一个特殊的分类（这实际上是由时间的稀缺性造成的）。人就那么一辈子，小时候的时光就那么几年，不可能重新来过。因为“老朋友”的稀缺性，所以我为这个类别增加了一个原则：轻易不和他们产生合作关系，生怕伤到这个稀缺的存在。不是“不”，而是“轻易不”，这其实是一种尊重。

成熟的特征就是独立。“独立”的意思是说，在生活上、经济上越来越不依赖朋友，对朋友更多的是精神上的需求。于是，我对在这个阶段能够交到的朋友有了新的定义：

> 朋友就是那些愿意与我交往，而且我也钦佩的人。

那篇被断章取义的文章《放下你的无效社交》的主旨就是这一点。虽然我们钦佩、仰慕的人很多，但成为朋友的前提是人家愿意和我们交往。

我很了解一个现象：交往是要耗费时间的。由于我是个长期主动维护友谊的人，所以我很自然地知道，有些时候你一不小心就会成为别人的负担——这是很不好的，不是吗？

一方面，在我的朋友眼里，我是个擅长社交的人，我懂得如何维系已有的关系，懂得如何主动与一些我欣赏的人建立联系……另一方面，说实话，在相当长的时间里，我发现我特别不擅长处理层级关系，而我的经历使我在这方面缺少历练。我没上过班——一天都没上过。我大学毕业就开始做销售，后来确实在新东方工作过，可是在那里，老师不是行政人员，不需要坐班，完全是“放养”模式。于是，我只要遇到层级关系，就肯定会出差错。在这方面，我做过各种被别人笑到肚子疼的“非常不得体”的事情。

所以，我会尽量选择那种“一个人就能做好”的事情去做——讲课啊，写书啊，做网站啊，都属于这种事情——不会的我就去学，多难都必须自己学会，哪怕时间不够用，也要挤出一些去学习必要的技能。许多年来，我就是这样的。于是，在那个阶段，我与我的绝大多数朋友之间的联系主要是精神上的。

这种情况大约持续到我 35 岁的时候。在随后的几年里，我逐渐意识到我有能力去帮助一些人了。其实，在那之前，很多时候我是自顾不暇的。后来，我干脆成了一些人进步的动力——我想，《把时间当作朋友》陪着很多人度过了“上一辈子”吧。

于是，我对朋友的定义再一次更新：

> 朋友就是那些我愿意花时间和精力与之共同做成至少一件事的人。

我和我的好多朋友都是这样的。2012 年的最后一个季度，我认识了李路。我觉得他是个很牛的人，于是只要有机会，我就和他聊，前后聊了五六个可能性，最终他说：“嗯，这个不错，我愿意跟你干。”然后，我叫来了当时在 Twitter 上已经认识了两三年的朋友沙昕哲，一起折腾出一个公司，叫 KnewOne。同一时期，在一次 Ruby 交流会上，我认识了冯晓东，一个 1989 年出生的“小朋友”（对我来说，他是个“小朋友”）。我觉得他很厉害，就跟他讨论很多事情，差不多一两个月就找他吃个饭、聊个天，其间得到了很多做软件产品的思路（有些时候，我的一些看法会被他批得“狗血喷头”）。2014 年春天，他给我打了个电话，说：“我搞出一个东西，你来看看呗……”我就去了，一看，喜欢坏了，当场要求“一起玩儿”。然后，他把团队拉出来，我请大伙儿吃了一顿饭。那顿饭相当于团队全体成员对我进行“面试”，我回答了很多问题。最终，“面试”通过，我们正式合作了。2016 年，我和罗振宇开始合作，我先是把自己的书授权给他的公司销售，后来在“得到”上开了专栏。这就是“共同做成一件事”，然后“共同做成另外一件事”的过程。

所以，回头看看我对朋友和友情的定义，其实背后是一个很简单、很清晰的过程：

> ▷ 依附
>
> ▷ 独立
>
> ▷ 共生

在这个过程中，一个朋友给了我巨大的提醒。他叫霍炬，在网上也很有名。他是个“万人迷”，真正的“万人迷”——个头不高，长得也不怎么帅，但女生就是很迷他。你知道为什么吗？因为他是那种能帮助对方成长的人。这说起来简单，其实不容易做到。这件事到底有多难？我就问你：你这辈子见过几个感激前男友的女人？霍炬就是“别人家的前男友”。

在认识霍炬之后，我对友情的定义多了一个层面，我开始觉得每个人的友情质量是不一样的。对朋友来说，真正有用的，不是那种肤浅含混的“够意思”、“讲义气”，而是帮助对方成长——这才是最有价值的。

> 友情中最有价值的部分来自各自的成长或者共同成长。

所以，我想有一类人和我是一样的，我们有属于我们的特殊的交友方式。例如，对我来说，写博客、写微信订阅号文章，其实都是交友方式。互联网使人与人之间的思维沟通跨越了地理空间的限制，以前我们在身边找到“同类”的可能性很低，而现在这个可能性却被互联网放大了，大到必然可以找到“同类”的地步。有些时候，我们的想法在身边的人看来是疯狂的，但互联网会把我们的思考带到我们完全想象不到的角落。在那些我们都不知道是哪里的地方，也许有一些人能够理解我们，能够认同我们，能够与我们共同成长——这是很神奇的事情。

这就是我主动持续升级自己的操作系统的一个实例。我们很关心自己使用的概念是否足够清晰、准确、必要、有效，我们乐于花时间和精力去打磨这些重要的概念，在这个过程中，我们自然而然地琢磨出与这些重要概念相关的方法论。例如，“朋友”的定义清晰了，“选择朋友”的原则就有了吧？

那么，这些年我打磨出来的方法论都有哪些呢？关于朋友，我有如下3个方法论的总结。

（一）在老朋友身上要花时间

老朋友很难得。一路走来，你认识的绝大多数人会散落在你不知道的地方，只有少数几个，基于种种神奇的原因能够一直保持联络——既然如此，就不应该丢掉。

大概10年前，在刚认识霍炬的时候，我发现他有个和我差不多的习惯：每隔一段时间就腾出一个下午来认真整理一遍通讯录——几乎在一瞬间，我们的交情更深了，因为我们都觉得对方是自己的“同类”。我的这个习惯使我成为那个更经常主动联络的人——维系任何关系，都需要一个主动的人，否则，这个关系总会被淡忘。当然，这也是很多朋友能在这么长时间里和我保持联系的重要原因。

花时间就是耗费生命。时间就是这样，无论你做什么，它都会流逝，不会因为你虚度它，就给你机会重新来过。所以，我很重视自己的时间。所以，我愿意在老朋友身上花时间的意思是：我很重视他们。就是这样。

（二）甄别那些值得花时间与之成为朋友的人

许多年前，当我还在“闯荡江湖”的时候，在北方的一个城市遇到一位长者，我们成了忘年交，常常一块儿喝酒聊天。有一次喝酒，没喝多，他跟我闲聊，说：

“什么叫‘闯荡江湖’啊？就是离家走南闯北谋生活呗。那你就是‘闯荡江湖’的人。走南闯北，要会识人。两种人不能交：第一种，太‘黑’的；第二种，对老婆不好的。

“你一路会遇到很多人，其中那些太‘黑’的，早晚会栽。别跟他们对着干，你要绕着走，没空儿得罪他们，也没必要跟他们有任何交道。他们太‘黑’，如果巴结他们，那你就变了……

“你到一个地方，人生地不熟，新认识个人，你咋知道他是什么样的啊？告诉你个简单的方法：请他全家吃饭，多请几次，多观察。要是这个人对老婆很好，那你就好好交；要是他对老婆不好，那你就闪。为啥啊？你想，老婆是他这一生最亲的非血缘关系人，他对自己老婆都不好，怎么可能对你好呢？那不是扯淡吗？说啥都是没用的，得看他干啥……”

即便在 20 多年之后想起这番话，我也觉得这是“若没人告诉你，你就可能永远想不到的思想”。从那以后，我真的是这么做的。我结交的朋友，都是家庭稳定的。有些人尽管优秀，却不懂得如何照顾、维系家庭，对这样的人，我一般都有意避开。那位老哥的一番酒后真言，让我在后面的许多年里节省了不知道多少时间。在这些年里，我每年都会抽时间去看看他，如果去不了，就一定要通上几个电话。

随着时间的推移，随着自己的进步，我在选择朋友方面越来越挑剔，理由也很简单：每个人的时间都很有限，所以必须认真选择值得花时间的人，否则就不划算。于是，我有了几个简单的标准作为我甄别朋友的方法论：

> ▷ 一技之长
>
> ▷ 追求进步
>
> ▷ 真诚热情

这些看似简单的标准，作用却是神奇的。过不了多久，你就好像凭空多了一只眼睛一样，在一大群人中，你甚至可以瞬间锁定那个可能符合你的标准的人。于是，我又增加了一个标准：

> 所谓“大牛”，就是那些有能力构建自己的世界的人——他们通过构建自己的操作系统，再配合行动，从而构建自己的世界。

这些人的特点是：由于已经强大到一定程度，所以他们自然而然地更关注自己的世界而非外部的世界。于是，当你坐在他们对面时，常常会感觉他们的目光穿透了你。这不是错觉，这大抵是因为他们的目光焦点并不在你的身上，而在更远的地方，你和你的周遭对他们来说是“外界”。

这种感受比较难以描述，但我可以用自己的概念去定义。这种人是那种“内视”的人：他们看到的不是外界，而是他们在自己的心里构造的那个世界，与那些自以为是的人不同的是，他们很在意自己的构造是不是合理。所以，只要遇到这种“内视”的人，我就知道，他已经是“大牛”了（别人看到他的过人之处，只不过是时间早晚的问题）。

关于甄别朋友的方法论，我还有一个很重要的标准必须提及：

> 用嘴道歉的人不值得交往，用行动道歉的人遇到一个就要珍惜一个。

有的时候，这种方法论会延展到另外一个操作系统里，正如我们常常说的——道理都是互通的。大家可以看看我的文章《写给女生的五个择偶建议》[1]，其中我提到这样一个标准：

> 人总是会犯错——从本质上看，对大多数人来说，这只是运气不好，因为故意犯错的人是坏人，不在考虑范围内。

在犯错之后，绝大多数人只用嘴道歉。表现更为恶劣的是掩盖、撒谎或想办法证明对方也不是好人……这些人其实差不多是坏人了。用嘴道歉之后若得不到原谅，就说你“小心眼儿”、“没风度”、“不够意思”什么的——这样的人比坏人还坏。

只有少数人在发现自己不小心犯错之后，马上用嘴道歉，随后开始用行动道歉、弥补，直至一切恢复原状，甚至比原来更好。在这个过程中可能需要付出很多代价，但他们知道这是自己必须做的，否则他们就不再是自己。

遇到这样的人，嫁了吧——不仅很难遇到，而且若错过了更难再次遇到。

事实上，找合伙人、判断员工的去留，都可以用相同的方法论，不是吗？

（三）为大家创造多赢局面

我经常组局，介绍一些有趣的朋友互相认识，但有一个原则永远不变：我从来不安排一个人需要求另外一个人帮忙的局。这种不对等的局，没有意思，谁爱组谁就组，反正我没兴趣。

把两个人（或者多个人）放在一起之前，我会花一些时间（甚至很长时间）思考：把这样的两个人（或者多个人）放在一起，可能产生什么样的互补效果或者什么样的合作？通俗点讲就是：能擦出什么样的“火花”？如果我觉得他们很有可能擦出“火花”，那就有意思了。虽然不一定马上就能看到效果，但事实证明，这种提前做的“功课”常常会带来意外的好运（serendipity）。

其实，对人们常说的“情商”，我是这样定义的：

> 所谓“情商”，指的是一个人有多大的能力去创造共赢的局面。

不要说多个人，就是两个人交往，也最好避免“求人”的状态——这样的关系没办法长久。最好能创造共赢的局面，这样大家才都开心。这不太容易做到，但肯定值得多花些时间去做功课。

以上关于择友方法论的内容，写于2015年年底，到现在将近两年过去，我又多了一个重要的判断依据，换言之，我的操作系统再一次升级了。

2017年4月，一位朋友突然打电话来约吃饭，那是我好久没见的一个聪明人——捷越联合总裁马晓军。我很开心，放下手中的事直接跑去了。饭吃得很开心，席间大伙说起一件事。几年前，马晓军给一个我们共同认识的人投资了500万元人民币。后来呢？后来这钱打水漂了——公司黄了。在事情做得不好的时候，大家都不愿意相互打扰，于是他们有相当长的时间没有联系。前不久，那人找到马晓军，说："我当年没做好，现在我新做的一个公司马上就要被上市公司收购了，我送你两三个点的股份吧。"马晓军好奇，问："1个点值多少？"对方说了个很大的数字。马晓军想了想，说："我不要，这不是我的，当初我投的是那个后来失败了的公司，我投的也不是你的一辈子。心领了，但这不是我的，我不能要，咱以后肯定有别的机会。"

我见过这种人，虽然不多，但确实有。我知道，这世上只有很少的人真的明白且能准确运用这个原则：

> **不是我的我不要。**

对很多人来说，这绝对是"说起来简单，做到几乎不大可能"的原则。遇到这样的人，一定要认真交往，因为他们难能可贵。

好了，接下来我们可以深入讨论"共同成长"了。

成长是有方法论的。事实上，这本书的全部内容就是从各个角度逐步系统地阐述成长方法论的。成长的目标是什么？进化成另外一个物种，拥有一个长成那个样子的未来——还记得吧？

成长不仅有方法论，还有体系。在我看来，成长的体系由如下3个层面构成：

> ▷ 与自己共同成长。
> ▷ 与家人共同成长。
> ▷ 与朋友共同成长。

首先，在我们的身体里有若干个"自我"（黑马、白马、骑手），我们要和自己共同成长，一个都不能落下。相互陪伴，相互容忍，相互促进，相互鼓励……通过各种各样的手段与方法，让自己的战车越来越强，让自己的操作系统越来越高效，逐步进入另外一个镜像世界，甚至可以在两个对立的镜像世界之间自由穿梭。

其次，要想办法与家人共同成长。虽然家人的步伐不一定能和我们保持一致，但他们是家人啊！你必须想办法在自己速度慢的时候跟上去，在自己速度快的时候拉他们一把，不是吗？既然是家人，相互嫌弃肯定是劣等策略。

一定有办法——看你是不是有意愿，能不能把耐心花费在他们身上。更为重要的是，财富自由只是一个里程碑，后面还有很远的、更具挑战的路，例如家族传承。不能与家人共同成长的人，根本无法进入下一个层面。

然后，要与朋友共同成长。自己能够飞速成长固然好，但幸福感可能会被扯破。幸福感的定义非常直观：

> 所谓“幸福感”，就是你与你所在的世界之间的强关联。

你所在的世界主要由什么构成？你的家人和你的朋友，其他的人真的没那么重要，尤其对你的幸福感来说更是如此——这是客观事实。善待你的朋友，就是善待你的世界；甄选你的朋友，就是优化你的世界；与你的朋友共同成长，就是让你的世界成长起来……

可事实上没完，还有一个层次——所有人直到最后还在追求的层次：

> 与整个世界共同成长。

不说特别“高大上”的例子，只说一个朴素的事实。那些现在已经六七十岁却可以用微信发表情包的人之父母爷奶，就是做到了“与整个世界共同成长”的人（起码是部分做到了）。有专业的素养，有旺盛、执着的好奇心，有无往不胜的执行力，有超强的学习能力——拥有一个能够自主升级的“操作系统”的人，不大可能被这个世界落下，与整个世界共同成长是他们自然而然的生活方式。

为什么你的未来更可能是这个样子的呢？

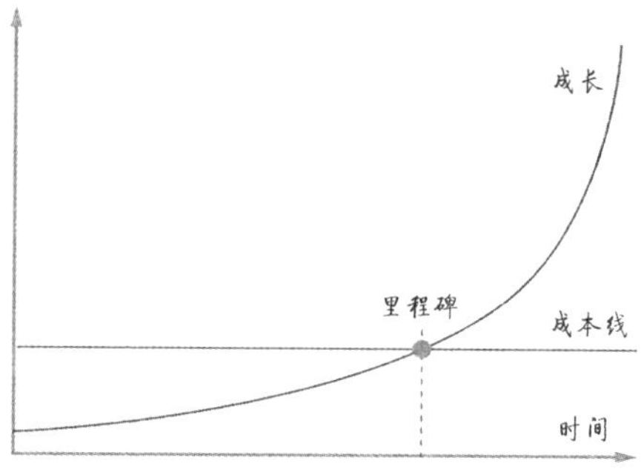

你的未来

答案很可能简单到出乎你的意料：

> 因为你能比你的上一代活得更久！

人类的平均寿命正在不断延长。如果你今年30岁，你很可能从未认真想过这个事实：

> 你的有效工作时间很可能还有60年。

沃伦·巴菲特多大岁数了？他1930年出生，2017年87岁，还在开心地工作。他的合伙人查尔斯·芒格，1924年出生，2017年93岁，还在开心地工作。

也许你脑子里会闪过这样的念头："都那么大岁数了怎么还不退休？"不解释了，你之所以还会那么想，是因为你是"另外一个物种"，反正和他们不是同一个物种。至于你是否能进化，取决于你的选择。

学习事实上是对自己的投资。一切的投资活动都一样，"长期投资"永远是最靠谱的策略，至于市场嘛，"短期是投票机，长期是称重机"。这话不是我说的，是巴菲特的师父本杰明·格雷厄姆说的（他1894年出生，活到了82岁）。

在这里不得不多说一句："退休"其实是计划经济时代的遗留概念，早就应该从你的操作系统里删除了——脑子里有个没必要存在的概念，要多耽误事儿有多耽误事儿！

在第47节里，我分享了自己的看法：

> 在买到可维持长期成长率的可增值资产之后，一直握着——不动最重要。

可是你有没有想过，"买到可维持长期成长率的可增值资产"到底有多难？很难很难。可是，很多人不知道，每个人都拥有一个零成本的可增值资产——你也有！每个人都有！那是什么呢？是你自己。

> 你自己就是你能买到的最便宜的、最有可能长期保持成长率的可增值资产！

要牢牢抓住，握住，坚决不放！成长率由你自己控制且成本为零，在哪里还能找到这么好的可增值资产？你怎么敢"做短线"呢？！唉，哪里还有什么"休"可"退"啊！

平均寿命的延长，相当于给整个社会中的每一个人提供了"更短的长期”，相对来看，整个社会正在从“投票机”向“称重机”进化。在这样的社会里，“怀才不遇”、“生不逢时”之类的场景将逐步消失，尤其是在交通高度发达、人口流动性前所未有地提高的大环境下更是如此。正所谓，“此处不留爷，自有留爷处”，反正不大可能“处处不留人”——世界这么大，你可以到处溜达。

研究一下最近30年的经济发展数据就能明白，人类正在经历一个前所未有的阶段，正处在拐点上，个人财富的积累速度与量级前所未有地快与大，更为重要的是，跨过财富自由“里程碑”的人口比例逐步上升——这是大趋势，你要和这个世界共同成长。

看完这本书就能实现财富自由了吗？肯定不能。不过，虽然这世界上不会有一本书可以让所有的读者都达成目标，但有些书确实比另外一些书厉害太多。例如，爱德华·索普于1967年出版的 *Beat the Market: A Scientific Stock Market System*，就比同时期的任何一本书都厉害，在其后的几十年里造就了无数亿万富翁，到今天依然在发挥着影响力。

可问题在于，我们早就想明白了，“自我教育”要靠自己。自己的行动，以及自己在行动中的思考，才是进步的核心。信息送达本身无法构成完整的教育——说句俏皮话：我作为这本书的作者的声誉，基本上全靠你了！加油！

在 *How to Read a Book*（中译为《如何阅读一本书》）这本书里有个精彩的类比：作者和读者的关系就好像棒球场上投球手和接球手的关系，没有哪个投球手会故意把球投偏，也没有哪个接球手会故意不接球，需要双方共同努力，才能完成一场精彩纷呈的比赛。我尽力投，请你接住！

如果你进化成了另外一个物种，如果你能够自主升级你的“操作系统”，甚至可以熟练地在各个镜像世界之间自由穿梭——记得告诉我，让我感觉自己与这个世界有更多的强联系，帮我提升幸福感。

感谢你，感谢你花费你的时间认真阅读这本书！

[1] http://t.cn/RakB5O2。

尾记：如何成为一个更幸福的人？

下面的内容看起来像是题外话，可实际上并不是。

西方人杜撰的英雄、超人是会飞的，中国神话中的神仙也是会飞的，可他们的姿势却不一样——超人是趴着飞的，神仙是站着飞的。为什么呢？因为即便是杜撰出来的人物，也要符合一定的科学原理。超人趴着飞是有道理的，因为那个姿势可以减少空气阻力带来的影响；神仙站着飞也是有道理的，因为在神仙被杜撰出来的年代，人们的脑子（操作系统）里还没有“空气阻力”这个概念（所以用今天的眼光来看就显得有点“缺心眼儿”）。

为什么这不是题外话呢？因为这个例子清楚地告诉我们：无论看起来多么荒谬的现象，背后都有一定的道理存在。

相信《通往财富自由之路》专栏和这本书的读者，在这方面的感受尤为强烈：

> 当你尝试着进步的时候，你遇到的更可能是打击，而不是鼓励。

相信我，你并不孤独。

> 这是我的父亲经常对我说的话，它一直陪伴着我。每当有不好的事情发生在我身上的时候，父亲就会笑嘻嘻地对我说这句话。后来，我发现这

绝对是一个客观描述，如果我遭遇不幸，那我也绝对不是“唯一一个遭遇不幸的人”——这真的是我这一生中最“治愈”的句子。

起初，我并不理解。我觉得，进步本来就是件好事啊！难道不是每个人都追求进步吗？为什么有些人会打击别人呢？为什么有些人永远都在给别人泼冷水呢？为什么有些人要做这种损人不利己的事呢？而且，为什么不仅是“有些人”，甚至是“绝大多数人”会这么做呢？真的很奇怪！

观察能力、思考能力、通感能力、反思能力，真的不是一两天就可以精通的，即便我总是很想知道答案，也要等上许多年才能明白其中的道理。

所有的人都希望自己进步，这绝对没错。但与此同时，进步绝对不是自动发生的，它天然就是耗时费力的，就是在很长一段时间里根本看不出效果的。因为所有真正有意义的进步，最终都会像复利曲线一样，在经过那个“长期”之前，都像是“恒定没有斜率的直线”，只有经过“长期”，已经度过某个时间点，才会有“肉眼可见”的“飞扬”。

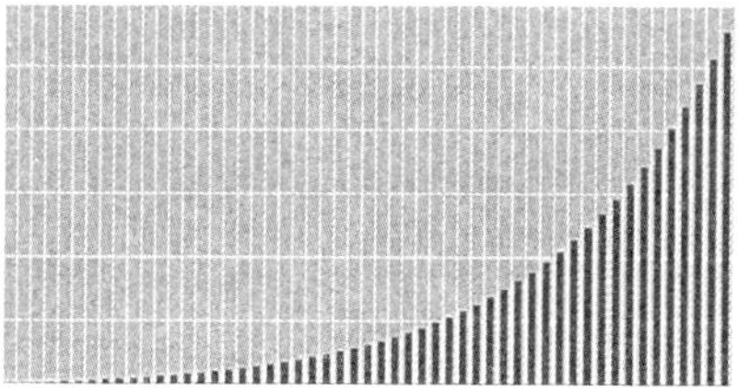

复利增长曲线

而另外一个事实又是确定的：每时每刻，绝大多数人都一样，并非处于“飞扬”的阶段，而是在自然而然地体会着“昨天和今天有什么不同”。与此同时，绝大多数人并未学会“如何呵护自己的希望”，那希望的烛光随时可能被一阵莫名其妙的风吹灭——哪怕只是一个走路虎虎生风的人经过，都可能弄灭那烛光。

在这种情况下，请问：有谁喜欢自己被证明为退步呢？

你进步了，就意味着其他人相对退步了。从你的角度出发，当你看到身边的人进步了，而自己依然原地踏步的时候，你是不是会焦虑？如果答案是肯定的，那么反过来，假设你的确进步了，你身边的人是不是同样会焦虑？再进一步，请问：焦虑是不是绝大多数人以为的负面情绪？

没有人喜欢退步，没有人喜欢相对退步，没有人喜欢被动退步（即，被证明为退步）。反正，没有人喜欢被证明为退步——你也不喜欢，不是吗？

不开心！——这是所有人作出莫名其妙的选择或行动的根本原因（或者说“动力”）。换句话讲，为什么会有人泼你冷水，为什么会有人说你坏话，为什么会有人不阴不阳地对待你？原因很简单：你让他们不开心了！

也许你会想：又不是我让他们不开心的，是他们自己太脆弱，是他们自己选择不开心！虽然有一定道理，可这不过是一面之辞，还有很多你没有考虑到的因素在发挥作用。

这事儿确实怪你的更深层次的原因在于：

> 一切的进步都不是一蹴而就的。一切的进步在起点上只不过是“愿望”而已，实际上的进步是需要行动支持的——不仅需要行动，还需要长期持续的行动，即，在“肉眼可见”的“飞扬”发生之前还需要很长时间。

于是，当你“表现自己”，或者尝试“证明自己”，甚至不小心“好为人师”的时候，从本质上看，你是在用尚未发生的结果去表现、去证明。从更深层次的视角去看，事实上**是你自己在“占便宜”**——你在用未来不一定会产生的结果刷当下的存在感。要知道，即便进行了长期持续的行动，也可能因为运气不好而无法获得预期的结果。

然而，对方其实不见得能想得这么清楚（事实上，他们肯定不会想得这么清楚，否则他们会有截然相反的态度），但这并不妨碍他们会隐隐地或者清楚地感觉到自己“吃亏了”，于是，他们必然会有所反应（也可以称为“反弹”），他们无论如何都会有“反抗”或“反击”的冲动。这个机理是普适的，否则不可能出现如此大面积的类似行为。古今中外都一样，不分年龄、性别，不分种族、国界，绝大多数人都会不由自主地采取负面的决策和行动——只要你声称自己正在进步，就会有无数人冒出来，要么打击你，要么嘲讽你，甚至暗害你，或者憋着劲儿等着，只要一出现机会，就跳出来证明你的所作所为都是徒劳！

你要给自己洗脑了。如果再遇到向你泼冷水的人，再遇到说风凉话的人，再遇到在背后坑害你的人，就不必那么肤浅地把对方定义为“坏人”了——从更深的层次分析，是你做“错”了，是你让他们不开心了，是你“占便宜未遂”。虽然他们也不一定是“好人”，但你确实有“错”，而且“错”得不浅。

我和你一样，在年轻的时候觉得这个世界“充满了恶意”，觉得自己好像一只在丛林里挣扎着生存的兔子，四处都是威胁，四处都是陷阱，随时都可能被别的动物攻击。偶尔得空，也总是不由自主地哀叹：为什么我天生是兔子，而不是豹子？然后也会好奇：若我天生是豹子，会整天欺负兔子吗？

终于有一天，我觉醒了。根源在哪里呢？因为我发现了自己对“丛林类比”的一个理解漏洞。我们所生存的社会确实像一个“险恶”的丛林，丛林里有各种各样的动物，它们用各式各样适合自己的方式生存，相互捕食，拼命繁衍，每天杀戮不断，却也生生不息。这个类比在这个层面是相当准确的，但有个细节被我忽略了——是什么呢？在这个丛林里，有些个体是能从一个物种“进化”成另外一个物种的，也就是说，有些兔子可能“进化”成豹子（反过来也一样，有些豹子可能“退化”成兔子）。还有一个现实是，兔子肯定不是一下子就变成豹子的，它也许要先变成狼，再变成野猪，然后才变成豹子，以后还可能变成狮子或者大象。虽然这个丛林里的绝大多数动物，生来是什么，死去的时候还是什么，但这毕竟不是大自然里的丛林。在这个类比的“丛林”里，某些个体的“进化”速度可以达到“不可想象”的程度。

这对我来说是个至关重要的领悟，若 20 多年前它没有发生，今天的我就不会存在——也许我依然是那只在丛林里每天心惊胆颤地逃亡而不知道明天会怎样的兔子。

琢磨清楚这些道理之后，我开始厘清思路：

- 让别人不开心，是自己不对，自己不周到。
- 一切“进化”（你看，我甚至不再用“进步”这个词了）都是“长期”之后的未来结果，不是今天就能拿出来展示和证明的。
- 拿尚未发生的事情说事儿、讲理，尽管不一定是错的，但通常不会被别人正确理解。

▷ 人们不理解你的时候，自然不会支持你。

▷ 证明自己是没有必要的，若做到了就无须证明，若没做到则证明也是徒劳。

▷ 自己给自己引来很多攻击，不仅是愚蠢的，更是致命的。

那该怎么办？

默默地完成进化。

最佳策略选择完成。

在“进化”完成之前，不说，不表现，不好为人师，因为说了也没用，表现了也证明不了，在那种情况下好为人师只能令人厌恶，而且多半会被理解或者证明为“虚伪”（大约10年前，我发表过一篇文章，标题是《成为能说那话的人》）。

现在，我写专栏，有十几万人订阅。虽然专栏里面讲的道理中有很多是我十几二十年前就想明白并且践行了的，可若十几二十年前的李笑来跳出来做同样的事情，会有同样的效果吗？肯定不会——“人微言轻”是有道理的。

还有一个小问题：怎样让自己变成一只受欢迎的兔子，甚至连豹子都喜欢的兔子，或者连蛇都不讨厌的兔子？这个问题更为严肃——若有解决方案，那一路上会少多少威胁和危险啊！

最初的策略很初级：做一只欢乐的兔子。事实上，乐观并不是天生的。乐观是一种选择，一种能力，一种相信明天会更好的选择与能力。我猜你早就观察到了，我们身边总是有那么一两个人，在任何时候都是笑嘻嘻、乐呵呵的，做什么事情都像“打了鸡血”一样兴奋，哪怕遇到再大的挫折，也就是垂头丧气一会儿，然后依然像什么都没发生一样欢乐地活着。我发现，他们都很招人喜欢。反正，我很清楚：我自己很喜欢这种人。

我要成为这种人。心理学研究成果对我帮助很大，因为我知道：一切欢乐，其实都只不过是多巴胺分泌处于平均水平以上的结果。于是，事情就变得简单了：多学习、多运动，人自然就开心起来了！当然，还有辅助的方法：在人群中寻找那些欢乐的人，与他们为伍。

随着时间的推移，我终于找到了升级的策略（而且是更有效的策略）：成为一只励志的兔子。当然，不是那种整天宣扬成功学的兔子——我要成为一